# RETRATOS Y PERFILES

# JOSÉ MARÍA
# AZNAR

## RETRATOS Y PERFILES

### DE FRAGA A BUSH

© José María Aznar López, 2005
© Editorial Planeta, S. A., 2005
Diagonal, 662-664, 08034 Barcelona (España)

Fotografías de cubierta: © A. Bocalandro/Cover, Brooks Kraft/Corbis, Javi Rodríguez/Cover, Korpa y R. Samano/Cover
Ilustraciones del interior: © A. Jesús Manchado, archivo del autor, EFE, Gamma, Guillermo Navarro/Cover, L'Osservatore Romano, M. Barra Torija/Cover, M. H. de León/ EFE, M. Povedano, Mark Peters/Cover, Partido Popular, Presse- und Informationsamt der Bundesregierung

Primera edición: abril de 2005
Segunda edición: mayo de 2005
Depósito Legal: M. 18.113-2005
ISBN 84-08-05940-8
Composición: Foinsa-Edifilm, S. L.
Impresión y encuadernación: Mateu Cromo Artes Gráficas, S. L.
Printed in Spain - Impreso en España

# Índice

*Prólogo*    9

Manuel Aznar Zubigaray    13
Manuel Aznar Acedo    21
Ana Botella    29
Génova, 13    39
Manuel Fraga    47
Adolfo Suárez    59
Jordi Pujol    67
9 de noviembre de 1989    79
Juan Pablo II    87
Margaret Thatcher    99
Helmut Kohl    107
Václav Havel    119
Despacho de La Moncloa    127
Bill Clinton    139
Silvio Berlusconi    149
Jacques Chirac    159
Vladímir Putin    175
Lionel Jospin    183
António Guterres    189
José Manuel Durão Barroso    197
Yitzhak Rabin    203
Hassan II    211
Muammar al-Gadafi    219

Mohammad Jatamí    227
Carlos Menem    237
Álvaro Uribe    243
Ernesto Zedillo    249
Fidel Castro    255
La Cumbre de las Azores    265
George W. Bush    275
Tony Blair    285
19 de abril de 1995    297
Gregorio Ordóñez    307
Miguel Ángel Blanco    315
11 de marzo de 2004    325
Eduardo Chillida    345
Alfredo Di Stefano    351
Plácido Domingo    361
Julio Iglesias    369
Camilo José Cela    379
Mario Vargas Llosa    387

*Índice onomástico*    395

*A mi padre, Manuel,*
*que no podrá leer este libro;*
*a mi madre, Viry,*
*y a mis hermanos Manolo, Pity y Elvira*

*A esa inmensa mayoría de españoles*
*que no están dispuestos a levantarse un día*
*y descubrir que España es apenas ya nada*

# Prólogo

Meses después de publicado mi último libro, *Ocho años de gobierno*, mi editor me propuso escribir un volumen de recuerdos y comentarios acerca de algunos momentos y algunos personajes significativos en mi vida en este tiempo.

Al principio pensé que ésa era tarea de memorialista y que debía quedar postergada para más adelante, cuando hubiera perspectiva suficiente para relatar los acontecimientos de la vida pública en los que he tenido el privilegio de participar. Poco a poco, sin embargo, la idea me fue resultando cada vez más atractiva. En la vida de todo el mundo hay momentos cruciales y personas que ejercen una influencia determinante sobre nosotros, o sobre los que uno mismo tiene, a veces sin darse cuenta cabal de ello, una influencia directa.

¿Por qué no compartir estos momentos con los lectores? Al fin y al cabo, dada la índole de los hechos que aquí se narran, tienen un interés que va más allá de la estricta vida personal. Aun cuando no parece serlo así, se me ofrecía la oportunidad de explicar cómo he visto yo a personas a las que he conocido bien, o momentos y lugares donde he ganado experiencias inolvidables. ¿Quién sería capaz de desperdiciar este ofrecimiento? Aspirar a sentar cátedra de experiencia vital sería pretencioso. No creo que lo sea querer entretener al lector y ofrecerle algunas claves hasta ahora poco visibles de mi actividad pública.

Revivir momentos pasados, encuentros, ilusiones y malos ratos, me daba también la oportunidad de reflexionar sobre una vida volcada hasta hace muy poco tiempo en la política. Ahora estoy alejado del primer plano. Trabajo en FAES, una fundación que promociona las ideas de libertad, democracia y patriotismo en las que siempre he creído. Imparto conferencias que mis oyentes tienen la amabilidad de escuchar con paciencia y, al parecer, con interés. He descubierto el mundo de la enseñanza en la Universidad de Georgetown. Siempre me ha gustado compartir mis ideas. En las clases que imparto recibo preguntas, críticas y comentarios motivados por la pura curiosidad. Me consta que antes también era así en muchas ocasiones. Lo que ha cambiado es mi posición. He descubierto hasta qué punto es agradable poner a prueba mis convicciones y mi capacidad de convencer sin más recompensa que dar respuesta al afán de saber.

Una vez tomada la decisión de escribir este libro, había llegado el momento de decidir qué personajes y qué momentos iba a incluir en él. Muy pronto estuvieron claras las fechas, que se impusieron de por sí. No todas traen buenos recuerdos, y en algunos casos son particularmente dolorosas. No era posible evitarlas, en cualquier caso.

En cuanto a los personajes, la tentación primera fue escribir un libro dedicado a mi familia y a mis amigos. Me he esforzado por no seguir sólo esta pendiente, más atractiva para mí que para el lector.

Escogí por tanto, para expresarles mi cariño, algunas de las personas que mayor importancia han tenido en mi vida: mi mujer Ana, mi padre y mi abuelo. He incorporado algunos perfiles de artistas, escritores y deportistas que me han ayudado a apreciar el valor del esfuerzo y de la tenacidad recompensada por el éxito. Espero que sean indulgentes conmigo. Aparecen grandes líderes políticos de la escena internacional con los que he tenido una relación en muchos casos larga y fructífera, en otros breve pero muy intensa, y en otros, por fin, compleja y a veces dificultosa, pero siempre interesante.

Dirán que faltan algunos personajes, en especial españoles. Efectivamente, yo mismo echo en falta a muchas personas y no voy a achacar las ausencias a problemas de espacio. Falta, por ejemplo, algún empresario al que me hubiera gustado recordar aquí con el respeto que se merece. No he incluido a ninguno, francamente, para no perjudicar a nadie: ni al empresario ni a las personas que trabajan con él.

En cuanto a los políticos españoles, he preferido ceñirme, en general, a recordar a aquellos que ya no están en activo. En política no se es siempre lo que se quiere, sino lo que los demás deciden que uno sea. Que yo no esté ahora en la vida política no quiere decir que mis palabras no puedan ser aprovechadas para fines que prefiero no imaginar. Puesto a satisfacer la curiosidad del lector —legítima— y la vanidad —igualmente legítima— de los posibles protagonistas, adelanto ya que en un posterior libro de memorias aparecerán casi todas las personas que he preferido soslayar aquí.

Eso sí, me habría gustado describir mi relación de muchos años con quien es ahora presidente de mi partido y jefe de la oposición, Mariano Rajoy. No lo he hecho por las razones que acabo de explicar. Fue uno de mis mejores colaboradores durante quince años. Era el mejor para haber seguido gobernando España con acierto y con prudencia. Quiero que lo lea aquí, por escrito, como quiero que sepa el respeto que me merece su trabajo en unos momentos tan difíciles de la vida española. Estoy seguro de que pronto muchos españoles volverán la vista hacia Mariano Rajoy y encontrarán en él lo que siempre le ha caracterizado y tanto falta en otras personas que hoy tienen responsabilidades muy graves: visión, tenacidad, moderación, capacidad de trabajo y ante todo lealtad constitucional y un profundo amor a España.

Finalmente quiero dar las gracias al escritor e historiador José María Marco. Me ayudó a pulir mi anterior libro y ha vuelto a hacerlo en éste, lo que demuestra su amistad y su paciencia. Juntos hemos ido viendo los borradores, lo que ha servido para que progresivamente el libro haya ido mejorando en la forma y en el fondo. José María Marco es una de las mejores cabezas del mundo del pensamiento español de nuestros días, un valiente defensor de la libertad. Aprecio su amistad y su valía.

También quiero agradecer su ayuda a Javier Fernández-Lasquetty, diputado por Madrid y Secretario General de FAES, que es uno de los más brillantes del grupo de jóvenes políticos que trabajaron en Moncloa en mis años de Gobierno.

En la tarea de documentación y ayuda para ordenar las notas que me han servido en la elaboración de este libro también me han sido de mucha ayuda Ignacio Fernández Bargues, Marián de la Cruz, Amalia Agero y mi propio hijo Alonso. Quiero agradecérselo aquí.

Dejo al lector que pase a ver una parte de mis recuerdos. Ojalá le interesen y le sirvan para entender un poco mejor lo que he vivido.

# Manuel Aznar Zubigaray

Conocí a mi abuelo tarde, en 1968. Nacido en 1893, para entonces ya era un hombre mayor, mientras que yo era todavía muy joven. En los últimos años, antes de volver a vivir a Madrid, había sido embajador de España en la ONU. Hasta entonces mi abuelo permanecía como una referencia lejana. Yo sabía que llevaba mucho tiempo viviendo fuera de España, que había sido una persona influyente y prestigiosa, que ocupaba cargos con responsabilidades importantes. Como es natural, había oído hablar mucho de él, había leído algunos textos sobre su figura, pero le había tratado sólo episódicamente. Desde que volvió, en cambio, fui a verle con regularidad los sábados por la tarde, con mi padre o alguno de mis hermanos o mis tíos, a su casa de la calle Padilla, una gran casa llena de libros, con algunos cuadros admirables de Zuloaga y Ricardo Baroja.

En aquel tiempo, mi abuelo había sido nombrado presidente de la Agencia Efe, pero ya no tenía ninguna ambición profesional que satisfacer. En 1970 tenía setenta y ocho años. Había vuelto a España a retirarse. No por eso dejó de ser un hombre curioso, interesado por la vida, que seguía la política y la actualidad de muy cerca. También fue un gran conversador. Seguía vinculado con el Banco Urquijo, especialmente con Bolarque y con Juan Lladó, organizadores del Grupo de Estudios y Publicaciones que tanta importancia tuvo para garantizar la continuidad cultural española en unos años difíciles. Entre sus grandes amistades se seguía contando por entonces el conde de

Godó, padre de Javier Godó, ya que mi abuelo había sido director de *La Vanguardia Española* en 1960, después de la destitución de Luis Galinsoga, su anterior director. Desde entonces fue el principal consejero del Grupo Godó en cuestiones editoriales. En sus últimos años escribía una gran página que *La Vanguardia* le reservaba todos los domingos, en la que se ocupaba sobre todo de política internacional, aunque también glosaba algunas figuras de amigos que poco a poco, inevitable y desgraciadamente, iban desapareciendo.

Era una persona influyente y respetada, de gran experiencia y consejo. Había pocos españoles que se podían llamar, como mi abuelo, testigos directos de los grandes acontecimientos de toda la historia española del siglo XX: desde los últimos años de la Monarquía constitucional de Alfonso XIII, la Dictadura de Primo de Rivera, la Segunda República, la guerra y el régimen de Franco. La gente acudía a verle buscando su guía o su reflexión, o simplemente para interesarse por lo que pensaba de algún asunto.

Era un hombre alto, grande, rubio, de ojos azules, con una mirada penetrante y viva, inteligente. Había nacido en el pequeño pueblo navarro de Echalar, en el valle de Baztán, a donde le gustaba volver para dar largos paseos por entre los bosques y los caseríos. Echalar forma parte de las Cinco Villas de la Montaña. Las otras son Vera de Bidasoa, cuna de los Baroja, Lesaca, ciudad industrial y siderúrgica, Aranaz, con su Torre de Aranibar, y Yanci, la más pequeña de las cinco, con la ermita de San Juan Bautista. Echalar está casi lindante con la frontera de Francia y sigue siendo conocida por sus palomeras. Como cuenta Jesús Tanco en su muy interesante biografía, mi abuelo era el hijo del secretario del Ayuntamiento, también organista de la iglesia. Todavía está en pie la casa donde nació. Estudió en el seminario, de donde procede su conocimiento de la cultura clásica que influyó de manera determinante en su escritura.

Prevaleció su vocación de periodista y como tal intentó

abrirse paso en Pamplona. Más tarde se trasladó a Bilbao. Allí nació mi padre, que siempre ejerció de bilbaíno. Mi abuelo había empezado como cronista deportivo, siendo cuñado suyo Txomin Acedo, extremo izquierdo del Atlético de Bilbao y Medalla de Plata en los Juegos Olímpicos de 1920. Luego le enviaron como corresponsal a cubrir los frentes de la Gran Guerra, y entrevistó a Clemenceau. Firmaba sus crónicas con el seudónimo «Gudalgay», que alcanzó un prestigio notable entre los lectores enterados. Un día, entrevistando a Nicolás M.ª de Urgoiti, éste le aconsejó que para entender el desarrollo de la guerra leyera a «Gudalgay». Mi abuelo, sorprendido y halagado, se dio a conocer y así empezó una relación que le llevaría a ocupar la dirección del periódico *El Sol*, fundado en 1917 por Urgoiti, con el liderazgo intelectual de Ortega. Mi abuelo, que entonces pertenecía al grupo de jóvenes seguidores de Ortega, aportaba su conocimiento del periodismo y su dinamismo profesional. También cubrió, como corresponsal, la Guerra de Marruecos. Fue allí donde conoció a Franco.

Vivió de cerca los avatares de la Monarquía de Alfonso XIII a principios de los años veinte, y entre 1923 y 1926 residió en Cuba, donde dirigió *El País*. (En los años setenta, mi abuelo participó en el grupo de promotores para la publicación del diario *El País*. Como tal, fue propietario de unas cuantas acciones del periódico, que pasaron luego a mi padre y acabaron vendiéndose.) Muchos años después yo tuve la ocasión de visitar su casa de La Habana. También dirigió el *Diario de la Marina*, el periódico más importante de Cuba y firme defensor de los intereses españoles en la isla, al que había dado un impulso decisivo Nicolás María Rivero.

Volvió a tener una presencia intensa en España durante la Segunda República, cuando fue nombrado director de *El Sol* y colaboró en *Luz*, *La Voz* y otros periódicos. Estuvo muy próximo, políticamente, a Manuel Azaña y en más de una ocasión intentó el acercamiento entre Azaña y Ortega. Fue un excelente amigo de algunos dirigentes socialistas, en particular de Luis Araquistain, con quien tuvo una relación intensa, y de Juan Negrín, al cual pidió ayuda en un momento determinado para salvar la vida. También estuvo muy unido a José Antonio Primo de Rivera, a quien conoció bien y al que ayudó en todo lo que pudo.

No se libró de la ferocidad de la Guerra Civil. Estuvo encarcelado y logró salir del Madrid republicano por ser Secretario General de la Compañía de Tranvías. Desconozco los detalles de esta historia dramática, y tampoco sé por qué mi abuelo ejercía de secretario de la Compañía de Tranvías. En cualquier caso, aquel puesto le proporcionó algunos contactos en el mundo sindical que luego resultaron vitales para otros miembros de mi familia, por ejemplo mi padre, que estuvo encerrado en una checa, la famosa Checa de las Cuarenta Fanegas, y de la que le sacó un comando de la FAI a petición expresa de mi abuelo, que conocía a los anarquistas porque trabajaban en la Compañía de Tranvías. La persona que salvó la vida de mi padre se llamaba Francisco Beiro y salió de España después de la guerra gracias a la intervención de mi padre y de mi abuelo. Se estableció en América y yo he tenido la fortuna de conocer a su hija y a una parte de su familia.

Habiendo vivido una historia dramática en la zona republicana, también le tocó vivir otra en la nacional. Si en la primera fue condenado a muerte, también lo fue en la segunda. Mi abuelo logró salir de España y desde el sur de Francia volvió a su país, a la zona nacional, en compañía de Josep Pla, al que conocía de antes de la guerra. Llegó a Zaragoza y se presentó ante el capitán general. Cuando éste le anunció que lo iba a fusilar, mi abuelo y Pla intentaron marcharse. Fue bajando las escaleras de Capitanía cuando mi abuelo le dijo a Pla: «No corra usted ahora, que es peor.» Lo encerraron en la cárcel de Valladolid, donde debió de vivir escenas tremendas de las que jamás quiso hablar. Volvió a salir de España y colaboró en *El*

*Heraldo de Aragón* en Zaragoza, una ciudad por la que sentía un gran cariño.

Como yo era aficionado a los libros de historia, me mantenía al tanto de los que iban saliendo y algunos días le comentaba lo que leía. Un día, en su casa, hice alusión a lo que había visto que decían de él. Me dejó hablar y cuando terminé me dijo: «Yo no voy a hablar de eso.» Pero al día siguiente me llamó para asegurarse de que yo no prestaba crédito a todo lo que leía sobre él. Le contesté que yo le conocía y que no me importaba nada lo que los demás dijeran sobre él. «A mí —le dije—, lo que me interesa es comentar estas cosas contigo. Nada más.» Estaba claro, sin embargo, que a él le preocupaban, habiendo sido un hombre controvertido y polémico en varios momentos de su vida.

Siguió atentamente la Segunda Guerra Mundial y escribió dos tomos de la *historia de la Segunda Guerra Mundial,* el primero como un gran prólogo y el segundo sobre la batalla de Francia. Sobre la Guerra Civil escribió un libro clásico, *historia militar de la guerra de España.* Yo la leí entera muy temprano, y aunque durante algún tiempo pensé que era el único en haberlo hecho, luego fui descubriendo que había sido, y sigue siendo, un libro muy consultado. No sé por qué mi abuelo no actualizó nunca el texto que siguió apareciendo tal como había sido publicado por primera vez en 1940. Era un excelente especialista en temas militares. En los años setenta le escuché una conferencia que pronunció en el Estado Mayor del Ejército sobre los guerrilleros españoles, en la que sostuvo, ante una sala abarrotada de oficiales que lo escuchaban con respeto, que el mejor guerrillero español había sido Zumalacárregui.

En 1945 mi abuelo inició lo que sería una fructífera carrera diplomática cuando fue nombrado ministro plenipotenciario en Washington a instancias del nuevo ministro de Asuntos Exteriores, José Félix de Lequerica, con el que mi abuelo mantenía una estrecha relación desde muchos años antes. Fueron años muy difíciles por el aislamiento de España y la expulsión de nuestro país de Naciones Unidas, mientras la Unión Soviética oficiaba de miembro permanente del Consejo de Seguridad.

Fue embajador en la República Dominicana en los años de Trujillo y trabó una gran amistad con Joaquín Balaguer. Cuando los Reyes visitaron la República Dominicana, en la primera visita que realizaron a América siendo ya el Rey jefe del Estado español y Joaquín Balaguer Presidente. Uno de los primeros comentarios de Balaguer fue precisamente recordar a su amigo Manuel Aznar, que tanto había trabajado por las relaciones de los dos países. También estuvo destinado en Argentina en una época también muy difícil, bajo la presidencia del general Perón. Allí consiguió algo de suma importancia para la cultura española, como fue la devolución a España de la colección legada por Cambó que ahora se puede contemplar en el Museo del Prado. Como es natural, Perón no quería que aquel tesoro saliera de Argentina y hubo que organizar la salida en barco clandestinamente, con la policía argentina pisando los talones a quienes participaron en la operación.

En los años sesenta, después de ocupar la dirección de *La Vanguardia Española*, fue nombrado embajador en Marruecos, donde le tocó vivir otra vez momentos de crisis con Hassan II todavía joven, llegado hacía poco tiempo al trono. Volvió a Estados Unidos, a Nueva York, para ser embajador de España ante la ONU. Allí se esforzó por sacar adelante una solución al problema de Gibraltar y dedicó muchas horas a la crisis de Oriente Medio, un asunto en el que mantuvo la posición del Gobierno, favorable a los países árabes. En 1967 pronunció ante el pleno de las Naciones Unidas un gran discurso, excepcional por su fondo y su calidad literaria. Impresionó, de hecho, a los representantes de los países árabes, que una vez terminada la sesión se acercaron a saludar al embajador de España. Entre ellos estaba un entonces jovencísimo ministro de Asuntos Exteriores llamado Abdelaziz Buteflika, que nunca ha olvidado ese día.

En el entierro del Rey Hassan II, cuando nos encontrábamos en una comitiva asediada por miles de personas que querían expresar su homenaje al Rey, hubo una persona que de pronto me saludó desde atrás y me dijo que quería dar un abrazo al «nieto del hombre que pronunció el mejor discurso que yo haya escuchado en toda mi vida». Era Abdelaziz Buteflika, con el que desde entonces he mantenido una excelente amistad.

La capacidad de supervivencia de mi abuelo y su prolongada carrera llevaron a algunas personas a llamarle el Talleyrand español. Para un joven como yo, era un privilegio y una delicia escuchar retazos de historia narrados por quien en algunos momentos fue su protagonista y, siempre, un cronista fuera de serie. Mi abuelo también me daba algún que otro consejo. En una ocasión, cuando yo tenía diecisiete años, me dijo: «Quiero ver un Aznar joven, fuerte y destacando.» Solía hablar del mundo del periodismo en su época y una vez, cuando estábamos hablando de mi futuro profesional, me dijo: «Si en algún momento de tu vida quieres ser periodista, no dudes en seguir tu vocación. Ahora bien, no seas nunca sólo periodista. Tienes que ser siempre algo más, algo más que sólo periodista.» Yo creía comprender lo que me estaba diciendo, aunque antes de fallecer dejó dicho cómo quería ser recordado. Debajo de su nombre debería aparecer una sola palabra: «Periodista».

Mucha gente ha lamentado que mi abuelo no llegara a escribir nunca sus memorias, siendo como fue un hombre con una experiencia tan larga y tan íntima de muchos acontecimientos relevantes de la vida de España. De hecho, sus memorias eran entonces muy solicitadas y el padre de mi actual editor le hizo más de una oferta sumamente interesante, casi suculenta. Aun así, nunca manifestó mucho interés por mirar hacia atrás. En los años finales, cuando lo consideraba oportuno, dedicaba un artículo a algún recuerdo y sobre todo a algunas personas que ya empezaban a formar parte del pasado. Tampoco mantenía un archivo ni una colección organizada de sus papeles. En vista de su obstinación, le pregunté en una ocasión por qué no quería escribir aquellas famosas memorias. La contestación fue bien sencilla: «Mientras viva Franco, yo nunca escribiré mis memorias. Después, no lo sé.» Probablemente este comentario está relacionado con otro que me hizo más tarde, cuando le saqué a relucir, con algo de insolencia y una pizca de provocación, una historia que había leído acerca de que era el general Mola quien le había salvado. Me dijo entonces, riéndose, que Mola era probablemente uno de los que más empeño había tenido en fusilarle. Luego se puso serio y me confesó que tenía la íntima convicción de que quien le había salvado la vida, finalmente, era Franco.

Me solía dar un consejo de hombre sabio, el consejo que llamaba de las tres «p»: paciencia, prudencia y perseverancia. Me decía que en la vida hay que ir tranquilo y seguro, sin angustia ni ansiedad. Que no hacía falta correr más riesgos que los estrictamente necesarios, porque ya la vida, si es vivida como debe serlo, con intensidad, se encargará de proporcionarnos muchos más peligros de los que uno quiera buscar. Y sobre todo, me decía, hay que ser trabajador, trabajar siempre, sin descanso. Yo he tratado de transmitir esos mismos consejos a mis propios hijos.

Mi abuelo enfermó de un cáncer linfático en 1975 y falleció ese mismo año, el 10 de noviembre, diez días antes de que lo hiciera Franco. Ni siquiera tuvo tiempo de pensar en escribir aquellas codiciadas memorias. Fuimos a enterrarle a Echalar y allí descansa en paz. Mi abuelo solía evocar con cariño su pueblo natal y le gustaba recordar su silencio, su paisaje, la dignidad de sus gentes. Por desgracia, el lugar cayó luego en manos de la gente de Batasuna. Mi abuelo había contribuido a la restauración de la iglesia y de algunos edificios, y las placas que conmemoraban estos actos fueron retiradas y tal vez destruidas. Bien es verdad que eso a él no le hubiera importado gran cosa.

# Manuel Aznar Acedo

Mi padre fue un hombre bueno. Falleció en enero de 2001, después de varios años de sufrimiento a causa de una enfermedad particularmente cruel. Eso no le impidió seguir siendo hasta el final un padre y un abuelo excelente. También fue un periodista competente, respetado como un gran profesional. Era un lector voraz, por lo que en casa había una gran biblioteca a la que cualquiera de nosotros nos asomábamos en la más completa libertad. Yo no dudé nunca en aprovechar aquella oportunidad. Mi padre se había preocupado incluso de obtener la autorización de la Iglesia para poseer libros no autorizados por el Índice. Allí se podían leer algunos libros que en nuestro país eran por entonces, en los años cincuenta y a principios de los sesenta, difíciles de encontrar. También nos animó, a mis hermanos y a mí, a tener cada uno nuestra propia biblioteca, que está en el origen de la colección que ahora puebla toda nuestra casa. Al final de su vida, mi padre concentró su interés en los libros que trataban de la historia reciente de España. En esa biblioteca me asomé por primera vez, por mi cuenta, a la historia de nuestro país. Fue mi padre quien me inculcó la afición a la poesía.

Su gran amigo de antes de la guerra era Francisco Giner de los Ríos, escritor y poeta de la generación de Bergamín, nieto del hermano de don Francisco Giner, fundador de la Institución Libre de Enseñanza. Giner de los Ríos era comunista, mi padre no. Francisco Giner de los Ríos se mantuvo en el campo republicano durante la Guerra Civil. Mi padre estuvo en el de enfrente. Luego Giner de los Ríos se marchó a Chile y allí estuvo viviendo hasta que cuando volvió a España, él y mi padre volvieron a encontrarse otra vez. Solían verse con frecuencia y salir a pasear y a charlar. Para mi padre fue un reencuentro importante, que reanudó una amistad truncada trágicamente, como tantas cosas lo han sido, y tan inútilmente, en la historia de España.

Más tarde tuve la fortuna de conocer a Isabel García Lorca, hermana de Federico, al cual mi padre había tratado. Isabel García Lorca era una persona excepcional, extremadamente amable y delicada, y pude tratar con ella en la Fundación García Lorca y en la Residencia de Estudiantes. También acudió a La Moncloa, invitada en alguna que otra ocasión. Yo había querido prestar una especial atención a la conmemoración del centenario de Federico García Lorca, que se celebró en 1998. Le dedicamos un esfuerzo considerable y conseguimos movilizar recursos importantes para la celebración, para dotar de medios a la Fundación García Lorca y también para la casa de los Lorca en Granada, la Huerta de San Vicente, ese pequeño templo de la poesía española que he tenido el privilegio de visitar en más de una ocasión junto con la sobrina de Federico, Laura García-Lorca. Espero que el proyecto del Centro García Lorca en Granada, que también impulsamos, no se vea interrumpido.

Cuando inauguramos la exposición dedicada a Federico García Lorca en el Museo Nacional de Arte Reina Sofía, en Madrid, recorrí buena parte de las salas acompañando del brazo a Isabel García Lorca, que sentía por su hermano auténtica veneración. En un libro de recuerdos que publicó luego, Isabel García Lorca cuenta que uno de los visitantes más asiduos a su casa de Madrid durante los primeros meses de guerra era *Manolito* —como dice— Aznar, del que luego sigue diciendo que se convirtió en un «jerarca» del régimen, cosa que no se corresponde con la verdad porque mi padre no fue nunca un «jerarca» ni nada parecido. Mi padre era por entonces un muchacho de diecinueve años que tuvo que optar, como a la fuerza lo tuvieron que hacer muchos españoles de su tiempo, entre dos bandos. Isabel García Lorca recuerda que un día, de pronto, mi padre dejó de acudir a su casa y desapareció del círculo de amistades que solía frecuentar. Lo que Isabel García Lorca no sabía es que si mi padre no volvió a su casa es porque fue a parar a una checa, la Checa de las Cuarenta Fanegas. De allí pudo huir y refugiarse en la Embajada de Cuba, y finalmente logró salir de España.

Luego volvió a España y la posguerra le llevó destinado en el Ejército a Oviedo. Allí conoció a mi madre Elvira, hija de vallisoletanos instalados en Asturias. Mi madre siempre se ha sentido orgullosa de ser asturiana. Es una mujer fuerte, con carácter. En Asturias nacieron mis tres hermanos y allí pasamos también algunos veranos. Una de las decisiones inteligentes de mi padre que afectaron a toda nuestra vida familiar fue la de dejar la gestión de todo lo relativo a la casa en manos de mi madre. Como mi madre es una mujer bien organizada, era ella quien tomaba las decisiones y llevaba las riendas. Todos los días, siete días a la semana, durante muchos años, mi madre fue el cerebro de aquella casa. Gracias a ella mi padre pudo dedicarse a una profesión absorbente, como es el periodismo, y alcanzar puestos de responsabilidad en su carrera. Gracias a ella tuvimos una infancia feliz y una excelente educación.

Mi padre tenía mucho carácter. Era de genio vivo y rápido, pero hubo muchos puntos en los que mi madre y mi padre siempre estuvieron de acuerdo: los chicos no teníamos que tener ningún privilegio con respecto a las chicas. Reinaba una igualdad absoluta y de fondo. Entre los dos, consiguieron crear un ambiente estable y proporcionar la confianza que necesitan los niños para crecer. No sé si se podrá hablar de familia tradicional, pero nuestros padres lograron inculcarnos un gran sentido de la lealtad y de la unidad familiar, compatible con un profundo sentido de la independencia individual. Se habían casado en 1947 y en 1997 tuvimos la fortuna de celebrar sus bodas de oro en La Moncloa, con toda la familia. Cuando mi padre enfermó, mi madre siempre estuvo a su lado.

Mi padre fue un hombre de radio. Después de la guerra consiguió cumplir su sueño y empezó a trabajar donde siempre había querido hacerlo. Le gustaba la espontaneidad de la radio, su vitalidad, su capacidad de comunicación instantánea. Ahora le habría gustado Internet. Durante más de veinte años dirigió la programación de la Cadena SER. A veces íbamos a recogerle al final de la jornada al edificio de Gran Vía, 32, donde estaba y sigue estando la sede de la SER. Cuando nos llevaba íbamos en su coche, un Fiat 100. Ni qué decir tiene que no teníamos el menor problema para aparcar en la Gran Vía.

Con mi padre empezó la edad moderna de la radio en España. Con él se importaron y recrearon formatos norteamericanos, gracias a la presencia en la empresa de Robert Kieve, un profesional venido de Estados Unidos. Algunos de los programas más famosos de la radio española datan de aquellos años, *Ustedes son formidables* de Alberto Oliveras, *Cabalgata fin de semana* de Bobby Deglané, *Casino fin de semana*, de Eduardo Ruiz de Velasco, que introdujo la música moderna en la radio española, y luego *Carrusel Deportivo* de Vicente Marco, hijo del último alcalde republicano de Valencia. Ellos, con mi padre en la dirección de la SER, reinventaron la radio. Crearon la radiofórmula y los formatos más originales y más populares de la época, algunos de los cuales han seguido teniendo vigencia hasta hace bien poco tiempo. Las actuales series de televisión son en buena medida recreación de los seriales radiofónicos de aquellos años, como los de Guillermo Sautier Casaseca. Yo los conocí a todos, porque muchos de ellos, además de colaborar con mi padre, eran amigos suyos por haber trabajado juntos tantos años y no era raro que vinieran a nuestra casa. Recuerdo bien a Antonio González Calderón, padre de Javier González Ferrari; a Raúl Matas, que tenía un extraordinario programa de música, *Discomanía*, y a Joaquín Soler Serrano, en uno de cuyos programas colaboró Cela.

Luego mi padre dejó la SER y tuvo una breve experiencia con una casa comercial famosa para la que trabajó algún tiempo. Pero aquello no era lo suyo. Mi padre no podía vivir sin el periodismo y sin estar al tanto y explorar las posibilidades que para la información y el entretenimiento iban ofreciendo los adelantos técnicos de la época. Por eso, cuando Manuel Fraga, ministro de Información y Turismo, le llamó en 1963 para dirigir Radio Nacional, mi padre volvió inmediatamente al medio que era el suyo. Así como había contribuido a cambiar decisivamente la radio privada, mi padre tuvo un papel decisivo en la modernización de la radio pública, que hasta entonces andaba rezagada con respecto a la privada. En el año 1962 mi padre me llevó con él a visitar los estudios de Radio Nacional en La Coruña. Cuando llegamos, vimos que lo que llamaban estudios consistían en realidad en unos cuantos autobuses aparcados en un descampado. Eran autobuses de tiempos de la guerra, con más de veinticinco años ya para entonces, y allí acudía el personal a trabajar, desde allí se hacían los programas e incluso se emitían, porque allí mismo estaban plantadas las antenas y los equipos de transmisión. Fue mi padre el que empezó a construir unos estudios dignos de ese nombre para albergar a todos aquellos excelentes profesionales que trabajaban en circunstancias tan duras. De sus tiempos data la creación de auténticos centros emisores en La Coruña, Sevilla, Barcelona y Canarias, así como el de Majadahonda. A él se debe la modernización técnica de Radio Nacional.

El director de Radio Nacional en La Coruña era por entonces Enrique Mariñas, una gran persona, una autoridad en La Coruña y un auténtico fanático del fútbol. Sus transmisiones futbolísticas, realizadas junto con Matías Prats, constituían todo un espectáculo en sí mismas, por la pasión, la entrega, el conocimiento y la capacidad de comunicación que ambos tenían. No sustituían al partido, pero resultaban tan entretenidos e incluso tan emocionantes que a veces no se echaba de menos ver las jugadas, ni siquiera los goles.

En su libro sobre la historia de la radio, Lorenzo Díaz escribe que mi padre inició la *perestroika* de Radio Nacional de España. Era la continuación del trabajo previamente realizado en la SER. En esos años se suprimieron de los diarios hablados los himnos y las invocaciones a los caídos, que eran una manifestación de adhesión al régimen. Fue una señal de apertura simbólica pero relevante, porque indicaba que el régimen empezaba a aceptar algunas reformas. A Manuel Fraga, entonces ministro, le costó no poco trabajo conseguirlo. Mi padre estableció una red de excelentes corresponsales en el extranjero y abrió la programación a los coloquios, los debates y los reportajes. También de aquellos años, siendo director mi padre, datan los programas informativos horarios que se emiten cada hora, de las cinco de la mañana hasta la una de la madrugada. Aunque ahora parezca mentira, supusieron un cambio gigantesco. Un día, en el portal de casa coincidimos con Dionisio Ridruejo, al que mi padre conocía bien de antes de la guerra, y Ridruejo le dio las gracias a mi padre por haberle dado la oportunidad de escuchar las noticias cada hora y no tener que esperar hasta la noche para hacerse alguna idea de lo que había ocurrido en el mundo.

Después de estos años, que confirmaron su voluntad innovadora, mi padre siguió trabajando en el Ministerio de Información y Turismo. Hubo un tiempo en que también tradujo y adaptó obras de teatro extranjeras para la escena y colaboró en alguna ocasión con Cayetano Luca de Tena. Un día me impresionó mucho ver su nombre en los carteles del Teatro Beatriz. Siempre en busca de nuevos campos de acción, fundó la Escuela de Radio y Televisión, de la que fue director hasta que recibió una oferta de Telefónica y trabajó con esta compañía hasta su jubilación. Tal vez resultó prematura, porque mi padre se encerró cada vez más, a partir de aquel momento, en su biblioteca y sus libros, cuando podía haber seguido aportando a la profesión su talento y su capacidad de trabajo. En cualquier caso, yo aprendí de mi padre, además del sentido de la familia, que para él era fundamental, el valor de la rectitud, de la seriedad y de la honradez.

# Ana Botella

Ana es la persona más importante de mi vida. Unamuno dice que los dos hechos más importantes de la vida del ser humano, que son el nacimiento y la muerte, son independientes de la voluntad de la persona y caen fuera de su conciencia. He de decir con toda humildad que el hecho más importante de mi vida, que se resume en el nombre de Ana, tal vez no haya dependido del todo de mi voluntad pero ha sido vivido con plena conciencia de lo que significa. Ana no sólo ha sido la persona más importante de mi vida. Espero que lo siga siendo hasta el fin de mis días.

Nos conocimos en 1975, un año importante. Los dos habíamos estudiado Derecho y durante toda la carrera habíamos estado en el mismo curso, pero no habíamos coincidido porque estábamos en grupos distintos. Los había de mañana, de tarde y también de los que asistían a clase con alguna irregularidad y cierta reticencia. Yo estaba entre estos últimos. Además, Ana tenía su propio grupo de amigos y yo tenía el mío. Durante el último curso, algunos compañeros empezaron a organizar lo que era tradicional por entonces, un viaje de fin de carrera. Mis amigos me insistieron para que me apuntara y Ana, por su parte, también se apuntó. Todavía no estaba decidido el destino del viaje, que podía ser Egipto o bien un recorrido por Roma, Estambul y Atenas. Como por entonces yo no conocía ninguno de estos países ni estas ciudades, me resultó más atractiva, y también más interesante, esta última idea. Así que voté por que fuéramos a Roma, a Estambul y a Atenas. Así arrancó el viaje, en la Semana Santa de 1975. Estuvimos en Roma, hospedados, dicho sea con todo el cariño del mundo por los italianos, en un hotel en condiciones muy poco recomendables. Luego fuimos a Estambul y desde ahí volvimos a Atenas. En algún momento del trayecto coincidí con Ana, pero apenas había tratado con ella.

Durante el vuelo de Estambul a Atenas, yo estaba sentado en uno de los asientos del pasillo, en la parte de atrás del avión. El asiento del otro lado del pasillo no estaba ocupado y de pronto apareció una chica muy guapa —increíblemente guapa— que me preguntó si aquel asiento estaba libre. Le dije que sí, naturalmente, y empezamos a hablar. Empezamos a hablar en aquel avión y veintinueve años después seguimos haciéndolo. Nunca hemos parado de hablar y nunca, desde entonces, he vuelto a estar solo. Ana me acompaña siempre, siempre está conmigo, siempre ha estado donde la necesitaba.

Aquella misma noche en Atenas, cuando fuimos a cenar a un restaurante con todo el grupo, Ana y yo ya nos sentamos juntos. Por la noche visitamos la Acrópolis. Era una noche de primavera, iluminada con luna llena. La Acrópolis de noche, el cielo de Atenas, la luna y aquella chica tan guapa, llena de vida, de emoción y de curiosidad por todo aquello que nos rodeaba... de pronto todo empezó a avanzar muy de prisa.

Aunque Ana destacaba, como sigue destacando, por su belleza y su personalidad, yo andaba distraído y no me había fijado en ella. Yo era, ya lo he escrito, un visitante esporádico de la universidad. No era un estudiante muy constante y mi interés por la carrera de Derecho era, en el mejor de los casos, limitado, habiendo estado a punto de dejarla en el tercer curso para empezar a estudiar Filosofía y Letras. Tal vez fue un último poso de aquel sentido de la prudencia que tanto me aconsejaba mi abuelo lo que me impidió dar el paso definitivo. La decisión de terminar Derecho no estuvo motivada, en cualquier caso, por una vocación que yo no sentía. Estuve preparándome para ingresar en la Escuela Diplomática dos veranos, en la Universidad de Ginebra. En alguna ocasión pensé en hacerme notario. Entonces los recién licenciados no tenían las oportunidades de las que disfrutan ahora. Las salidas profesionales que entonces ofrecía una carrera como Derecho eran ejercer de abogado, algo que a mí no me atraía, o ganar unas oposiciones. Muchos compañeros míos sabían con claridad lo que querían hacer de su vida. Unos querían ejercer la abogacía; otros ocupar puestos de responsabilidad en la Administración. A mí, en el fondo, tanto me daba una cosa como la otra. Yo no tenía una vocación clara y me daba por contento con mis lecturas y mis libros. Me gustaba la tranquilidad y el silencio. Quería que me dejaran vivir mi vida.

Ana lo cambió todo de arriba abajo. Después del nocturno ateniense pasamos juntos todo el día siguiente. Algunos compañeros se dieron cuenta ya entonces de que allí había prendido algo importante. Al llegar a Madrid nos despedimos y le dije a Ana que la llamaría pronto. A la media hora de llegar a casa, ya había cogido el teléfono. Cenamos juntos esa noche y desde aquel mismo instante supe que había conocido a la mujer de mi vida. A los dos días, cuatro después de conocernos, le propuse que se casara conmigo y me dijo que sí. A partir de ahí empezamos a orientar nuestras vidas. Había que pensar en lo que íbamos a hacer una vez terminada la carrera. Como es natural, Ana quería seguir su carrera profesional y pensamos en hacer oposiciones, preparándolas juntos. A mí me traía sin cuidado hacer una oposición u otra. Lo que me interesaba era organizar mi vida de la forma más estable posible para casarme con Ana cuanto antes. Así fue como Ana empezó a preparar las oposiciones para Técnico de Administración del Estado, una salida profesional poco corriente para una mujer en aquellos años. Las convocaron antes que las mías y Ana las aprobó en la primera convocatoria. Yo, por mi parte, saqué un poco más tarde, también en primera convocatoria, mi plaza de Inspector Fiscal del Estado. Nos casamos en otoño de 1977, dos años y medio después de habernos conocido.

Nuestro primer destino fue en La Rioja y en Logroño vivimos dos años y medio de felicidad. Alquilamos una casa en el centro de la ciudad. Ana, que trabajaba en el Gobierno Civil, tenía que atravesar la plaza del Espolón para llegar a su despacho. Yo, por mi parte, tan sólo tenía que cruzar la calle. Logroño era por entonces una ciudad muy pequeña, todo el mundo nos conoció pronto y nos acogieron como si fuéramos de la familia. Hicimos grandes amigos que hemos conservado siempre, y allí vino al mundo nuestro primer hijo, riojano por nacimiento y por carácter, algo de lo que Ana y yo siempre nos hemos sentido orgullosos.

También en Logroño empezó mi actividad política porque, como es natural, los miembros de las organizaciones políticas que entonces estaban en plena ebullición tenían interés en conocer a aquel profesional joven recién llegado de Madrid. A Ana no le gustaba la participación demasiado directa en la vida política y le costó un gran esfuerzo aceptar que yo empezara a dar un tal giro a mi vida. Tampoco había vivido las peripecias de la política con la misma intensidad con las que yo las seguía desde muy pequeño. En su casa, la política era algo lejano, contemplado con poco apasionamiento. Le interesaban, eso sí, los asuntos generales y estaba dispuesta a colaborar en lo que estuviera en su mano. En las elecciones de 1977, Ana participó en una mesa como interventora de Alianza Popular. Al terminar la jornada electoral, fui a recogerla al colegio y asistí al recuento de votos. Entre los dos que sacó Alianza Popular, estaba el suyo.

Ahora bien, Ana no pensaba en la política como una dedicación profesional. Era algo ajeno a sus propios proyectos y a los que habíamos hecho juntos antes de casarnos. Sentía que era una actividad insegura y arriesgada. Tampoco le gustaba la perspectiva de una vida volcada en las actividades sociales, en los viajes, en las relaciones y en los compromisos. Ana tenía y sigue teniendo un concepto muy profundo de la vida familiar y aspiraba a seguir su propia carrera profesional y a una vida familiar estable. Me repetía, no sin razón, que si nos habíamos casado era para estar juntos. La dedicación a la política introducía elementos de cambio muy sustanciales en lo que nos habíamos propuesto.

Cuando nos mudamos a Madrid, Ana seguía resistiéndose a que yo me comprometiera tanto como ya lo estaba haciendo en la política. Nunca he tenido una oposición más persistente. Siguió oponiéndose hasta que un día intervino decisivamente. En 1982, me habían propuesto presentarme a las elecciones para ser diputado por Soria, lo que significaba ingresar definitivamente en la vida política profesional. Tuve algunos disgustos en Soria, porque Alianza Popular no estaba bien organizada todavía, y aquel proyecto no cuajó. A la vuelta a Madrid tenía pendiente una llamada de Fraga, que, evidentemente, iba a hacerme una nueva propuesta. Yo me empeñé en no devolver la llamada para no verme en un nuevo compromiso hasta que Ana, en uno de sus arranques de genio, se plantó y me dijo que si lo que a mí me gustaba era la política y quería dedicarme a la política, ella estaba de acuerdo y a partir de aquel momento me apoyaría a fondo. Terminó animándome a que levantara el teléfono para contestar la llamada de Fraga. Así empezó todo.

Con esfuerzo y con sacrificio, Ana se fue adaptando a los viajes, a las campañas electorales, a la actividad perpetua en que consiste la vida política. Además seguía con su trabajo y no podía estar dedicada exclusivamente a la carrera de su marido. Fuimos arreglándolo como pudimos y luego, poco a poco, fue involucrándose cada vez más en la acción política y se fue convirtiendo, casi sin que yo me diera cuenta de ello, en la persona más importante de mi carrera. Me acompañó, hizo viajes por su cuenta, acudía a los actos, hizo conmigo todas las campañas electorales y me apoyó incondicionalmente, siempre, en todo lo que estuviera en su mano. Tuvo que pedir algunos permisos, pero siguió con su trabajo en el Ministerio de Hacienda hasta después de las elecciones de 1996. En 1982, en Madrid, llegó nuestra hija Ana. Luego vinieron los años de Presidente de la Junta de Castilla y León, que fueron extraordinariamente importantes para nosotros y para nuestro proyecto político, y que supusieron un nuevo cambio para Ana porque, como es obvio, tuvimos que mudarnos a Valladolid. Allí nació Alonso, nuestro tercer hijo, con lo que podemos decir sin faltar a la verdad que tenemos un hijo riojano, otra madrileña y un tercero castellano.

Cuando afirmo que Ana preservó su carrera profesional, lo escribo sabiendo bien que la carrera profesional de Ana estuvo siempre, desde el mismo momento en que yo me dediqué a la política, determinada por mi propia actividad. Ana se volcó en ayudarme y eso tuvo consecuencias inevitables en su carrera. Podía haber empezado a trabajar en una empresa privada, donde habría sabido aprovechar las oportunidades y habría realizado una trayectoria muy brillante. No fue así porque mi carrera política ha tenido prioridad en nuestra vida. Además, Ana siempre ha dado una gran importancia a la vida familiar, se ha ocupado siempre de nuestros hijos y siempre ha encontrado tiempo y energías para todo lo que necesitaran. Habrá quien crea lo contrario, pero no ha tenido una vida fácil. Debo agradecérselo y se lo agradezco gustoso, sabiendo mejor que nadie todo lo que le debo.

Claro que Ana es una mujer sumamente inteligente, con un gran carácter y siempre ha seguido siendo tan guapa como aquel primer día en que la conocí. Esa combinación de inteligencia, de genio y de belleza me resultó irresistible desde aquellos dos días de Atenas, y al día de hoy su capacidad de encanto y de seducción sigue intacta. Yo sigo rendido como lo estuve desde aquella primera conversación. Durante los ocho años que residimos en La Moncloa cumplió con profesionalidad una tarea difícil y exigente como es la de ser la esposa del Presidente del Gobierno, tener las cosas siempre a punto y además seguir siendo la base de nuestra familia.

Juntos hemos pensado y organizado la educación de nuestros hijos, aunque Ana ha acabado imponiendo algunos de sus criterios porque es una mujer tenaz, nada proclive a ceder en un terreno que considera de principio. En todos estos años, siempre ha conseguido mantener la vida familiar, encontrar un hueco para dedicar un rato a la familia y a nuestros hijos, obligarme a alejarme de vez en cuando del ambiente absorbente de la vida política. Además de afianzar nuestra familia con los años, ha contribuido a mantener mi cordura. El resultado es que ahora aquel par de jovencitos que se conocieron en un vuelo de Estambul a Atenas son ya abuelos.

Los dos hemos conservado un intenso sentido de la familia. Ana procede de una familia numerosa, es la mayor de trece hermanos. Acudir a aquella casa era para mí todo un espectáculo y en algunas ocasiones llegué a salir mareado del tráfago que allí había organizado. Cuando nos conocimos, el hermano más pequeño de Ana ni siquiera tenía dos años. Los he visto crecer a todos e incluso he logrado convencerlos a todos —menos a uno, que siempre se me ha resistido— de que nos votaran a nosotros, porque en los primeros tiempos no lo hacían. Ahora una hermana de Ana se dedica también a la política, en Córdoba, donde lleva a cabo un trabajo muy notable. Las familias numerosas suelen tener un sentido sólido e intenso de la unidad familiar. La familia de Ana no era ninguna excepción, y nosotros también lo hemos intentado poner en práctica en la nuestra. Nuestros hijos también lo tienen, y ahora que dos de ellos ya no viven en casa, seguimos hablando a diario y estamos pendientes de su vida profesional y familiar.

A su vez, nuestros hijos han seguido mi carrera política con intensidad y con lealtad. Han dado más de un ejemplo admirable de sacrificio y han pasado por momentos extraordinariamente difíciles, como cuando intentaron acabar con la vida de su padre en abril de 1995. Cuando se inició la campaña contra el Gobierno, contra el Partido Popular y contra mí mismo en la segunda legislatura, hablé con ellos para advertirles que iban a presenciar ataques feroces contra su padre, y que estaría siempre dispuesto a contestar a cualquier pregunta que consideraran oportuno formularme. Nunca he tenido un disgusto grave con ellos. En los días terribles de marzo de 2004 no se separaron de mí ni un solo instante. Han estado a mi lado en los momentos difíciles, como en septiembre de 2003, cuando se resolvió la cuestión de la sucesión al frente del Partido Popular, y también cuando había que trabajar sin tregua, por ejemplo, durante las campañas electorales. También han sabido aguantar la presión de los medios de comunicación sabiendo que ésa era su obligación, porque su padre era el Presidente del Gobierno.

Ana siempre ha sido una militante activa de los derechos de las mujeres, en la vida política y en la vida personal. Nunca se ha declarado feminista, y tampoco creo que haya estado de acuerdo, aunque los respete, con los principios y las actitudes feministas. Ahora bien, siempre ha sido fiel a un principio de igualdad básica entre los hombres y las mujeres, y se comprometió activamente en la solidaridad. Constituyó la Fundación REALIZA, que ayuda a encontrar trabajo a mujeres que salen de la cárcel en circunstancias a veces muy difíciles. Cuando ha tenido la oportunidad de ejercer un cargo de responsabilidad política en el Ayuntamiento de Madrid, ha optado, como es lógico, por dedicarse a las cuestiones sociales.

Desde que nos enamoramos en aquel viaje de fin de carrera, nuestra vida ha ido muy de prisa. Nos conocimos jóvenes, nos casamos jóvenes, arreglamos nuestra situación profesional siendo aún jóvenes, yo entré en la política muy joven, fuimos padres muy jóvenes, hemos sido abuelos pronto y yo he salido de la política temprano. Hemos pasado juntos treinta años de una vida intensa. Con Ana a mi lado, toda la vida que venga a partir de ahora será bienvenida como un regalo.

# Génova, 13

El 15 de abril de 2004 Rodríguez Zapatero pronunció su discurso de investidura en las Cortes. En cuanto terminó, yo salí del Congreso y me dirigí a la sede del Partido Popular, en el número 13 de la calle Génova, en Madrid. Iba a mi despacho para recoger mis cosas. Había muy poca gente en la sede de Génova y nadie supo nada de aquello, salvo las tres personas que me ayudaron. Aquella mañana estuvo allí Marisa Granja, una de mis secretarias, que se había quedado a cargo de la secretaría de Génova y que durante los ocho años que yo había pasado en el Gobierno había cuidado de mi despacho como si fuera su propia casa. También estaban Juan Vilches, el jefe de Seguridad de Génova, que había trabajado conmigo y había sido mi conductor en Castilla y León durante la campaña para las elecciones de 1987, y Salvador Barea, el ordenanza de la planta séptima.

Revisé la mesa y los cajones, tiré algunas cosas, recuperé algunos papeles de cuya existencia ni siquiera me acordaba y guardé otros. Di instrucciones a Marisa Granja para que los metieran en cajas y los mandaran a la Fundación FAES aquella misma tarde. A la entrada del despacho que sigue teniendo allí Manuel Fraga, y que no usa nunca, hay una antesala donde también había guardadas algunas cosas mías, que revisé, ordené y seleccioné. Luego bajé al archivo de la planta tercera. Repasé algunos documentos que siguen allí. Volví a subir a mi despacho, me quedé algunos momentos solo, salí, cerré la puerta y me fui. Sólo las tres personas que me acompañaban en esos momentos tuvieron noticia de aquella visita. No había nadie más. Al cerrar la puerta, sin estrépito, sin despedidas, en silencio, di por cerrados los quince años más importantes de mi vida, por el momento.

Yo había ocupado ese despacho desde 1990, y durante los últimos ocho años no dejé de asistir a ningún Comité Ejecutivo ni a ninguna Junta Directiva Nacional. Siempre tuve especial empeño en seguir acudiendo a las reuniones y mantener un contacto estrecho con el partido. Es verdad que fuera de esas reuniones sólo iba allí esporádicamente, pero una o dos veces al mes traté de estar aunque sólo fuera unos minutos en mi despacho de Génova, 13. De hecho, todo estaba como en 1996, cuando llegamos a La Moncloa.

Unos días antes, pasadas las elecciones del 14 de marzo, había recibido en La Moncloa la visita de uno de mis colaboradores. Venía a decirme que en Génova había problemas de espacio, porque había que ubicar a la gente nueva y parecía que era necesario reorganizar algunos despachos. Yo le interrumpí y le hice observar que si lo que estaba insinuando era que iban a ocupar mi antiguo despacho, yo no pondría ningún obstáculo a que se tomaran las medidas que se creyeran convenientes. Me contestó que lo que se había pensado era ocupar el despacho de Fraga, y yo le expuse que era necesario respetar el despacho de Fraga. Manuel Fraga es el fundador del Partido Popular. Siempre he mantenido que el partido, como muchas otras cosas en España, necesita tiempo, continuidad y estabilidad. Por eso no se debía cambiar el despacho del fundador. Fraga habrá ido a ese despacho a lo sumo una vez en los últimos quince años, pero eso no es lo importante. Lo importante es que Fraga sigue teniendo su despacho en la sede del Partido Popular.

El despacho que desalojé el 15 de abril de 2004 no fue el primero que utilicé al llegar allí en 1989. No quise nunca utilizar el de Fraga. El Secretario General tenía su propio despacho

en la planta séptima y en medio del pasillo había otro, pequeño, que fue el que yo ocupé. Desde allí hice la campaña electoral del año 1989, hasta que ocupé otro que está justo a la entrada de la planta. Era un despacho pequeño, más pequeño que el
del Secretario General y aún más que el de Fraga, pero era cómodo y suficiente para lo que yo necesitaba. Allí coloqué mis libros
y mis recuerdos, allí celebré mis propios maitines y desde allí
dirigí el partido y la oposición durante siete años. Ésa es la famosa planta séptima del edificio de la calle Génova, donde está
instalada la dirección del partido. Allí viví las elecciones de 1989
y sus resultados, y todas las elecciones generales que vinieron
después, salvo las de 2000 y 2004, que seguí desde La Moncloa.
Habíamos llegado a la calle Génova en el año 1983, en coincidencia con el gran salto de Alianza Popular en las elecciones de
1982, cuando conseguimos 106 diputados, en vez de los nueve que habíamos tenido, con el nombre de Coalición Popular,
en las elecciones anteriores de 1979. Veníamos de Silva, 23, de
un local que ya para entonces se había quedado pequeño en una
bocacalle de Gran Vía al lado de la plaza del Callao.

Al principio, siendo responsable de las cuestiones autonómicas y locales del partido, ocupé un despacho en la planta
quinta. Rodrigo Rato ocupó otra parte de esa misma planta y
juntos subíamos con frecuencia a la séptima. Trabajé ahí entre
1982 y 1987, con un gran equipo en el que se encontraban Ana
Mato, Carlos López Collado y Rufino Hernando. Juntos redac-
tamos todos los programas autonómicos para las elecciones de
1983. Cuando volví de la Presidencia de Castilla y León, me instalé otra vez en mi primer despacho de la séptima planta. Allí
viví el largo período de crisis de los años ochenta y también el
segundo gran salto del partido en 1993, cuando ganamos más
de tres millones de votos. Dirigí el proceso de reordenación y de
reconstrucción que nos permitió convertirnos en un partido
de centro, ocupar poco a poco ese espacio determinante en una
democracia y romper el muro que nos separaba de los votan-

tes socialistas, logrando la confianza del electorado, primero con una mayoría relativa, en 1996, y al fin con la mayoría absoluta del año 2000. Desde el año 1994 hasta las elecciones de 2004, el Partido Popular ganó todas las elecciones de carácter nacional que se celebraron en España. Fueron diez años de victorias sin interrupción.

En el Partido Popular, la gestión interna de la organización ha sido tradicionalmente responsabilidad del Secretario General. Siendo yo presidente, he trabajado con tres magníficos secretarios generales, Francisco Álvarez Cascos, Javier Arenas y Ángel Acebes. He conocido muy bien a toda la gente que trabajaba en Génova y a todos ellos los he considerado mis amigos. Sé sus nombres, sé lo que hacen, siempre he estado al tanto de su situación personal, de las buenas noticias y de los posibles problemas. Siempre me he sentido muy unido a las personas con las que he trabajado, y habiendo pasado en Génova tanto tiempo, habiendo conocido allí circunstancias tan variadas, algunas alegres y satisfactorias y otras muy difíciles, quienes vivieron todo aquello conmigo han pasado a formar parte de mi familia, son mis amigos.

En 1989 me había encontrado con un partido en situación límite, al borde mismo de la extinción. A partir de ese momento se fueron constituyendo equipos sacrificados, competentes y ambiciosos. Así se fue poniendo en marcha la maquinaria política más poderosa que se haya creado nunca en España. Las democracias requieren partidos políticos fuertes, consolidados y estables. Estos partidos necesitan unas bases de las que nutrirse, personas que a veces tienen ambiciones políticas, legítimas, y muchas otras veces —casi siempre— trabajan por puro altruismo, por apoyar unas convicciones, para alumbrar una realidad nueva, para contribuir a dar continuidad a una idea de su país. El Partido Popular ha tenido el privilegio de contar con muchos afiliados y militantes de esa categoría moral. Tal vez sean personas anónimas para quienes escriban la historia dentro de unos

años. No lo han sido nunca ni lo serán para mí. Me he esforzado por tratarlos, por conocer sus motivos, la raíz de su generosidad. A lo largo de estos quince años, siempre nos hemos esforzado en que todas estas personas se sintieran reflejadas en nuestras
palabras, en los programas, en las ideas que íbamos proponiendo
a la sociedad.

El ideario de un partido político no es una abstracción teórica ni una fórmula doctrinaria. Si quiere prender en la realidad española, habrá de trasladar todos esos intereses, esas ilusiones y muchas veces esas emociones en propuestas claras,
inteligibles, asumibles por una mayoría de compatriotas. Ésa
es la grandeza de los partidos políticos democráticos, y en el Partido Popular, en estos años, nos hemos esforzado por escuchar
siempre a todos los que estaban dispuestos a echar una mano
y también a quienes tenían algo que decir. Si un partido no logra sintetizar las ideas, los sentimientos y los proyectos pre-
dominantes en la sociedad en la que vive no logrará nunca representar a una mayoría. Los equipos que encabezaron el partido
a partir del año 1989 nunca perdieron de vista esa necesidad.
Sabíamos que nuestro objetivo primero, nuestra primera misión, consistía en construir un partido político capaz de hacer
una propuesta de cambio seria y fiable al conjunto de la sociedad española. Nada de esto se hubiera podido conseguir sin el
concurso de mucha gente, de dentro y de fuera del partido, pero
muy especialmente de todos los que trabajaban y vivían, se
podría decir, en Génova, 13.

En la primera planta de Génova está el famoso balcón al
que los dirigentes del partido nos hemos asomado las noches
electorales. No es un auténtico balcón, sino una marquesina
que no está preparada para celebraciones de esta índole. Sobre
ella se monta la estructura propiamente dicha del balcón que ha
sido el escenario de tantas victorias. El momento más alegre es
sin duda alguna el de las elecciones del 12 de marzo de 2000,
cuando conseguimos la mayoría absoluta, con 10.320.000 vo-

tos y 183 diputados. El momento más hablado y comentado fue tal vez el de 1996, cuando mucha gente esperaba una mayoría y salimos al balcón sin ella, pero con la victoria electoral en la mano.

Siempre tuve muchas reservas acerca de la posibilidad de ganar por mayoría absoluta en 1996, aunque no me esperaba un resultado tan ajustado. Ahora bien, ese margen era similar al que le dio la victoria al Partido Socialista en 1993 y en consecuencia a mí no me cabía ninguna duda de cuál debía ser el resultado. Si el Partido Socialista había podido gobernar con una victoria estrecha, nosotros también podríamos hacerlo. Ésa fue mi posición desde un principio, y por eso todo lo que se dijo entonces y se siguió diciendo mucho tiempo después, acerca de la tristeza que aquella noche se cernía sobre Génova, es una leyenda. Lo que no es una leyenda es el viento gélido que hacía cuando salimos al balcón. Claro que no nos dábamos cuenta y acabamos tiritando. Los que estábamos allí aquella noche sabíamos muy bien las dificultades que nos esperaban y habíamos previsto algunas de las muchas maniobras que a partir de ahí se pondrían en marcha, pero estábamos contentos porque aunque la victoria fuera ajustada, nosotros habíamos ganado.

Hubo gente que me dio la enhorabuena antes de que se conocieran los resultados y dejó de dármela una vez conocidos éstos. Hubo incluso quien se marchó pensando que habíamos perdido. Tal vez se fuera a la sede del Partido Socialista. Ahora bien, hubo más gente que se presentó para apoyarnos en los momentos difíciles, cuando más dudas parecían pesar sobre el resultado. Cuando el Ministerio del Interior empezó a proporcionar los primeros datos, una persona me dijo que aquellas elecciones se iban a dilucidar por una distancia muy pequeña, y eso fue lo que ocurrió. Era un margen pequeño, pero suficiente para gobernar.

En 2000 salimos al balcón Ana, mi esposa, y yo, y luego Mariano Rajoy, Javier Arenas y Rodrigo Rato. Jaime Mayor

Oreja se encontraba en el Ministerio del Interior. La calle Génova estaba llena de gente que se había congregado, como siempre lo hace, para acompañarnos en los momentos duros y celebrar juntos los buenos. Para entonces, habíamos recorrido el camino que se abrió la noche del 3 de marzo de 1996. Habíamos conseguido llegar al Gobierno construyendo una mayoría con la máxima transparencia, firmando acuerdos por escrito que garantizaran la estabilidad política durante una legislatura, algo bien distinto a lo que ha ocurrido luego, cuando el Partido Socialista se ha encontrado en una situación similar. Antes de las elecciones de 2000, casi nadie pensaba que íbamos a ganar por mayoría absoluta. Había algunas personas que me urgían a que adelantara la convocatoria de las elecciones. En buena medida eran las mismas personas que en 1996 se habían sentido defraudadas porque el Partido Popular no consiguiera la mayoría absoluta. Los mismos que se equivocaron en 1996 se volvieron a equivocar en 2000. Pero los votantes, que nos habían otorgado una confianza condicionada y con reservas en 1996, respaldaron nuestro proyecto en 2000 con una generosidad por la que yo siempre les estaré agradecido y que espero no haber defraudado.

El 3 de septiembre de 2003, cumpliendo mi compromiso, entregué la presidencia del Partido Popular a Mariano Rajoy. Es un hombre bien conocido y respetado en nuestro partido, con una larga experiencia política, un demócrata y un patriota. Las circunstancias nos han colocado luego a todos, y a él en particular, en una situación inesperada y difícil. Estoy seguro de que Mariano Rajoy sabrá estar a la altura de la responsabilidad que le ha tocado en suerte.

# Manuel Fraga

Corría el año 1983. Por entonces Alianza Popular no estaba pasando un buen momento, y menos aún en Castilla y León. Cada provincia de la Comunidad Autónoma era un universo aparte, con claves propias, difíciles de desentrañar. La aspiración autonómica estaba poco arraigada y apenas existía una conciencia regional. El partido estaba todavía por hacer, carecía de estructura regional y no acabábamos de dar con los líderes de lo que tenía que ser, inevitablemente, una nueva organización. Tan grave era la situación que en las elecciones autonómicas de 1983 Alianza Popular no presentó un candidato. Como no se había llegado a un acuerdo entre todas las provincias, cada uno de los que aparecía en la cabecera de las listas provinciales aparecía también como candidato a Presidente de la Junta de Castilla y León. Naturalmente, perdimos las elecciones.

Como consecuencia de todas aquellas dificultades, Fraga me propuso que me hiciera cargo de la Presidencia del partido en Castilla y León. Me lo dijo en el Congreso, justamente en el momento en que se tomó la foto que ilustra este capítulo. Fraga insistía porque yo era diputado por Ávila y empezaba a conocer bien Castilla y León. Siendo además responsable, dentro del partido, de las cuestiones autonómicas y locales, estaba acostumbrado a tratar los asuntos territoriales. La propuesta de Fraga era por tanto razonable y, para mí, halagadora, porque me daba a entender que Fraga pensaba que yo estaba en disposición de liderar nuestro partido en una región tan importante y al mismo tiempo en tan difícil situación.

Aun así, rechacé la propuesta. Le contesté que debía permanecer en Madrid, que había de seguir concentrado en mi trabajo dentro del grupo parlamentario, que resultaría más útil al partido desde ese puesto, y además, que no podía pedirle a mi familia que dejara Madrid después de haber vuelto de La Rioja. Eso no quería decir que no estuviera dispuesto a colaborar para encontrar un buen candidato, como lo hice ayudando a que fuera elegido el burgalés Álvarez de Eulate, elegido en un congreso en Segovia que requirió una intervención política enérgica desde Madrid. Fraga no aceptó con gusto mi negativa. Durante varios meses, no me dirigió la palabra. Ni siquiera me saludaba cuando me veía en una reunión o cuando nos cruzábamos en el Congreso o en la sede del partido. Llevarle la contraria a Fraga siempre ha sido una empresa temeraria, y no porque Fraga no acepte una negativa, sobre todo si va acompañada de una propuesta alternativa, sino porque hay que emplearse a fondo para mantener la propia posición. Con la vehemencia que le es característica, Fraga exigía que se estuviese a la altura de la propuesta que él mismo había formulado. No pedía menos. Después de un tiempo, las aguas volvieron a su cauce y en 1985 fui elegido presidente del partido en Castilla y León en un congreso celebrado en Palencia. En el otoño de 1986, poco antes de la dimisión de Fraga aquel mismo año, fui elegido candidato a la Presidencia de la Junta de Castilla y León para las elecciones de 1987.

Yo había conocido a Manuel Fraga cuando me destinaron a Logroño, después de sacar las oposiciones a inspector de Hacienda. Pero tenía un recuerdo de él que databa de bastantes años antes. En los tiempos en los que Fraga era ministro de Información y Turismo, en los años sesenta, yo era socio del Club de Tenis del Real Madrid y acudía a la piscina con regularidad. De vez en cuando, alguna tarde, aparecía por la piscina Manuel

Fraga. La presencia de un ministro, y más aún la presencia de Fraga, suscitaba una expectación considerable. Fraga no defraudaba nunca. Aparecía con un bañador grande, parecido a otro con el que fue fotografiado en varias ocasiones. Se metía directamente en el agua, cruzaba la piscina en diagonal —y debo añadir que la natación no es precisamente una de las especialidades de Fraga—, salía, se tumbaba en el suelo, aguantaba todo lo que puede aguantar Fraga, entre medio minuto y cuarenta segundos, entraba de nuevo en la piscina, volvía a cruzarla en diagonal, salía otra vez, se tumbaba, aguantaba otro medio minuto y se marchaba. Así pasaba el vendaval Fraga por la piscina cuando era ministro de Información y Turismo. En total, venían a ser unos cinco o seis minutos.

También tenía el recuerdo de lo que me habían contado de Fraga en casa, en particular mi padre y mi abuelo. Mi abuelo, aunque no trabajó directamente con él, tenía una excelente relación con Fraga. Mi padre, en cambio, sí había trabajado con él cuando Fraga fue ministro de Información y Turismo. También lo había hecho con personas que luego tuvieron un papel importante en nuestro partido, como Alfredo Timermans, Gabriel Elorriaga y Carlos Robles. Más tarde, los hijos de estos hombres también trabajaron conmigo. Yo, por mi parte, lo conocí en 1979, después de las elecciones de aquel año, en un acto a favor de la Constitución organizado en La Rioja. La Rioja presentaba algunas particularidades, comparada con otras zonas, porque había elegido un diputado por Alianza Popular en 1977, Álvaro Lapuerta, y, aunque el partido perdió el escaño en 1979, seguía existiendo una organización política consistente. En 1979 organicé un nuevo acto al que invité a Fraga y a Félix Pastor Ridruejo, sin saber que las relaciones entre los dos no pasaban por un buen momento, porque Fraga por aquel entonces estaba preparando su vuelta a la presidencia de Alianza Popular. En el entorno más directo de Fraga me miraban con algo de recelo, como es natural, aunque yo entonces no era consciente de los problemas que existían entre los dos.

También presencié el retorno de Fraga en diciembre de 1979, durante el primer congreso de Alianza Popular al que asistí, en el Colegio Mayor Pío XII de Madrid. Fraga había dimitido después del fracaso de Coalición Democrática en las elecciones de 1979, cuando consiguió nueve diputados, pero decidió volver en diciembre de ese mismo año. Vinieron luego las elecciones autonómicas de Galicia de 1981, en las que ganó Alianza Popular, y las elecciones autonómicas de 1982, donde, después de lo ocurrido en el disparate del referéndum de Andalucía y el grave error cometido allí por UCD, Alianza Popular quedó por delante del partido del Gobierno.

En aquellos años estaba muy extendida la célebre teoría de la mayoría natural, que era la doctrina política y estratégica de Fraga. Hacía referencia a la mayoría electoral que había apoyado la propuesta de reforma política en el referéndum de 1976, y a la posibilidad de reconstruir una fuerza con capacidad de gobernar España a partir de esa base. Yo no estuve nunca de acuerdo con aquella perspectiva. Desde el referéndum de 1976 habían pasado muchos años y, como era previsible, quienes habían votado la reforma política de 1976 se habían decantado luego por opciones muy diversas, incluidas aquellas que no apoyaron la reforma política, como fueron los partidos de izquierda. En política no existen las mayorías naturales. Las mayorías se construyen mediante el trabajo político. Ninguna mayoría surge de por sí, como si fuera un hecho espontáneo de la naturaleza. No existen las mayorías previas, a la espera de que un partido o una organización dé forma inteligible a su voluntad. En consecuencia, por mucho que se invocase el ejemplo de 1976, aquella supuesta mayoría a la que debían dar rostro Alianza Popular y UCD no acababa de cuajar. Resultaba un poco paradójico, porque si hubiera sido natural, aquella mayoría debería haberse materializado, y si no lo hacía, tal vez fuera porque no era tan natural como se decía. El resultado fue que en 1982, una vez conseguida la consolidación de la democracia española, que era el objetivo que se había propuesto Adolfo Suárez con la UCD, el Partido Socialista obtuvo un éxito espectacular.

El resultado de Alianza Popular no fue malo, pero entre 1982 y 1986 vivimos un período de estancamiento. Yo estaba convencido de que el cambio electoral de 1982 era profundo y duradero. Vino a confirmar mi teoría el estancamiento de los resultados en las elecciones autonómicas de 1983, en las que el partido obtuvo un porcentaje de voto similar, o un poco más bajo que el que había obtenido en las generales del año anterior. Desgraciadamente la situación se consolidó en las elecciones de 1986, que vinieron precedidas por la polémica del referéndum sobre la permanencia de España en la OTAN. Aquel mismo año se había formado Coalición Popular, luego de que en 1982 Alianza Popular se presentara a las elecciones legislativas con otras fuerzas políticas. Coalición Popular sacó 105 diputados, y al quedar claro que no habíamos sido capaces de avanzar, entramos en una crisis durante la cual tuvo lugar la desafección de los democratacristianos y de algunos liberales, aunque éstos eran reducidos y valían más por el símbolo que por su capacidad para movilizar un voto significativo. La sustancia auténtica del partido había sido y seguía siendo Alianza Popular, pero la crisis repercutió en las elecciones agónicas de 1986 en el País Vasco, en las que sólo conseguimos dos diputados y que provocaron la segunda dimisión de Fraga como presidente del partido, lo que a su vez produjo una conmoción muy profunda en toda la organización. El grupo de gente joven que formábamos nosotros intentó impedir aquella dimisión, pero cuando constatamos que no podríamos hacer nada, propusimos que la decisión surtiera efecto con la mayor brevedad posible.

A partir de ahí se abrió inevitablemente la carrera por la sucesión de Fraga a la cabeza del partido, con momentos de gran tensión. En una reunión de maitines celebrada en 1986, después de una larga discusión, Fraga se levantó, colocó las manos en el pecho, apoyó la espalda contra la pared y dijo que él era un jabalí herido, pero que los jabalíes heridos pueden ser muy peligrosos y llevarse por delante todo lo que les salga al paso. Fraga sufrió mucho en esos meses, porque hubo gente que no se portó bien y además había problemas en Galicia, con desajustes internos graves en el Gobierno de la Xunta. Recuerdo con especial emoción el día en que salió a saludar a la ventana de la segunda planta de la calle Génova, cuando ya se había despedido del partido. En 1987 se celebró el congreso que eligió como jefe del partido a Antonio Hernández Mancha. No logramos salir adelante y Fraga volvió de nuevo al partido. Así llegamos a las elecciones de 1989 y a la refundación del partido, al ingreso en el Partido Popular Europeo y a las elecciones europeas de 1989, que nos colocaron en una situación límite, lo que a su vez condujo a las elecciones generales de 1989. En ese punto ya habíamos tocado fondo. Arrancamos con una nueva dirección y se abrió una nueva etapa.

Manuel Fraga tiene una larga carrera política al servicio del Estado, en la que no faltan algunos momentos muy relevantes en la historia española del siglo XX. Antes de la Transición, Fraga ha quedado vinculado a su trabajo como ministro de Información y Turismo. Los años han situado en su justa dimensión algunos episodios de aquella etapa y hoy lo que destaca es la empresa de apertura informativa que llevó a cabo en esos años, sustituyendo leyes que databan de tiempos de la Guerra Civil por una legislación mucho más abierta e integradora y reformando los propios medios de comunicación del Estado. Era una apertura limitada, como no podía ser menos, pero llegaba hasta el límite de lo que era admisible entonces. Además, entre 1962 y 1969, cuando Fraga ocupó la cartera de ministro, España se convirtió en uno de los grandes destinos turísticos del mundo. Por entonces despegó la industria turística española, con todo lo que eso quiere decir de modernización, de progreso económico y también de apertura a realidades hasta entonces desconocidas por el atraso y el aislamiento en que se encontraba España. Fraga pertenece a una generación de políticos jóvenes que contribuyeron decisivamente a cambiar nuestro país en esos años cruciales. Aquel proceso de cambio sentó las bases de la Transición, que además de abrir una nueva etapa histórica fue, en más de un sentido, la culminación de un proceso que había empezado antes.

En aquellos años, también se enfrentó a numerosos problemas. Tuvo que dejar el Gobierno e incluso abandonar la política. Volvió a su cátedra de Teoría del Estado y Derecho Constitucional, e incluso intentó hacer carrera en la empresa privada, con un resultado previsible. Fraga no es capaz de vivir lejos de la esfera política. Fue entonces, en 1973, cuando optó por la embajada de España en Londres, un puesto determinante en su trayectoria porque es ahí donde Fraga se convirtió de verdad en el conservador que luego nunca ha dejado de ser. En Londres, Fraga se enamoró del sistema mayoritario, del sentido institucional de la vida política británica y de la continuidad que esa arquitectura le permite. Allí fue donde empezó a labrar su doctrina sobre la existencia de una tradición conservadora española que no se ha quebrado a lo largo del tiempo y ha garantizado la perpetuación de unos principios esenciales a los que los españoles han podido recurrir en momentos importantes de su historia. Fraga explicaría esta doctrina en su libro clásico sobre *El pensamiento conservador español*, tal vez el mejor de los muchos que ha escrito.

Otro de los momentos relevantes en la larga carrera de Fraga llegó cuando Franco escogió a Carlos Arias Navarro para ocupar el cargo de Presidente del Gobierno. Había dos personas con oportunidades serias. Una de ellas era Pedro Nieto Antúnez, relacionado con Fraga, y el otro Carlos Arias Navarro, sobre el cual recayó la elección. Nunca sabremos qué habría pasado si Fraga hubiese alcanzado el poder en aquel momento, pero no se puede negar que Fraga había elaborado un proyecto para la Transición, lo había expuesto públicamente y había sido el único político en actuar con aquella claridad. Fraga aceptó ser ministro en el primer Gobierno de la Monarquía, aunque sólo a duras penas consigo imaginar lo que debía de ser una reunión de Arias Navarro como Presidente del Gobierno y Fraga como ministro de la Gobernación. Se cuenta que en aquellas reuniones Fraga caminaba a grandes zancadas de un lado a otro del despacho, hablaba sin cesar hasta que en un momento determinado miraba el reloj y decía que se tenía que marchar.

Fraga demostró un temple extraordinario en esos años asumiendo riesgos muy importantes como vicepresidente y como ministro de la Gobernación, el ministerio más difícil en un Gobierno muy difícil de por sí. Mantuvo conversaciones con la oposición, continuando las que ya había tenido en Londres, y se enfrentó a la desgracia de tener que gestionar episodios tan desdichados como el de Montejurra, en 1976. Más tarde, cuando el Rey eligió un nuevo Presidente, escogió a un hombre de su edad y que además le resultaba conocido, como era Adolfo Suárez. Fraga, que conocía las reglas del juego, se vio obligado a dejar paso a una nueva generación.

A partir de ahí Adolfo Suárez empezó a organizar lo que sería Unión de Centro Democrático. Articuló un discurso de centro dirigido a un electorado centrista. Fraga se vio obligado a escorarse a la derecha, y ahí, de ese malentendido, nace Alianza Popular. Fraga, que había sido el gran reformador del régimen, que había teorizado y elaborado el proyecto para hacer posible el cambio del régimen autoritario a la Monarquía parlamentaria, se convierte en un símbolo de la continuidad del régimen anterior justamente a causa de la posición que ocupa Alianza Popular, su propio partido. Para los españoles de entonces, y en particular para los jóvenes, resultaba difícil identificarse con aquel proyecto. Yo mismo no lo voté en 1977, porque no acababa de convencerme ni el partido ni lo que representaba, aunque fuera a pesar de Fraga.

Fraga creó más tarde, en 1979, Coalición Democrática. Así empezó la vuelta al centro del partido, aunque fuera por el camino, a mi entender equivocado, de la mayoría natural. Fraga sabía que tenía que emprender el mismo camino que ya había emprendido UCD. Si no lo hacía, no conseguiría nunca su objetivo de convertirse en un partido de Gobierno. UCD había logrado llevar a cabo con éxito aquello para lo que había sido creada, que era la Transición. Por mucho que les pese a algunos, la Transición española la realizó un grupo de jóvenes reformistas que no procedían de la izquierda. La izquierda siempre fue detrás de aquel grupo, que tomó y llevó la iniciativa desde el principio. Una vez hecha la Transición, los elementos que aglutinaba la UCD se disolvieron porque UCD carecía, en realidad, de cimientos ideológicos e históricos consistentes. Al iniciarse este proceso desde dentro de la propia UCD, Fraga vuelve a tener una nueva oportunidad, aunque quien supo aprovechar esa circunstancia fue el Partido Socialista y hubo que esperar a que pasaran muchos años para que aquella opción se consolidara.

Alianza Popular era un partido pequeño, que había obtenido dieciséis diputados en las elecciones de 1977. No era un buen resultado. Tenía una base excelente y en la cúpula muchos elementos excesivamente personalistas que abundan en la vida española, en los que hay demasiada gente que se cree lo que no es. Alianza Popular tenía por entonces una organización desigual y repartida irregularmente en diversas zonas de España. El esfuerzo de Fraga consistió en construir una organización ampliamente extendida y con implantación en toda España, una organización con una base sólida y bien enraizada en la realidad social española. Este aspecto ha sido determinante en la historia del Partido Popular. Sin la estabilidad que proporciona esa raíz popular, que ha resistido a la intemperie en circunstancias extraordinariamente difíciles, y más aún, dramáticas, como las que se han vivido en el País Vasco, el partido no habría sobrevivido a las grandes crisis de los años ochenta. Esa raíz popular es una de las señas de identidad de nuestro partido y uno de los factores que lo han convertido en una organización insustituible en la vida política y social española. Todo lo que se ha construido después —el liderazgo, las referencias ideológicas, los valores que definen la orientación del partido— se nutre y alcanza consistencia gracias a esa raíz popular. Proponerse este objetivo, haber comprendido que la realidad española podía dar a luz esta realidad y lograr que tomara cuerpo es el mérito que le corresponde a Manuel Fraga. No hay nada más difícil de hacer. Fue un esfuerzo colosal, de persona a persona, pueblo a pueblo, ciudad a ciudad, un esfuerzo de sumar y sumar fuerzas sin escatimar nunca los medios.

Como era inevitable dado su carácter y la pasión política que siempre le ha caracterizado, Fraga, que infundía un respeto extraordinario dentro del partido, también ejercía un control estricto de la organización. Era un auténtico líder y, como siempre que se ejerce el liderazgo, hubo grandes aciertos y algunas decisiones que no lo fueron tanto. Alianza Popular tenía una consistencia específica, esa base popular que la caracterizaba y una dimensión histórica muy importante, pero carecía de una línea ideológica que permitiera diseñar una oferta electoral clara, establecer prioridades y articular consensos y discrepancias con el Gobierno socialista. La consecuencia es que defendíamos a un mismo tiempo políticas liberales e intervencionistas; estábamos a favor de la liberalización del mercado de la vivienda, pero nos manifestábamos en contra; estábamos a favor del desmantelamiento de algunos sectores industriales anticuados, pero no queríamos decirlo. Lo que estaba ocurriendo, probablemente, es que todavía se estaban asentando los fundamentos del partido después del cataclismo que padeció el centro derecha en 1982. Los cuadros eran, además, personas de formación y procedencia muy diversas, y en esas condiciones era muy difícil que prevaleciera un ideario claro y consistente.

El partido de aquellos años, al mismo tiempo que se iba asentando tan firmemente en la realidad española, era una organización más extensa que intensa. La acción de Fraga es determinante en este punto. Fraga vivía personalmente cada etapa del partido que estaba creando. Participaba en todo, en todo intervenía, disfrutaba con las buenas noticias y sufría como el que más con las que no lo eran tanto. Fraga pasó grandes dificultades antes de que se pusiera en marcha la financiación pública de los partidos políticos. Hubo momentos de auténtica agonía, porque no conseguía los recursos que requería aquel proyecto, un proyecto nacional de centro derecha. También he asistido a momentos de tensión muy fuertes con quienes debían haber sido sus aliados, sus aliados *naturales*. Pero Fraga no se rendía nunca.

El punto culminante de las reuniones eran los famosos maitines, que el mismo Fraga instituyó y que consistían en la reunión de los lunes por la mañana, bastante temprano. Con Fraga presidiéndolos eran, además de una sesión intensa de trabajo, un espectáculo excepcional, a veces deslumbrante. A mediados de los años ochenta, se había formado un grupo de gente joven, entre ellos Rodrigo Rato y yo, que asistíamos con regularidad a aquellas reuniones. Fraga aparecía en la sala del Comité Ejecutivo como un huracán. Se sentaba, sacaba de su cartera una carpeta llena de papeles y empezaba a repartir notas y recortes de periódicos a unos y a otros. Rodrigo Rato me dijo una vez que ir a los maitines resultaba sumamente práctico porque Fraga te daba los periódicos ya leídos. Efectivamente, Fraga nos daba a cada uno los recortes de periódico que nos correspondían. Ya venían seleccionados, leídos y subrayados. Aquella energía de Fraga era vertiginosa. Nunca ha logrado detenerse.

Una persona me contó que yendo una vez en coche con Fraga, y hablando de algunos de los problemas que en aquellos momentos tenía el partido, quiso elogiar la paciencia de don Manuel. Fraga le interrumpió: «¿Paciencia, yo? Eso lo dice usted porque me ha conocido hace poco tiempo. De joven, yo era insoportable.»

Fraga es la encarnación misma de la pasión política. Vive por la política, para la política y de la política. Es su elemento, el único horizonte donde está cómodo, la única atmósfera donde puede respirar. No he conocido a nadie con una vocación política tan arraigada en su propia naturaleza, tan indiscernible de su identidad y de su carácter. Eso le ha proporcionado una increíble capacidad para sacrificarse por lo que él consideraba una causa justa o adecuada a los intereses generales, y también ese rasgo de carácter tan propio de Fraga que consiste en empeñarse en ser siempre el primero y marcharse el último. Fraga ha padecido más que nadie las consecuencias de esa ansiedad, que podía conducir a la precipitación, en algunos casos a la dispersión, en otros a una sobreactuación no siempre necesaria. El ritmo vertiginoso que imprimía Fraga a su actividad le llevaba a elaborar y articular proyectos sumamente valiosos, pero también a pasar demasiado de prisa sobre muchas cosas y a no rentabilizar como era posible hacerlo el ingente esfuerzo que estaba desplegando. Ahora bien, a esa energía le debemos nuestro partido. Fraga es el creador del Partido Popular y consiguió articular un proyecto en torno a esa gran visión.

Yo respeto, aprecio y quiero a Manuel Fraga. Durante los años en que he tenido el honor de ser Presidente del Partido Popular, he puesto especial empeño en que se recordara el puesto que ocupó y la responsabilidad que desempeñó. La historia del Partido Popular sería inconcebible sin él, como no se podrá escribir la historia del conservadurismo español sin tener en cuenta la figura de Fraga. Es su vida, su carácter y su destino.

# Adolfo Suárez

En mi casa se hablaba con frecuencia de Adolfo Suárez. Siendo mi padre periodista y habiendo estado Adolfo Suárez a cargo de la televisión pública, los dos se conocían y se trataban. Ya por entonces, a mediados de los años setenta, Suárez había manifestado su vocación política, y si bien su nombre sólo era conocido en algunos círculos restringidos y la opinión pública no tenía todavía conocimiento de él, ya había emergido como uno de los personajes que sería necesario tener en cuenta en la nueva situación que se avecinaba. No podía competir en cuanto a conocimiento público con personajes de la talla de Manuel Fraga, José María de Areilza, Federico Silva o Fernando Herrero Tejedor, su mentor y padre del antiguo periodista y actual europarlamentario Luis Herrero. Ahora bien, eso apuntaba a una ventaja. Era un nombre nuevo, al que no se le relacionaba con la situación previa. Además Adolfo Suárez era bien conocido del Rey, pertenecía a su misma generación y el Rey pensaba que quien mejor podía interpretar los deseos de cambio y de democratización de la sociedad española era Adolfo Suárez.

Recibí la noticia de su nombramiento con sorpresa, como en general fue recibida en España. Yo era por entonces muy joven y no tenía una relación directa con el mundo de la política, pero recuerdo bien que, además de sorpresa, el nombramiento de Adolfo Suárez en 1976 provocó una profunda conmoción y bastante escepticismo. Recuerdo también la impresión que causaron sus primeras intervenciones públicas, que suponían un gran cambio de estilo y dejaron claro que había llegado al poder una generación nueva, que habíamos entrado en una nueva etapa y que España estaba emprendiendo un camino inédito. «Tenemos que elevar a la categoría política de normal lo que a nivel de calle es simplemente normal», dijo en un discurso. Fue la expresión inteligible para todo el mundo de aquello que se proponía hacer. La sencillez de la expresión disimulaba la complejidad del proyecto.

No creo que Adolfo Suárez sintiera en aquellos momentos la necesidad de crear un nuevo partido político, y probablemente tampoco hubiera tenido la oportunidad de hacerlo. Adolfo Suárez tenía que volcarse en la misión que se le había encomendado y que consistía en realizar la transición a una Monarquía parlamentaria y a un régimen democrático. Suárez supo moverse en un terreno muy delicado en el que todo estaba por hacer y en el que reinaba, como es natural, una falta de experiencia considerable. Luego se han sucedido los procesos de transición desde regímenes autoritarios o totalitarios a otros abiertos. Se ha acumulado una experiencia considerable, se ha producido una abundante literatura académica, los países que han emprendido procesos como éstos han podido recibir apoyo. Los españoles, los agentes políticos y más en particular Adolfo Suárez y el Rey se enfrentaron a aquella tarea compleja y delicada con una extraordinaria valentía.

Como muchos otros españoles, voté por primera vez en el referéndum sobre la reforma política de 1976, gracias al cual se inició la democratización de España. Conviene recordar que la izquierda —tanto el Partido Socialista como el Partido Comunista— se opusieron al referéndum y propugnaron el rechazo de la propuesta de reforma. Más tarde cambiaron de opinión, pero entonces su posición no dejaba lugar a dudas. La izquierda no quería la reforma política; quería una ruptura.

Voté por segunda vez, también como muchos españoles, en las elecciones legislativas de 1977. Había asistido al mitin que celebró Alianza Popular en la Plaza de Toros de las Ventas, en Madrid, pero lo que vi y escuché allí no me gustó. Esa propuesta no se correspondía con lo que iba a ser el futuro de España. La sociedad española tenía otra visión de sí misma, otras necesidades, incluso un estilo distinto. Como yo nunca he sido de izquierdas y he tenido la suerte de no tener que perder el tiempo en los vericuetos inútiles del marxismo, del comunismo o del socialismo, me decidí por UCD y voté por Adolfo Suárez.

Adolfo Suárez cumplió brillantemente la tarea que tenía encomendada, una misión muy difícil, desde cualquier punto de vista. Demostró tener visión, habilidad, capacidad negociadora y un profundo conocimiento de la naturaleza del ser humano. Estoy convencido de que se equivocó al marcharse de UCD en 1982, porque ya que UCD estaba inevitablemente asociada a la Transición, la creación de un nuevo partido perturbó una posición y una historia. Bien es verdad que UCD no era ni pudo llegar a convertirse nunca en un auténtico partido. Las prioridades de la acción de Suárez eran otras, y UCD siempre fue un conglomerado de formaciones muy diversas, con ideologías e intereses personales a veces divergentes, puesto al servicio de un objetivo muy preciso, como era hacer la Transición. Fuera de este gran objetivo, cuyo logro fue de por sí un gran éxito histórico, UCD no tenía un auténtico proyecto político para España. Esa carencia acabaría por dificultar su continuidad en el poder.

Coincidí con Adolfo Suárez en el Congreso de los Diputados tras las elecciones de 1982. Suárez sabía, como no podía ser menos, que yo era diputado por Ávila, su provincia natal, y siempre se mostró atento conmigo. A mí me entristecía comprobar que alguien como él, que había estado durante cinco años en la cabecera del banco azul, que había realizado un trabajo tan extraordinario para su país y que además había mantenido una actitud tan gallarda en el golpe de Estado del 23 de febrero de 1981, hubiera sido tan cruelmente tratado por la oposición socialista. Fue una oposición brutal, despiadada. Entonces se inauguró una forma de hacer política que por desgracia todavía subsiste en nuestro país. Consiste en la destrucción personal del adversario, al que se considera no un interlocutor político, sino un enemigo que es preciso anular e incluso aniquilar. A falta de mejores argumentos, la campaña contra Adolfo Suárez fue de una crueldad inaudita. Sé que Adolfo Suárez pasó por momentos muy difíciles. Por dignidad, por la simple conciencia de lo que había hecho por España, se la deberían haber ahorrado. Me impresionaba ver a Adolfo Suárez, un hombre que había desempeñado un papel tan relevante, relegado a los bancos superiores del Congreso, con un único compañero en su partido, tratado como si fuera una figura secundaria.

Cuando fui diputado por Ávila durante mi segunda legislatura, entre 1986 y 1989, nuestro partido, que entonces era Alianza Popular, sacaba siempre algo más de cien votos en Cebreros. Como era lógico, su partido conseguía muchos votos más, pero pensé que era necesario conocer a aquel centenar de personas empeñadas en votarnos siempre, elección tras elección, justo en el lugar donde había nacido Adolfo Suárez. Propuse entonces inaugurar una sede del partido en Cebreros, y así lo hicimos en presencia de Manuel Fraga, que disfrutó considerablemente de aquel acto porque, como es fácil de comprender, entre Fraga y Suárez siempre había existido un cierto grado de rivalidad. Aquella aventura no acabó muy bien, porque al poco tiempo de inaugurada la sede, el dueño del local que nos lo alquilaba se arrepintió de haberlo hecho y nos vimos obligados a cerrar la sede.

Empezamos a tener una relación más intensa cuando se gestaron los acuerdos entre Alianza Popular y CDS en 1988. En aquel momento, Alianza Popular atravesaba una crisis muy seria, el grupo parlamentario tenía menos diputados que los que había conseguido en la anterior legislatura, y si Adolfo Suárez hubiera querido aprovechar la ocasión en las Cortes —el

CDS había pasado a tener dieciocho diputados—, es posible que la historia reciente de España fuera ahora muy distinta. Tal vez una de las razones que explican esta actitud es que Adolfo Suárez, que tenía muchas de las virtudes que se requieren para ser un gran político, no fue un gran parlamentario.

Acudí por entonces a visitarle en su despacho de la calle Antonio Maura, en Madrid. Adolfo Suárez estaba interesado en establecer algún tipo de colaboración conmigo y me aseguró que algún día acabaríamos trabajando juntos. Para mí, sin embargo, lo prioritario en aquellos momentos era alcanzar acuerdos entre nuestras dos organizaciones, unos acuerdos que nos permitieran alcanzar la Alcaldía y la Presidencia de la Comunidad de Madrid, y que se estabilizase la situación de Castilla y León con la incorporación a nuestro Gobierno, minoritario en las Cortes regionales, de dos consejeros del CDS. Conseguimos lo segundo pero no lo primero, porque la moción de censura de 1989 se frustró a causa de la traición de un diputado. Adolfo Suárez es un hombre de una gran simpatía personal y durante aquella conversación se recostó varias veces en su sillón y me dijo, sonriendo: «¡Qué envidia me das!»

Después de las elecciones de 1989, Felipe González me llamó para entrevistarse conmigo. Fue la primera conversación larga que tuve con él. Hablamos de las cuestiones europeas, aunque en aquel momento no era un asunto crucial en la vida política española, y Felipe González insistió en reiteradas ocasiones en la importancia de Adolfo Suárez. Yo le contesté que estaba claro que Adolfo Suárez era un hombre de una extraordinaria importancia, tanto en lo personal como en lo político, por lo que era en sí mismo, por lo que había hecho y por lo que seguía representando en nuestro país. Para entonces yo ya había marcado una clara dirección para el Partido Popular y esa dirección era la de situarnos en el centro. En esa vía, nuestro proyecto tenía obligadamente que incorporar o descartar cualquier otra organización que se situase entre nuestro electorado y el electorado del Partido Socialista, porque la estrategia consistía en ampliar nuestro margen de movimiento hacia el centro y a ser posible en el propio electorado que desde 1982 había votado a los socialistas. Paradójicamente, el propio Adolfo Suárez nos facilitó el trabajo al convertirse en aquellos años en un aliado del Partido Socialista. Fue un error estratégico, porque nosotros tuvimos ocasión de ir ocupando el espacio que Adolfo Suárez iba dejando libre con su acercamiento al PSOE. Algún tiempo después, el propio Adolfo Suárez me reprochó, a medias en broma y a medias en serio, que fuera yo quien hubiera acabado por llevarle a su jubilación política.

Desde aquellos años, y a pesar de que la situación de nuestros dos partidos podía haber dado lugar a algún malentendido, mi relación con Adolfo Suárez fue sumamente positiva. Adolfo Suárez siempre me mereció un gran respeto, y a diferencia de otras personas que sí lo hicieron, nunca le pedí nada, ni un gesto, ni una declaración, ni una toma de posición a favor de mí ni de mi partido.

A medida que pasaban los años, la relación entre los dos ha ido siendo más personal y más profunda. Un verano, Adolfo Suárez y Amparo Illana, su esposa, nos invitaron a cenar a mi mujer y a mí a su casa de Palma de Mallorca, situada en un lugar privilegiado, encima del mar y con una vista espléndida de la bahía de Palma. Se accedía a aquella casa tan hermosa por un patio de naranjos que era una auténtica delicia, fresco y oloroso. Pasaba allí largas temporadas. Cuando volví a verlo a aquella casa, Adolfo Suárez estaba completamente dedicado a cuidar de su esposa, enferma ya por aquel entonces, y pensaba en venirse a Madrid, donde quería pasar la mayor parte del tiempo. Al llegar al Gobierno en 1996 hice todo lo posible por aliviar su situación y tuve el privilegio y la suerte de poder facilitarle algunas cosas.

Antes de las elecciones autonómicas de 2003 necesitábamos un candidato para la Presidencia de la Junta de Castilla-

La Mancha. Adolfo Suárez hijo —Adolfo Suárez Illana— se había comprometido activamente en la lucha contra el terrorismo, en el terreno más difícil, además, en el propio País Vasco. Había sido apoderado e interventor en más de un proceso electoral y siempre había demostrado una determinación seria y firme contra el terror. Un día Javier Arenas me propuso la posibilidad de que Adolfo Suárez Illana fuera nuestro candidato a la Junta de Castilla-La Mancha. Javier Arenas insistió en que era una gran oportunidad, en que era un candidato sólido y prometedor, y efectivamente Adolfo Suárez Illana realizó un gran trabajo aunque, por desgracia, aquello no tuvo éxito. Durante aquella campaña celebramos juntos un acto electoral en Albacete, y tuvimos el honor de que nos acompañara Adolfo Suárez padre, que quiso leer unas cuartillas en apoyo, como es natural, de su hijo. Mientras lo hacía le brillaban los ojos y disfrutó durante el acto al verse otra vez rodeado del cariño de la gente, que lo recibió con simpatía y con emoción, y yo, por mi parte, habiendo hecho mía la herencia de UCD, tuve ocasión de rendirle homenaje públicamente.

Durante los años en La Moncloa, han sido muchas las ocasiones en que almorcé con Adolfo Suárez. Pude conversar largo y tendido con él, me contó muchas cosas, siempre de provecho para mí, y como le gustaba mucho caminar, como a mí, dimos largos paseos juntos. Siempre siguió siendo un fumador impenitente. Por entonces, entrados los años noventa, Adolfo Suárez ya estaba recibiendo el reconocimiento que se le debía por su labor durante la Transición. Le gustaba decirme —supongo que para burlarse de mí— que de los cuatro presidentes de Gobierno españoles que él había conocido, yo era el mejor. Yo sabía que comprendía y apoyaba la política que nosotros estábamos llevando a cabo y estoy satisfecho de saber que Adolfo Suárez se sentía identificado con la política que nosotros realizamos durante nuestros ocho años en el Gobierno.

# Jordi Pujol

Jordi Pujol es un nacionalista catalán. Esta afirmación tal vez parezca una obviedad o una redundancia, pero no es así. Se puede ser catalán sin ser nacionalista, y se puede ser un catalán nacionalista. En Jordi Pujol, en cambio, la adscripción nacionalista tiene la misma entidad que su identidad de catalán, y probablemente prevalece sobre ella. En mi opinión, adherirse al nacionalismo supone de por sí una autolimitación política porque toda la acción del político nacionalista está volcada de forma irremediable y absorbente en el espacio definido por el territorio objeto de esa pulsión que llamamos nacionalismo. La vida política, como la vida en general, presenta una diversidad de variables, de perspectivas y de circunstancias que enriquecen la propia acción. El nacionalismo las simplifica y reduce la acción a una dimensión única.

Jordi Pujol ha dedicado toda su vida a cumplir una ambición única: ser Presidente de la Generalidad. No me atrevo a afirmar que no haya considerado otras opciones, pero de su trayectoria se deduce que ésa era una aspiración esencial desde muy temprano, y que esa ambición absorbió pronto toda su energía y concentró la amplitud y la variedad de las posibilidades que de otro modo se habrían abierto ante él. Por otra parte, Jordi Pujol, que ha sido Presidente de la Generalidad desde 1980, durante veintitrés años, ha dejado de serlo por decisión de su partido, quizá respondiendo a una demanda de los electores. Ahora bien, si la decisión hubiera dependido exclusivamente de Pujol, seguiría ocupando la Presidencia de la Generalidad de Cataluña. Ésa es la ambición que ha guiado toda su vida, ése es el sueño que ha marcado su trayectoria y, siendo como es una aspiración imposible de cumplir, reduce la dimensión de su éxito político y personal. A la autolimitación que se impone todo político nacionalista, se añade ese matiz de melancolía irremediable.

La Presidencia de la Generalidad de Cataluña es un cargo sumamente importante, lleno de significación histórica y heredero de una tradición institucional de autogobierno de la que los catalanes, así como los demás españoles, nos podemos sentir legítimamente orgullosos. Cataluña, a la que la Generalidad y su Presidente representan —como representan al Estado español en ese territorio—, constituye una gran Comunidad Autónoma, con una lengua propia de una riqueza, una capacidad y una belleza expresiva que le son propias, con una historia apasionante, una voluntad admirable de fidelidad a sus propias tradiciones y una aportación sin la cual la España que conocemos hoy sería muy distinta. Aun así, limitarse a querer ocupar sólo el cargo de Presidente de la Generalidad y renunciar a asumir una responsabilidad en la política española supone apartar de buenas a primeras las amplísimas posibilidades que ofrece la política de ámbito nacional español. No creo que las dos sean excluyentes, y de hecho en mi carrera política yo mismo he ocupado el cargo de más responsabilidad en el ámbito autonómico, cuando fui Presidente de la Junta de Castilla y León, para ejercer más tarde otro nacional. Por eso no compartí la decisión de Jordi Pujol de dedicarse únicamente a la política catalana, y cuando hablo de nacionalismo, no puedo por menos de referirme a la autolimitación que supone.

El nacionalismo de Jordi Pujol se basa en una concepción ideológica muy clara. Para Pujol, España no es una nación. España es un territorio y un Estado, pero no una nación. España, según esta concepción, está compuesta de tres naciones: Cataluña, el País Vasco y Castilla. La estructura del Estado debería reflejar esa realidad de fondo que es la coexistencia de tres naciones en un concepto muy general, abstracto o territorial, que se llama España. Cuando un nacionalista como Jordi Pujol se refiere a la pluralidad nacional de la cultura española, está pensando en una afirmación fundamental que niega la existencia misma de la nación española y afirma, en cambio, la existencia de tres naciones dentro de un conjunto que se llama España y que todavía está por diseñar y estructurar.

Evidentemente, Jordi Pujol tiene una visión de conjunto de lo que es España, pero esa concepción no es la de una nación constituida por un conjunto de territorios articulados en Comunidades Autónomas con singularidades específicas, tradiciones propias, e incluso con una historia política particular. Eso no se corresponde con la realidad, que consiste —según los nacionalistas y más en concreto según Pujol— en las tres naciones antes mencionadas, que conforman un espacio común. Ese espacio común es España, y a partir de ahí surgen dos posibilidades. Por un lado, quizá convenga preservar la continuidad de España, pero también es concebible que la continuidad del conjunto llegue a ser innecesaria o incluso indeseable. La historia de Cataluña presenta ejemplos de las dos opciones. En algunas ocasiones ha considerado conveniente apoyar la continuidad del conjunto y contribuir a su unidad, y en otras ocasiones no ha sido así y se ha querido dar por terminado el proyecto en común.

Esta idea de España se enfrenta a problemas muy serios a la hora de explicar lo ocurrido en la realidad histórica. A Jordi Pujol, por ejemplo, le resulta extremadamente difícil comprender el hecho mismo de la existencia de Portugal, porque desde la perspectiva del nacionalismo catalán resulta imposible explicar por qué Portugal logra ser una nación independiente y Cataluña no. Tampoco se entiende la posición de Navarra ni la de Valencia, territorios con tradiciones propias que se sienten representadas e integradas en un proyecto común.

Tal es el fondo del pensamiento nacionalista de Jordi Pujol. Queda sin aclarar del todo la cuestión de Galicia, pero los nacionalistas catalanes prefieren considerarlo un problema menor, que no afecta a la visión de conjunto de la realidad española. En las muchas conversaciones que he mantenido con Pujol, siempre me repetía esa idea, a lo que yo le contestaba que los catalanes, con la Constitución y el Estatuto de Cataluña, habían conseguido un grado de autogobierno extraordinario, mucho mayor de lo que cualquier nacionalista hubiera siquiera soñado antes. En una ocasión le pregunté si volvería a firmar ahora lo que respaldó durante el proceso constituyente. Me contestó que no, que ahora aspiraría a algo sustancialmente mayor. Creo que no fue sincero. Él mismo dijo después que Cataluña gozaba del mayor grado de autogobierno que había gozado en los últimos trescientos años. Pujol no habría imaginado nunca este hecho al principio de la Transición. Probablemente Pujol actuó en aquellos años según una inspiración pragmática, señalando con claridad la distancia con respecto al nacionalismo vasco aunque sin desacreditarlo nunca. También condenó siempre la violencia y mantenía sin duda un margen amplio de compromiso en las cuestiones generales, aunque en ningún caso cabía la posibilidad de poner en peligro el auténtico objetivo del nacionalismo, que es la construcción nacional de Cataluña. Según Jordi Pujol y los nacionalistas, Cataluña, la actual Comunidad Autónoma catalana, en algún momento habrá de constituirse en lo que dicen que es: una nación.

Todo lo que favorezca esta vía de construcción nacional será bien recibido por los nacionalistas catalanes, que se esforzarán por crear un consenso en torno a esa concepción nacionalista. En cambio, se mostrarán sumamente hostiles a cualquier acción que suponga una traba o una dificultad al consenso nacionalista que quieren cimentar en Cataluña. Por otro lado, los nacionalistas son conscientes de que para construir ese consenso necesitan enemigos externos. Sin eso les resultaría muy difícil conseguir un consenso, porque de por sí el nacionalismo es un movimiento que tiende a la exclusión, con una difícil capacidad de integración. Los nacionalistas catalanes han encarnado ese enemigo en el Partido Popular, que ha quedado marginado del consenso nacionalista elaborado para llevar a la práctica la construcción nacional de Cataluña. La política nacionalista se organiza, por tanto, según varios ejes: acercamientos matizados hacia los demás nacionalistas, de lo que constituye un buen ejemplo la Declaración de Barcelona de 1998; compromisos medidos y siempre reticentes con el Gobierno de la nación, y de fondo, siempre, un enemigo exterior que justifica la frustración y alimenta el consenso interno.

Mi desavenencia con Jordi Pujol se refiere al fondo de esta actitud, y ha sido permanente, aunque matizada a lo largo del tiempo. Conocí a Jordi Pujol siendo yo Presidente de la Junta de Castilla y León, en una visita que realicé a Barcelona para hablar con el Presidente de la Generalidad. Siempre me recibió con simpatía. Seguía con atención la evolución del Partido Popular, al que daba una gran importancia. Mientras estuve en la oposición mantuvimos una relación cordial, salvo entre 1993 y 1996, cuando apoyó a un Gobierno socialista que, en mi opinión, no supo aportar nada positivo a la realidad española. Siempre me solía decir que sólo apoyaría al Partido Popular cuando el Partido Popular tuviera un diputado más que el PSOE. Así se lo recordé después de las elecciones de 1996. Como es bien sabido, entonces llegamos a acuerdos públicos y transparentes que nos permitieron gobernar con estabilidad durante toda la legislatura. También llegamos a acuerdos, igualmente públicos, que permitieron a Pujol gobernar en Cataluña con el apoyo parlamentario del Partido Popular. Había y sigue habiendo muchos elementos en común y muchos puntos de encuentro que nos permiten la colaboración y la acción conjunta.

Jordi Pujol, que está poseído por una gran pasión política, es un hombre culto, bien informado, con una excelente capacidad de juicio y al que le gusta seguir la política internacional, que comprende en profundidad como lo demuestran unas palabras suyas publicadas recientemente en un libro de historia y que hablan de hechos que nos resultan muy cercanos: «Algún día los servicios secretos de algún país explicarán en detalle algo que imaginamos, y de hecho casi sabemos. Y es que cuando Al Qaeda decidió llevar a cabo ataques terroristas destinados a que los aliados de Estados Unidos desertaran de la coalición y abandonaran Irak, descartaron desde el primer momento a Gran Bretaña como objetivo porque saben que es un país que, de ser atacado, no se arruga sino al contrario, reacciona con firmeza y determinación.»

Siempre le gustó dar una perspectiva internacional a su actividad política. Cuando viajaba a algún país extranjero, acudía a la embajada de España, lo que demuestra que tenía perfecta conciencia de lo que representa su cargo. Pujol era capaz de analizar con gran detenimiento y finura el conflicto de Irak y al mismo tiempo seguir la situación de una pequeña población catalana donde son necesarios dos votos para una reforma del plan de urbanismo.

La política de la ambigüedad calculada propia de Jordi Pujol tenía irremediablemente un plazo y una fecha de caducidad. Como además Pujol sabía marcar la distancia con respecto a las posiciones nacionalistas del País Vasco, quedaban en segundo plano otros problemas subyacentes aunque no menos acuciantes. Económica y socialmente, Cataluña ha conocido en estos años una etapa de progreso y de prosperidad indiscutible. La población catalana estaba cómoda, y prefería esa situación confortable a las aristas de un debate político que corría el riesgo de dejar a Cataluña fuera del gran consenso político constitucional, así como a las dificultades de un debate cultural muy complejo y arriesgado. Ahora bien, la construcción de una identidad nacional, que constituye el objetivo del nacionalismo, no se puede realizar sobre soberanías puramente hipotéticas, y mucho menos en la Europa de hoy. A modo de justificación, requiere algún tipo de base, una raíz que puede ser étnica o, en la mayor parte de los casos, cultural. De ahí la gran obsesión culturalista de los nacionalistas, que es la base de la construcción nacional de Cataluña y debería acabar dando paso al nacimiento de una nación. Yo siempre he reconocido la relevancia, la trascendencia, la originalidad y la capacidad de integración de la cultura catalana. Eso sí, dentro de España y como parte de la cultura española, de la que es un elemento esencial.

Mientras el Estatuto de Cataluña se fue completando y la Generalidad de Cataluña fue asumiendo las competencias que le correspondían, la situación conoció un desarrollo razonable. Históricamente, el nacionalismo catalán siempre ha incorporado una línea consistente y sólida que tiende al compromiso nacional con el Gobierno español. Miquel Roca ha constituido un buen ejemplo de esta actitud. Ahora bien, a medida que pasa el tiempo, la política de la ambigüedad calculada se empieza a agotar por su propia naturaleza. Es irremediable que llegue un momento en que haya que elegir entre esta política de compromiso, que desemboca en la integración, y otra que deriva hacia el nacionalismo radical, que conduce al separatismo. No es posible mantener eternamente la ambigüedad en una cuestión de tanta trascendencia. La única alternativa al nacionalismo integrador de Miquel Roca era la deriva al soberanismo, y es por ahí por donde ha derivado y ha acabado despeñándose Convergencia, el partido de Jordi Pujol. En una ocasión le dije que era un error que iniciase una carrera con los más radicales, porque en esas carreras siempre ganan estos últimos.

Yo no tenía ninguna duda de que en algún momento del proceso se iba a presentar esta alternativa. Por eso en el año 1996, a la hora de llegar a un pacto con los nacionalistas catalanes, tuvimos en cuenta diversos elementos. Es verdad que no podíamos gobernar solos, pero también teníamos una gran oportunidad para superar algunas deficiencias históricas de articulación del centro derecha español, siendo perfectamente concebible, para mí, la colaboración entre el Partido Popular y el nacionalismo catalán de raíz profundamente conservadora. También queríamos conseguir el pacto con el mayor diálogo posible, de tal forma que las partes que lo suscribieran lo hicieran de buena fe, habiendo apurado las posibilidades abiertas por la negociación. Estábamos decididos a que los acuerdos fueran públicos. Finalmente, deseábamos que el pacto entre el Partido Popular y los nacionalistas catalanes abriera una dinámica positiva, de integración en la vida española.

En ese contexto le ofrecí a Jordi Pujol la oportunidad de participar en el Gobierno de España. Se negó a aceptar el ofrecimiento porque participar en el Gobierno de España significaba asumir compromisos que Pujol no quería de ninguna manera hacer suyos. Un acuerdo como ése le obligaba a tomar partido en cuestiones de fondo, y eso era justamente lo que Pujol no quería hacer. Además, como algún malicioso explicaba en Cataluña, en esas condiciones algún ministro en Madrid le podía hacer sombra.

Los acuerdos a los que habíamos llegado eran buenos, para ellos y para nosotros. No nos obligaban a modificar nuestra posición ni nuestra propuesta. Se irían cumpliendo con el tiempo, pero no nos obligaban a cambiar nada. También para Cataluña resultaban beneficiosos, pero Pujol no se cansaba de repetir que el nacionalismo no acababa de encontrar su encaje en aquellos pactos. Ni se encontraba cómodo con la mayoría relativa del Partido Popular, ni se encontraba cómodo con la mayoría absoluta. En una intervención pública realizó un balance histórico en el que explicó que Cataluña tenía el mayor grado de autogobierno en los últimos trescientos años, mayor capacidad financiera y de inversión, pero aun así no estaba satisfecha. Pujol elevaba la incomodidad a categoría política. Se refirió a un «malestar conceptual» que por lo visto le llenaba de desasosiego. A mí me resulta difícil entender que en esas circunstancias, con una política que a Cataluña, y al propio Pujol, le había sido tan útil y tan fecunda, siguieran generando «malestar». Tal vez la incomodidad y el malestar sean rentables electoralmente, porque el victimismo suele proporcionar réditos en las urnas, pero los hechos los desmentían y además tienen el inconveniente de acostumbrar a las personas a prescindir de pensar en términos racionales sus propias posiciones.

Fue entonces, en las elecciones generales del año 2000, cuando Pujol dijo que si se quería el apoyo de Convergencia, ese apoyo costaría cuatrocientos mil millones de pesetas. Aquello no era serio. Nunca entendí cómo un hombre tan veterano y tan experimentado como Jordi Pujol fue capaz de reducir la acción política a una cuestión como ésa y olvidar cualquier principio, cualquier visión de futuro, cualquier convicción. Tengo la sensación de que nuestras relaciones han ido de más a menos, de un planteamiento amplio e histórico de la cuestión nacional, a otro en el que, por su parte, acabaron predominando los intereses de corto plazo.

Después de ganar las elecciones por mayoría absoluta en 2000, le ofrecí a Jordi Pujol la posibilidad de renovar los pactos de 1996. Pero la situación había cambiado en 1999, surgieron otros problemas tras las elecciones autonómicas de 1999 y a consecuencia de ello se invirtieron las posiciones. Ahora era el Gobierno de Pujol en Cataluña el que necesitaba el apoyo del Partido Popular, mientras que el partido de Pujol ya no le era necesario al Partido Popular en el Parlamento de la nación. A mí me preocupaba la evolución del nacionalismo catalán. En otoño de 2001, durante una conversación en La Moncloa, Pujol me planteó una cuestión sobre los Estatutos. Yo aproveché la ocasión para plantearle la alternativa: o Pujol participaba en el Gobierno español, o seguía perdiendo votos a favor de las opciones soberanistas. No quiso contestarme, aunque la respuesta llegó pocos meses después. Era una negativa sin matices. Estoy convencido de que fue un grave error por su parte.

Echó a perder una oportunidad que no es exagerado calificar de histórica y que difícilmente se va a presentar en mucho tiempo.

Jordi Pujol estaba por aquel entonces muy preocupado por que no tuviéramos en cuenta las propuestas de reforma del Estatuto que habían propuesto los nacionalistas. Había varios procesos electorales a la vista en Cataluña, y la política peque-ña, por así decirlo, le absorbía. En consecuencia, no se atrevió a dar el paso. Pujol debió de entender que yo quería acabar de anularle fingiendo que le exaltaba. No era así. Además, con los cambios de mayorías en el Parlamento español y en el Parlamen-to de Cataluña, pensó que un acuerdo de aquellas características podría ser interpretado como un signo de debilidad. Eviden-temente, sintió prevención ante aquella vía. Ahora bien, allí se habían plasmado los dos posibles caminos. Por un lado la vía del compromiso y la integración; por otro la vía del soberanis-mo. Estando agotada la política de Pujol y cerrado el camino a una colaboración más intensa y profunda con el Gobierno de España, sólo quedaba abierta la vía del soberanismo.

El miedo de que el nacionalismo catalán se diluyera de ha-berse llevado a cabo aquella operación me parece infundado. No se trataba de una operación electoral ni de una posición co-yuntural. Era una decisión histórica, que reafirmaba la vigencia de la tradición integradora del catalanismo, considerablemente más ambiciosa que el mero nacionalismo. He hablado en nume-rosas ocasiones con Jordi Pujol. Me visitó en La Moncloa más veces de lo que es conocido y de lo que se dijo. Una vez le invi-té a comer arriba, en casa, no en el comedor oficial de La Moncloa. Le dije que en el siglo XX hubo un político catalán que tuvo la posibilidad de cambiar la historia de España. No estaba pensan-do en Macià ni en Companys. Me estaba refiriendo a Cambó. Y ahora, le seguí diciendo, hay otro en esa misma situación, con lo que Cataluña habrá tenido dos oportunidades para determi-nar el rumbo de la historia de España. Esos dos políticos son Cambó y Jordi Pujol. La propuesta de Cambó no acabó de cuajar porque las circunstancias políticas, muy distintas de las que nosotros estábamos viviendo, lo impidieron. «Tú —le dije— tienes otra oportunidad.» No pudo ser, por desgracia.

Aun así, como por aquel entonces la oposición socialista estaba destrozada, Pujol era de las pocas personas con la que se podía hablar con amplitud de miras. En una ocasión coincidimos cuando estábamos intentando que el ITER, el proyecto de Reactor Internacional de Fusión, se instalara por lo menos en parte en España. Los dos pensábamos que el abandono de la energía nuclear había sido un infortunio para nuestra política energética, y como a Pujol no le falta humor, también se mostró sensible al hecho de que habiendo abandonado la producción nuclear de energía, ahora estuviéramos apoyando la creación del ITER, que al fin y al cabo desembocará también, cuando consiga sus objetivos, en la creación de energía nuclear. Siempre mantuve una buena relación con Pujol. En el fondo, Pujol pensaba que yo no me tomaba en serio la posición de los nacionalistas catalanes. Acertaba en las cosas pequeñas y se equivocaba en las grandes. Yo estaba convencido de que los nacionalistas catalanes moderados podían haber contribuido decisivamente a la construcción del centro derecha en España, y a superar los malentendidos históricos que han hipotecado y a veces emponzoñado la vida política española. Pero también estaba seguro, y lo sigo estando, de que el nacionalismo no es una vía política de futuro, sino una autolimitación. Sospecho que por mucho que sostuviera lo contrario, Pujol siempre supo que España, aquello que él mismo sostenía que no existía, tiene una vigencia indiscutible.

Yo le decía de vez en cuando lo mucho que me gustaría que nos diéramos juntos un paseo por las Ramblas, para andar un rato por una ciudad tan hermosa como es Barcelona, y para disfrutar de su conocimiento y de sus comentarios. Pujol siempre me contestaba que ya lo daríamos. No pierdo la esperanza de que algún día lo demos. Yo, por mi parte, sigo dispuesto.

# 9 de noviembre de 1989

El año 1989 es un año vital para la historia de la humanidad. Es el año en que cayó derribado el Muro de Berlín. Conviene utilizar esta expresión, y no la de la caída del Muro, más generalizada, porque sabemos bien que el Muro de Berlín no se desplomó solo. Lo derribaron muchos millones de europeos que habiendo estado sometidos durante décadas a la dictadura comunista, aspiraban a ser libres. Yo seguí apasionadamente las etapas previas a este acontecimiento: la disidencia en Checoslovaquia, la creación del Solidaridad en Gdansk y la fuerza arrolladora de la confianza en la libertad que acabó barriendo la dictadura en Polonia, la voluntad de decenas de miles de alemanes por salir del infierno que acabó rompiendo una barrera que dividía artificialmente el corazón de Europa.

El derrumbamiento del Muro de Berlín se debe también a la decisión de algunas personas que supieron mantener el pulso con el poder soviético, que no tuvieron miedo a desafiarlo y confiaron en sus propias convicciones. Entre ellas se encuentran Ronald Reagan, Margaret Thatcher y el Papa Juan Pablo II. También están quienes hallaron la fuerza para alzarse contra la brutalidad represiva y corruptora del gulag, como Alexander Solzhenitzyn, Andréi Sajarov y Elena Bonner. Václav Havel, Lech Walesa, Adam Michnik, Tadeusz Mazowiecki y muchos otros no se doblegaron ni se callaron nunca, a pesar de las humillaciones, la cárcel y la tortura. El ejemplo de confianza, de dignidad y de valentía que dieron a lo largo de tantos años de sacrificio fructificó en aquella espléndida noche del 9 de noviembre.

Así, con el derrumbamiento de aquel Muro de la vergüenza y el cierre de una herida que se había mantenido abierta y sangrante en el mismo corazón de Europa, dio comienzo una nueva etapa para la historia del mundo. El marxismo, el comunismo y la Unión Soviética se fundamentaban en posiciones políticas, pero también en una filosofía que pretendía ser una alternativa a todo lo que hasta entonces había significado la naturaleza del ser humano. Nosotros tuvimos el privilegio de asistir, la noche del 9 de noviembre de 1989, al colapso de esa supuesta alternativa. El 9 de noviembre de 1989 significó el triunfo de la Libertad. El mundo de la Libertad echó abajo el mundo comunista, el mundo socialista, el mundo de la intervención y de la ingeniería social. Fue una gran victoria sobre todos aquellos que habían desconfiado, renegado o luchado contra la libertad.

Yo conocí aquel mundo en 1966, cuando tenía catorce años. El colegio donde yo estaba estudiando organizó una excursión durante el mes de agosto por diversos países de Europa. Íbamos en un autocar de los de por entonces, con asientos duros, sin aire acondicionado, sin ninguna de las comodidades que tienen actualmente los autocares. Hicimos la primera escala en San Sebastián y dormimos en nuestros sacos de dormir en una aula del Colegio de los Marianistas. Después de salir de España continuamos nuestro viaje por Francia, Bélgica, Holanda y Alemania. Luego volvimos por Suiza y por Francia, habiendo hecho muchas y muy largas horas de autobús. Fue mi primer viaje serio al extranjero, puesto que hasta entonces sólo había hecho, con mi familia, algunas visitas esporádicas al País Vasco francés, a Hendaya o a Biarritz, como hacían otros muchos españoles, para comprar algunos artículos que entonces no se encontraban en las tiendas de nuestro país. Durante aquel viaje conocí ciudades como Burdeos, Reims, París, Brujas, Bruselas, Rotterdam, Amsterdam, Colonia, Frankfurt y Berlín.

En Berlín nos alojamos, como es natural, en lo que entonces era la parte occidental de la ciudad. No dormimos nunca en un hotel. Cuando llegábamos a una ciudad, y por muy cansados que estuviéramos del viaje, teníamos que plantar nuestras tiendas de campaña en los sitios que teníamos reservados, alguno de ellos sumamente pintoresco. En una ocasión nos encontramos con un auténtico pedregal y no resultó nada fácil clavar a martillazos los ganchos en los que sujetar las tiendas. En Berlín el cámping estaba situado en un lugar muy especial.

El cámping berlinés donde nos alojamos lindaba precisamente con una doble alambrada que señalaba la línea de demarcación entre el Berlín Occidental y el Berlín Este. Detrás de aquella doble alambrada había unos cuantos metros de terreno minado. Después venía un descampado raso, sin un solo árbol ni un arbusto, sin duda alguna para poder vigilar bien la zona, y luego las torretas de vigilancia de la policía del Este. Eran unas torretas de madera, cada una equipada con un foco de gran intensidad encendido toda la noche. Al fondo había un gran bosque, denso y oscuro. De día se veía perfectamente a los policías de la República Democrática, los famosos *vopos*, de uniforme, con sus botas altas y los pastores alemanes patrullando la zona. Por la noche, veíamos el movimiento incansable de los focos. Aquello era el Muro de Berlín, levantado cinco años antes, en agosto de 1961, para impedir que los alemanes que habían quedado bajo régimen soviético siguieran huyendo del paraíso socialista.

Dentro del recinto del cámping había un lago donde fuimos a nadar alguna vez. El lago estaba partido en dos por una línea de boyas. El propio lago estaba cortado por la frontera entre el Berlín Occidental y el del Este, entre una y otra Alemania. En cuanto llegamos nos advirtieron que tuviéramos buen cuidado de no acercarnos siquiera a las boyas. Un día nos organizaron una excursión en autocar al Berlín Este. Pasamos el Muro por el Check Point Charlie. Me sorprendió que todavía hubiera tantos edificios en ruinas, restos de la destrucción causada por la Segunda Guerra Mundial, algo de lo que no había rastro en la zona libre. Así como en Berlín Occidental el autocar paraba y bajábamos donde queríamos, sin preguntas ni problemas, en Berlín Este sólo pudimos detenernos en algunos lugares previamente fijados.

La primera parada tuvo lugar delante del monumento al soldado soviético, que nos enseñaron prolijamente, con todo lujo de detalles. Después nos dieron permiso para parar en una plaza y estirar un poco las piernas, sin alejarnos mucho y siempre a la vista de nuestros acompañantes. Finalmente el autocar se detuvo delante de un hotel en una avenida construida hacía poco tiempo, con las fachadas de las casas idénticas, grises, de esa calidad de construcción que se puede llamar socialista para no calificarla de pésima. Nos dejaron entrar en el hotel por si acaso comprábamos algún recuerdo, y en cuanto pusimos los pies en la entrada, los empleados se nos abalanzaron encima con la intención evidente de hacerse como fuera con los pocos marcos que unos muchachos de catorce y quince años, viajando en un autocar, podían tener. Tampoco había muchos recuerdos que comprar. Yo me traje unas cerillas, que se añadieron a las pocas fotografías y a unas cuantas postales que reuní en aquel viaje.

La diferencia entre el Berlín libre y el Berlín comunista me impresionó profundamente. Aunque fuera por un rato breve, tuve una experiencia directa de lo que era el mundo de la libertad, en el Berlín Occidental, frente al mundo de la tiranía y la servidumbre en el Berlín Oriental. No he necesitado que nadie me lo contara. Lo vi con mis propios ojos. Vi las alambradas, vi los campos minados, vi las torretas, los *vopos*, los perros policía, las prohibiciones que pesaban sobre la vida cotidiana, las ruinas y la miseria. Nunca lo he olvidado, y cuando en noviembre de 1989 la fuerza de la libertad acabó con la tiranía, lo volví a recordar con la misma intensidad con que lo viví en 1966.

También lo recordé durante mi primer viaje al Berlín libre cuando, estando en la oposición, visité la ciudad para pasear otra vez por aquella ciudad que yo había conocido siendo muchacho, en circunstancias tan lastimosas. Más tarde he vuelto con frecuencia, porque me gusta Berlín, me gusta el carácter independiente y tenaz de los berlineses, y porque era un placer, además de un privilegio, asistir a la transformación de la ciudad aherrojada por el socialismo. El Berlín Occidental era una ciudad completamente nueva, mientras que el antiguo Berlín Oriental todavía conservaba restos de lo que fue Berlín antes de la guerra y de los bombardeos. También había otros monumentos a la infamia, como la sede del llamado Parlamento, construida por Walter Ulbricht en el mismo lugar donde se había levantado el Palacio Imperial, que el propio Ulbricht ordenó arrasar por razones estrictamente ideológicas. El espantoso edificio que ordenó edificar tuvo que ser declarado fuera de uso porque en su construcción se habían utilizado materiales cancerígenos. Delante había un parque presidido por la estatua inevitable de Karl Marx.

Cuando visité Berlín durante aquel primer viaje de 1966, la ciudad occidental había sido completamente renovada. Nada más cruzar el Muro, se entraba otra vez en una ciudad muerta, donde todavía se percibían las consecuencias de la guerra, las heridas de la metralla y los bombardeos. Por eso, ver cómo los berlineses cruzaban las alambradas, saltaban y derribaban el Muro para reencontrarse y abrazarse en aquella noche de alegría, el 9 de noviembre de 1989, fue para mí una satisfacción inolvidable. Era el fin de la peor tiranía que la humanidad haya conocido nunca.

También fue la constatación del fracaso de toda una mentalidad y una forma de pensar la realidad. El derrumbamiento del Muro de Berlín significó el fracaso del sistema soviético, pero también el fracaso de la ideología socialista. Significó el descalabro de la utopía colectivista y de aquella ideología que Friedrich von Hayek llamaba la «fatal arrogancia». Esa arrogancia caracterizó a todos los políticos, los ideólogos y los intelectuales —empezando por Marx—, que aspiraron a poner en pie un modelo de sociedad en el que la supuesta felicidad de las personas debía prevalecer sobre la libertad de cada una de ellas.

Eso es lo que fracasó el 9 de noviembre de 1989. Fracasaron los que quisieron imponer a los demás su propio concepto de la felicidad. Fracasaron los que no han creído nunca que cada persona tiene derecho a buscar y a construir su propia felicidad por sus propios medios y según sus propias capacidades. Fracasaron quienes desconfían de que la libertad de las personas sea capaz de generar prosperidad para todos. Y fracasaron quienes desprecian el mercado libre, el derecho a la propiedad y la capacidad de creación y de invención del individuo. Una de las grandes lecciones del 9 de noviembre de 1989 es que los políticos deben ser humildes. Nuestro papel no es imponer a los ciudadanos nuestra forma de pensar y nuestras opciones ideológicas, como se hizo bajo el totalitarismo socialista, sino resguardar las instituciones, garantizar la seguridad y abrir en la medida de lo posible el horizonte de la libertad para la gente.

Aquella noche yo estaba en mi casa, en Madrid. Se acababan de celebrar las elecciones el 29 de octubre, en las que el Partido Popular había salvado un momento extremadamente difícil. Fueron unas elecciones muy exigentes y requirieron un esfuerzo considerable. Había recorrido toda España en coche, con viajes interminables y sin poder descansar un solo instante. Nos jugábamos la supervivencia de nuestro proyecto político. Una vez celebradas las elecciones, tampoco pude tomarme un rato de descanso porque me esperaba el trabajo que siempre hay que realizar una vez terminado cualquier proceso electoral. Ahora bien, fue un momento magnífico. Todos nuestros lemas de aquella campaña se centraron en la palabra *libertad*. El

9 de noviembre de 1989 era, inevitablemente, un respaldo para nosotros, aun más si se considera que en las elecciones habíamos rozado la catástrofe.

El 1 de abril de 1990 celebramos en Sevilla un Congreso con el lema «Centrados en la libertad» y en mi discurso hice referencia al agotamiento de los proyectos socialistas, en Europa, donde se había derrumbado el socialismo real, y en España, donde el socialismo había empezado a perder la hegemonía política y el apoyo de lo que llamaban el «bloque social de progreso». Nunca, dije allí, haríamos nosotros una política basada en el miedo a la libertad y nosotros nos proponíamos expandirla y fomentarla. Antes hubo que volver a celebrar elecciones en algunos lugares, por ejemplo en Melilla, donde volvimos a ganar. Nuestro lema entonces fue «La libertad tiene otra oportunidad». El 9 de noviembre de 1989 la libertad ganó en Berlín, en Europa y en todo el mundo. Nosotros también habíamos ganado con ella. Después del Congreso de 1990, un equipo joven y renovado tomó las riendas del Partido Popular. En buena medida, su visión estaba inspirada por lo que había ocurrido esa noche de noviembre: un momento de progreso, de profunda alegría por la libertad recobrada, una noche que cambió la historia del mundo.

Quince años después soy de los que siguen creyendo que el mundo es ahora mejor, más libre y más abierto que antes de aquella noche. Bien es verdad que la victoria de la democracia nunca es definitiva y siempre surgirá la tentación de una receta utópica que aspire a sustituir la responsabilidad individual, la elección moral y el riesgo por la certidumbre de la seguridad total. Frente a esas supuestas alternativas, y como nos advertía muy bien Karl Popper, los demócratas tenemos siempre la obligación de defender y mejorar la democracia y los sistemas políticos que permiten las sociedades abiertas. Pero a pesar de las nuevas amenazas y la ofensiva desencadenada por el terrorismo, desde el 9 de noviembre de 1989 todos, incluso los que fingen ignorarlo, sabemos que no hay ninguna alternativa a la libertad.

# Juan Pablo II

Juan Pablo II visitó España a principios de mayo de 2003. El Papa repitió con alegría y firmeza que es un joven de 83 años. Es verdad. Aun así, era un hombre enfermo y era inevitable vivir aquel viaje como una despedida a España. El viaje se produjo, además, en una circunstancia singular, entre la caída del régimen de Sadam Husein a consecuencia de la intervención en Irak y el inicio de la campaña de las elecciones autonómicas y municipales en España. Era, por tanto, un viaje que había suscitado una gran expectación.

El Papa había mantenido una actitud firme de condena de la intervención en Irak. Juan Pablo II no ha condenado siempre cualquier intervención militar, pero su insistencia en la paz indicaba una distancia inequívoca con respecto a la intervención. En España, la visita suscitaba un doble interés. Primero, la izquierda, esa misma izquierda que dice no sentir el menor respeto por la doctrina de la Iglesia católica y el magisterio de Su Santidad, estaba excitada, a la espera de que el Papa pronunciara una condena rotunda de la actitud del Gobierno español y de su Presidente. No está de más recordar que en las manifestaciones de aquellos meses de principios de 2003 se exhibieron pancartas que pedían mi excomunión. Además, una parte del centro derecha español, aun habiendo aceptado la intervención en Irak y la posición del Gobierno, se había sentido acosada y a la defensiva ante la actitud beligerante de la izquierda. Alguien hubiera tenido que administrar las manifestaciones en contra de la guerra. Respondían sin duda a un sentir profundo y respetable de mucha gente. Nadie lo hizo y acabaron siendo manipuladas por una izquierda que en ningún momento intentó realizar una gestión política de aquella crisis. Era algo más difícil y complejo que la explosión de demagogia con la que se respondió, y sin duda habría valido la pena intentarlo.

Tales fueron las circunstancias que rodearon la visita del Papa Juan Pablo II a Madrid en mayo de 2003. Fue una visita minuciosamente preparada. Yo mismo había comisionado a un grupo encabezado por Javier Zarzalejos, que se debía encargar de realizar los preparativos junto con la Conferencia Episcopal, en particular el cardenal Antonio María Rouco Varela y el propio Vaticano. Desde mucho tiempo antes de la cuestión de la intervención en Irak, yo había querido conceder a esta visita la importancia que tenía. El Gobierno estuvo pendiente de todos los detalles capaces de facilitar los movimientos y los deseos del Papa en Madrid. Ya de por sí, el primer acto de recibimiento en el Aeropuerto de Barajas resultó espectacular. Yo acudí a dar la bienvenida a Su Santidad con el Gobierno, acompañando a Sus Majestades los Reyes. Ya las primeras palabras del Papa, cuando explicó que aquél era su quinto viaje apostólico a España, la «noble y querida nación», resultaron emocionantes. En el propio aeropuerto, en el camino, en las calles y en los adornos de las casas, se notaba que la gente estaba deseosa de manifestar sus sentimientos después de todo lo que había venido ocurriendo en los últimos meses.

Esa misma tarde, Su Santidad me recibió en audiencia en la Nunciatura, donde siempre recibe cuando ha venido a Madrid. El cardenal Sodano y el cardenal Rouco me saludaron a la entrada, tuve que esperar unos minutos y poco después el Papa me recibió en una sala grande donde celebra todas las audiencias. Primero me recibió a mí, luego entró Ana, mi esposa, y finalmente el Papa tuvo la amabilidad de saludar a nuestras dos familias.

Durante la conversación que mantuvo conmigo, el Papa me dijo que ahora en España se le quería menos que durante la visita que hizo en 1982. Le pregunté la razón que le inducía a pensar eso porque, como le dije, yo no creía que los españoles quisieran al Papa en 2004 menos que en 1982. El Papa me contestó que así era, y que recordaba el acto que había celebrado con los jóvenes en el estadio Santiago Bernabéu. Aquel acto, dijo, fue algo extraordinario y no creo que se vuelva a repetir. Me atreví a llevarle la contraria e incluso a decirle que Su Santidad estaba equivocado y que aquella misma tarde tendría buena prueba de ello. El Papa me preguntó en qué fundaba esta convicción, y yo le expuse un razonamiento bien sencillo. Yo había asistido al acto del estadio Santiago Bernabéu y sabía que en 1982 no cabían allí más de cien mil personas. Aquella tarde, Su Santidad iba a celebrar un acto en un recinto con cabida para medio millón de personas. El Papa, que es un hombre obstinado, se mostró un poco escéptico y me contestó que no estaba seguro de que fuese así. Le contesté que yo tampoco podía arriesgar una seguridad absoluta, pero que estaba convencido de que así sería y aquello sería una señal que le demostraría que en España se le quería no sólo tanto, sino más aún que en el año 1982. «No sé, mañana se lo diré», me contestó.

Como estaba previsto, aquella tarde se celebró el acto en Cuatro Vientos, al sur de Madrid, y acudieron, efectivamente, más de medio millón de jóvenes que quisieron acompañar a Su Santidad. Yo no asistí al acto, pero lo seguí por televisión y puedo asegurar que resultó espectacular. Se notaba que el Papa estaba exultante y que vibraba con la alegría de los jóvenes que se habían congregado allí. Como siempre que el Papa está animado, se producía el milagro de que contagiaba su estado de espíritu a todos los que estaban allí con él, por muy numerosos que fueran.

Al día siguiente, 4 de mayo, se celebró en la plaza de Colón la misa de canonización de los cinco santos españoles. Se había discutido la elección del lugar, ya que en 1982 un acto similar se había realizado en la misma Castellana, pero un poco más al norte. Se eligió la plaza de Colón por estar más cercana al centro de Madrid, y también por la referencia al Nuevo Mundo y a su descubrimiento y evangelización por los españoles. La organización fue impecable, sobre todo teniendo en cuenta que asistieron más de un millón de personas. Todo aquel espacio gigantesco vibraba de fervor y de entusiasmo. Yo estaba situado en uno de los lados del altar y hacia el final de la ceremonia se me acercó un sacerdote que me dijo, de parte de Su Santidad, que yo tenía razón. Se estaba refiriendo, evidentemente, a nuestra conversación del día anterior, a la significación del acto con los jóvenes en Cuatro Vientos y a lo que estábamos presenciando allí mismo.

Juan Pablo II es el ejemplo de liderazgo más fuerte que yo he conocido. Es un hombre de fuertes convicciones y de fuertes creencias, y no tiene rubor en comunicarlas. Al contrario, ha hecho de ello su deber. Su voluntad de convencer es tal, que si tiene que esforzarse por persuadir a unas cuantas personas, aunque sean un grupo muy pequeño, no duda en dedicarles el tiempo que resulte necesario. Como tiene una fe tan profunda, consigue transmitir a sus palabras una autenticidad a la que todo el mundo es sensible, incluso quienes no están de acuerdo con el sentido de las palabras del Papa. Nadie discute nunca la fe del Papa, ni la autenticidad de aquello que está expresando. Esta confianza en el Papa resulta particularmente relevante en aquellos asuntos de moral o de costumbres en los que Juan Pablo II ha adoptado una actitud muy firme, muy clara, y ante los cuales la discusión está muy abierta, porque existen numerosos elementos de juicio para justificar posiciones variadas y porque muchas de estas posiciones se fundamentan en conceptos y en actitudes vitales respetables. No todo el mundo tiene por qué estar de acuerdo con lo que dice el Papa, pero es necesario comprender, primero, que el Papa expresa una convicción muy importante, y no sólo individual, y, además, que está en la obligación de expresarla por ser quien es y porque nadie la podría expresar con la autoridad con que él puede hacerlo.

Para entender bien al Papa, hay que tener en cuenta también su origen social y nacional. En la formación, en las convicciones y en el carácter de Juan Pablo II, la nacionalidad polaca ha desempeñado un papel determinante. Juan Pablo II es un patriota, un patriota polaco, y buena parte de lo que ha hecho se deriva de su experiencia en Polonia y de las aspiraciones que tuvo para la libertad de su país. El Papa, además, ha sido durante toda su vida un hombre beligerante contra el comunismo. Muchos no se lo han perdonado. Muchas de las críticas que el Papa ha recibido en estos años no nacen, en mi opinión, de las creencias y los valores de los que el Papa ha sido portavoz. Proceden de que fue y sigue siendo inaceptable, ya entrado el siglo XXI y quince años después del derrumbamiento del Muro de Berlín, que Juan Pablo II haya tenido una posición tan claramente anticomunista. Para muchos ése es un pecado absolutamente imperdonable, más aún cuando la historia reciente de la humanidad, que es en buena parte la historia del colapso y el fin del comunismo, no podría escribirse sin el Papa Juan Pablo II y su acción espiritual y política. El Papa polaco decidió vencer al comunismo y, junto a otros aliados, lo consiguió. Sólo por eso pasará a ser uno de los grandes Papas de la historia de la Iglesia. Y sólo por eso mucha gente en la izquierda, en particular la izquierda bienpensante y acomodada, no admitirá nunca su relevancia.

El Papa Juan Pablo II ha estado siempre, con absoluta claridad, en contra de cualquier dictadura. Además de un patriota, es un hombre convencido de la virtud de la democracia y que por tanto siempre ha tenido una clara posición en contra de cualquier dictadura. Ahora bien, el Papa traza una diferencia de fondo entre el totalitarismo, en particular el totalitaris-

mo comunista —aunque no hay que olvidar que Juan Pablo II
también conoció el totalitarismo nazi— y otras dictaduras.
Éstas no son menos condenables, pero tienen una naturaleza
distinta. En una ocasión Julio María Sanguinetti, el que fuera
Presidente de Uruguay y siempre buen amigo mío, me contó
un comentario que le había hecho el Papa y que a Sanguinetti,
que sabe lo que es una dictadura, le había dejado impresionado. También me impresionó a mí. Lo que mucha gente no sabe
del comunismo, dijo el Papa, es que lo que pretende hacer es
arrebatar el alma a la gente. La supuesta alternativa total que
ofrecía el comunismo consistía en eso, en enajenar el alma de
las personas. Yo no puedo hacer otra cosa que suscribir con humildad estas palabras. El Papa insistió a Sanguinetti en que quienes no han vivido bajo una dictadura comunista, por mucho
que hayan conocido regímenes autoritarios y dictatoriales, no
sabrán nunca de verdad lo que significa que a uno le intenten
arrebatar el alma.

El primer mensaje que el Papa trajo en mayo de 2003 estaba dirigido a España. El Papa Juan Pablo II cree en España. Cree
en la nación española, y le preocupan los problemas de integridad nacional que España puede tener que afrontar. También
le preocupa el terrorismo, y las consecuencias de la acción terrorista en la unidad de la nación. Siempre que ha tenido ocasión
de manifestarse, el Papa ha condenado sin lugar a dudas, con
contundencia y rotundidad, el terrorismo. El Papa entiende el
nacionalismo no sólo como una amenaza para la continuidad
de la nación española y como un riesgo para Europa. El Papa
conoció lo que significó el nacionalismo alemán, lo vivió en
Polonia en los años cuarenta, sabe cuáles son sus aspiraciones
y la falta de escrúpulos que ha demostrado siempre a la hora
de conseguirlas.

Ni que decir tiene que el Papa, que procede de una nación que ha tenido que luchar durante siglos para conquistar
su libertad, reconoce y aprecia la diversidad cultural, la de Euro-

pa y la de España. Sobre esa diversidad es sobre la que se construye la idea misma de Europa y la unidad de la nación española. Éste es el segundo mensaje que el Papa trajo a Madrid en este viaje. Fue un mensaje de esperanza. Vino a decir a los españoles que España es lo suficientemente fuerte e importante, que tiene valores arraigados y contrastados, valores que los propios españoles han contribuido decisivamente a crear, como para no tener miedo al futuro. Juan Pablo II nos dijo a los españoles que confiáramos en el futuro, desde nuestro país y desde los valores morales que representan la Iglesia y la religión católica.

Finalmente, el Papa también nos dijo que España no debe olvidar su historia. Recordó lo que había dicho en Santiago de Compostela en 1982: «La fe cristiana y católica constituye la identidad del pueblo español», e insistió luego en una idea que también había expresado el día anterior: «Conocer y profundizar el pasado de un pueblo es afianzar y enriquecer su propia  identidad. ¡No rompáis con vuestras raíces cristianas! Sólo así seréis capaces de aportar al mundo y a Europa la riqueza cultural de vuestra historia.» El Papa invocó lo que llamó «el gran don de la fidelidad» a nuestros compromisos cristianos para apelar a lo que para él es la misión de la nación española. Para el Papa, España es la España misionera y su misión es la evangelización. España se comprometió a evangelizar el mundo y no debe olvidar, a riesgo de traicionar su propia naturaleza, que esa tradición es su auténtica vocación, aquello que da sentido a su existencia.

Al Papa le cuesta entender cómo en un país de tan larga y tan arraigada tradición católica como es Polonia, el suyo propio, se han producido cambios sociales tan gigantescos y tan rápidos que parecen haber difuminado la expresión del sentimiento religioso. Lo mismo le ocurre con España. El Papa necesita un esfuerzo para entender cómo España ha protagonizado este proceso vertiginoso de secularización, y más aún, de descreimiento. Necesitaba analizarlo y encontrar una respuesta que le permitiera comprender la causa de esta evolución. Conoce muy bien la historia de la Transición española, y comprende, como no podía ser menos, que algunos de estos cambios se derivan de los acontecimientos políticos de estos años. Aun así, Juan Pablo II sigue entendiendo la identidad de España en términos de trascendencia religiosa. Por eso, precisamente, manifestaba una cierta ansiedad ante el recibimiento que le iban a tributar los jóvenes españoles, y por eso, en varias de sus intervenciones en Madrid, en mayo de 2003, se refirió a la nación española, a los valores de esperanza que vale la pena fundamentar en un proyecto para nuestra nación y, finalmente, en la necesidad de que España no olvide su misión y permanezca fiel a sus raíces. La acción de España ha sido uno de los fundamentos de Europa, del Occidente cristiano, y si ese mundo entra en crisis, España, por su historia, su identidad y su misión, tiene que tener la fuerza y el coraje de ser un punto de referencia.

Juan Pablo II es muy consciente de los vacíos morales que se producen en la sociedad actual: vacíos en la expresión de los valores morales, vacíos en la conciencia, vacíos en la percepción de la distinción entre el bien y el mal, vacíos de liderazgo. Desde este punto de vista, su última intervención en Madrid en la plaza de Colón fue una de las expresiones más sencillas y más claras de algunas de las convicciones más profundas de Su Santidad. Apeló a los españoles como testigos, como peregrinos y como continuadores de un pasado de «valiente evangelización». Uno de los santos canonizados aquel día, san Pedro Poveda, lo fue, además de por su tarea de educador y pedagogo católico, por su martirio durante la Guerra Civil. El Papa no toma partido en los debates sobre la Guerra Civil, pero constata que hubo mártires de la Iglesia, que fueron asesinados por ser sacerdotes en circunstancias bien conocidas y al alcance de todos, y está convencido de que su deber es reconocer este martirio y canonizar a quienes lo padecieron.

En aquellos días, entre la caída de Sadam Husein y las elecciones municipales y autonómicas, había otro asunto que estaba en plena actualidad. Era el debate sobre el Tratado Constitucional europeo, y más en particular acerca de si en el texto del Tratado, en el capítulo introductorio, debía hacerse a la herencia cristiana de Europa. Desde el propio Vaticano se interesaron por saber cuál era mi posición sobre este punto y el asunto cobró especial relevancia durante una visita a la Santa Sede que realicé el 23 de enero de 2004, la penúltima que hice al Vaticano. Además de la guerra de Irak, hablamos del Tratado Constitucional, expuse mi punto de vista y pude preguntar cuáles eran la posición y los intereses del Vaticano. El Vaticano hubiera preferido que el Tratado Constitucional expresara con claridad y contundencia las raíces cristianas de Europa, pero estaba dispuesto a aceptar una referencia histórica, que era lo que yo proponía y así tuve ocasión de explicárselo. Yo no estaba solo en la defensa de aquella posición. La compartían muchos otros países, como Austria, Holanda, Italia, Luxemburgo, Polonia y Portugal. El liderazgo, sin embargo, le correspondía a España, como era también España la que tenía el liderazgo en algunas otras cuestiones relacionadas con el nuevo Tratado Constitucional. Además, yo había mantenido una posición muy clara a este respecto. Se trataba de una posición concebida en términos estrictamente históricos, porque yo no soy partidario de que un texto constitucional se introduzca en el terreno de las creencias individuales.

Personalmente, me resultaba incomprensible que estuviéramos afrontando por primera vez el reto de discutir, redactar y promulgar un Tratado Constitucional para Europa sin hacer referencia a las raíces cristianas de nuestra cultura. La naturaleza misma de Europa es ininteligible sin su raíz cristiana. Durante muchos siglos, Europa fue sinónimo de cristiandad y asumió su defensa como una tarea que le correspondía por su propia naturaleza. La idea política de Europa fue durante mucho tiempo la expresión misma de la cristiandad. Lo fue con Carlomagno y lo fue con el emperador Carlos V, emperador católico y cristiano. Para los españoles, esta dimensión de Europa, tan vívida, cobra aún mayor relieve cuando pensamos que los reyes españoles han sido Reyes Católicos y la monarquía española, la Monarquía católica.

Ésa era mi posición, sólida de por sí, y en la que, además, no estábamos solos. Ahora bien, nadie tuvo mucho interés en dar aquella batalla como se tenía que haber dado. Fue un error muy grave, que muestra a una Europa débil, incapaz de exponer —sin tono reivindicativo, ni para imponer creencia alguna— su propia tradición, su naturaleza y sus creencias. Para mí no se trataba de una cuestión meramente individual. Era más bien una necesidad derivada de la racionalidad histórica y que marcaba un rumbo para las posiciones europeas en el futuro.

Durante un debate del Consejo Europeo celebrado en Bruselas, en los últimos tiempos en los que yo acudí, algunos de los allí presentes propusimos felicitar al Papa en el veinticinco aniversario de su Pontificado. Entonces se produjo una discusión penosa, una de las más lamentables a las que he asistido nunca en el Consejo. Hubo quien dijo que un Consejo Europeo no podía felicitar al Papa, ni a ningún otro representante de ninguna creencia; hubo quien hizo referencia a las otras Iglesias cristianas, como si el gesto que proponíamos hubiera sido una humillación para ellas. Cualquiera que nos hubiera visto habría deducido que nos habíamos olvidado de que en cierto modo éramos los representantes de Europa y que lo que estábamos proponiendo era felicitar no sólo al jefe de la Iglesia católica, que no es una institución cualquiera, sino a uno de los hombres más importantes de la historia europea, con el cual habíamos tenido el privilegio de compartir una parte de nuestra vida. Al final, de muy mal humor, dije que entre lo que se estaba proponiendo y abstenernos, yo era partidario de la abstención. Era ridículo felicitar al Papa por su veinticinco aniversario como se felicita el cumpleaños a un particular. Fue un síntoma, uno más, de las

Yo aprendí de mi padre, además del sentido de la familia, que para él era fundamental, el valor de la rectitud, de la seriedad y de la honradez.

Mi abuelo me decía que en la vida hay que ir tranquilo y seguro, sin angustia ni ansiedad. Que no hace falta correr más riesgos que los estrictamente necesarios, porque ya la vida, si es vivida como debe serlo, con intensidad, se encargará de proporcionarnos muchos más peligros de los que uno quiera buscar. Y sobre todo, me decía, hay que ser trabajador, trabajar siempre, sin descanso. (José María Aznar, sentado en el suelo, delante de su abuelo.)

Al llegar a Madrid nos despedimos y le dije a Ana que la llamaría pronto. A la media hora de llegar a casa ya había cogido el teléfono. Cenamos juntos esa misma noche y desde aquel instante supe que había conocido a la mujer de mi vida. A los dos días le propuse que se casara conmigo y me dijo que sí.

En la primera planta de Génova está el famoso balcón al que los dirigentes del partido nos hemos asomado las noches electorales. No es un auténtico balcón, sino una marquesina que no está preparada para estas celebraciones. El momento más alegre fue el de las elecciones del 12 de marzo de 2000, cuando conseguimos la mayoría absoluta, con 10.320.000 votos y 183 diputados. El momento más hablado y comentado fue tal vez el de 1996.

Una persona me contó que yendo una vez en coche con Fraga, y hablando de algunos de los problemas que en aquellos momentos tenía el Partido Popular, quiso elogiar la paciencia de don Manuel. Fraga le interrumpió: «¿Paciencia, yo? Eso lo dice usted porque me ha conocido hace poco tiempo. De joven, yo era insoportable.»

En 1977 asistí al mitin que celebró Alianza Popular en la Plaza de Toros de las Ventas, en Madrid, pero me decidí por UCD y voté por Adolfo Suárez.

A Pujol le dije una vez que en el siglo XX hubo un político catalán que tuvo la posibilidad de cambiar la historia de España. Y ahora, le seguí diciendo, hay otro en esa misma situación, con lo que Cataluña habrá tenido dos oportunidades para determinar el rumbo de la historia de España. Esos dos políticos eran Cambó y el mismo Jordi Pujol.

Tengo una experiencia directa de lo que era el mundo de la libertad, en el Berlín Occidental, frente al mundo de la tiranía y la servidumbre en el Berlín Oriental. No he necesitado que nadie me lo contara. Lo vi con mis propios ojos.

Para Juan Pablo II, la acción de España ha sido uno de los fundamentos de Europa, del Occidente cristiano, y si ese mundo entra en crisis, España, por su historia, su identidad y su misión, tiene que tener la fuerza y el coraje de ser un punto de referencia.

Entre los rasgos de Margaret Thatcher que más me han atraído está su firmeza. Es cierto que a veces la firmeza puede caer en la terquedad, pero lo importante es no caer en la debilidad. Prefiero una persona firme, aunque sea algo terca, que a un débil sin consistencia.

Kohl siempre mantuvo el lazo atlántico, la relación con Estados Unidos sin fisuras ni ambigüedades. No se puede hablar del europeísmo de Kohl sin tener en cuenta su convicción de que la relación atlántica es uno de los fundamentos básicos de una Europa estable y libre. La misma constancia con la que defendió la dimensión europea de Alemania inspiraba su defensa del atlantismo.

Václav Havel compartía con los españoles la convicción de que su país, como España, no podría llegar a cumplir sus expectativas si no participaba en la construcción de una nueva Europa. Havel tenía bien claro que su europeísmo iba unido al compromiso atlántico.

El despacho de La Moncloa era sencillo, con mucha luz. La antesala estaba completamente cubierta por una biblioteca, a la derecha había una mesa siempre cubierta de libros.

En el año 1998, Clinton me llamó porque creía que había llegado el momento de intervenir en Irak para que Sadam Husein cumpliera las resoluciones de Naciones Unidas. Le respondí que contara conmigo, y al día siguiente el propio Clinton hizo público el apoyo de España, junto con el del Reino Unido.

Muchas personas reaccionan ante Berlusconi con extrañeza, como si no fuera de los suyos y esa condición le imposibilitara para el ejercicio de la acción política, reservada a los profesionales, a los de siempre. Berlusconi, en momentos difíciles para España y para él, siempre mantuvo su posición de no hacer nada que perjudicase a España.

dificultades de los europeos actuales para manifestar y para adquirir compromisos morales.

Durante la audiencia que el Papa me concedió en la Nunciatura de Madrid el 3 de mayo de 2003 tuvimos la ocasión de intercambiar algunas reflexiones sobre Irak. Su Santidad dijo que los españoles conocíamos bien a los musulmanes, y recordó que la fecha del descubrimiento del Nuevo Mundo coincide con el final de la ocupación musulmana de la Península. Entonces habló, en un tono un poco más distendido, pero también preocupado, de los problemas que nos estaban dando algunos musulmanes. Para mí, que en aquellos momentos aguantaba ataques feroces e incluso insultos por parte de quienes decían que se oponían a la intervención en Irak, aquel simple comentario resultó un alivio. Obviamente, la posición del Papa era distinta, entre otras cosas porque responde, como he dicho más arriba, a criterios muy diferentes a los que rigen la acción política. Pero en comparación con aquellos que habían pedido mi excomunión en las manifestaciones, pude comprender que la posición del Papa era mucho más comprensiva, mucho más abierta, y conocedora de las variables que estábamos manejando.

En aquellos días la gente en España tenía unas ganas extraordinarias de salir a la calle a manifestar sus creencias. No todos los que salieron compartían la posición del Gobierno, ni mucho menos. Pero estoy seguro de que también habían valorado como un exceso muy grave algunas de las actitudes que se habían manifestado contra el Gobierno. El júbilo con que los españoles acogieron a Juan Pablo II en Madrid fue, entre otras cosas, el resultado de un estado de ánimo muy especial. Quien tiene la capacidad para hacerlo nos recordó en público cuál es nuestro deber, y sólo con eso nos ayudó y nos reconfortó.

# Margaret Thatcher

En 1990, Margaret Thatcher estaba en un momento de esplendor. Acababa de asistir al colapso del comunismo y al derrumbamiento del Muro de Berlín y llevaba diez años en el cargo de Primera Ministra. Yo la conocí en septiembre de ese año, con ocasión de una reunión de la Unión Demócrata Europea en Helsinki. Además de Margaret Thatcher, asistieron entre otros Jacques Chirac, entonces el líder del RPR francés y alcalde de París, Carl Bildt y Mesut Yilmaz, que serían primeros ministros de Suecia y Turquía, respectivamente. Dirigía las reuniones Alois Mock, ministro de Asuntos Exteriores de Austria, un hombre sumamente inteligente.

Aquélla fue la primera reunión internacional de verdad importante a la que asistí. Sadam Husein acababa de invadir Kuwait, las Naciones Unidas habían adoptado la resolución que permitía la intervención de los aliados para restablecer las fronteras anteriores a la invasión y se estaban produciendo algunos debates intensos en España, porque el Gobierno socialista había aceptado participar en aquella alianza internacional y se estaban llevando a cabo los preparativos para lo que acabaría siendo la Guerra del Golfo. Ya por entonces el fundamentalismo islámico empezaba a centrar el debate público, en particular por la campaña de terror que los integristas habían lanzado en Argelia, y yo dediqué mi intervención a esta amenaza, latente desde la revolución de Jomeini en 1979. Aquello interesó profundamente a Margaret Thatcher, que intuía que allí estaba una de las claves del escenario de la política internacional una vez superada la Guerra Fría.

Al final de la reunión se celebró una rueda de prensa para la cual tomamos asiento en una mesa larga todos los asistentes, que éramos bastante numerosos. Todas las preguntas se dirigieron a Margaret Thatcher. A nadie se le ocurrió preguntar nada a los demás. Bien es verdad que Margaret Thatcher era prácticamente la única de los presentes que estaba en el Gobierno y por tanto que tenía algo concreto que decir acerca de los preparativos de la Guerra del Golfo. Los italianos, que entonces eran democratacristianos, no asistían a aquellas reuniones. Helmut Kohl tampoco, los franceses estaban en la oposición y nosotros también. Aun así, la primacía de Margaret Thatcher era extraordinaria. Tanto, que para clausurar la rueda de prensa, y en vista de que nadie se había interesado por si alguno de los demás asistentes a la reunión tenía algo que decir, levantó la mano el Primer Ministro danés Poul Schluter para informar que Dinamarca también iba a hacer una aportación relevante a la liberación de Kuwait, y que él mismo había ordenado el envío al Golfo Pérsico de la mitad de la flota danesa, esto es un barco de los dos que tenía. Así, entre sonrisas y con un nuevo triunfo de Margaret Thatcher, terminó aquella rueda de prensa.

Pocos meses después, en diciembre, salieron a la luz los movimientos que venían incubándose en contra de Margaret Thatcher en el Partido Conservador británico. Margaret Thatcher había sido un personaje fascinante, una auténtica estrella que acaparaba toda la atención en cuanto entraba en una sala. Desde ese mismo instante, todo el mundo estaba pendiente del más mínimo gesto, de cualquier observación, de una simple mirada de la Primera Ministra. Lo mismo ocurría en la dimensión política. Su carácter, su liderazgo, la claridad con la que expresaba sus convicciones y sus ideas la convertían en el centro de atención de la opinión mundial. Por eso me entristeció ver cómo Margaret Thatcher salía de Downing Street, el 28 de noviembre de 1990, con lágrimas en los ojos. No salió como consecuencia de problemas externos que no hubiera sabido resolver, ni después de perder unas elecciones, ni siquiera después de una moción de censura. Margaret Thatcher tuvo que salir del Gobierno a consecuencia de las maniobras realizadas en el interior de su propio partido.

Es cierto que la propia Margaret Thatcher había adoptado decisiones muy polémicas, como la famosa *poll tax*, según el nombre que le dieron sus adversarios, el impuesto local que tantos disgustos dio a su Gobierno en 1990. El debate sobre los asuntos europeos dentro del Partido Conservador también había subido considerablemente de tono, abriendo grietas muy difíciles de cerrar. Y es probable que también se empezara a notar ya el peso de los diez años en el poder. Aun así, aquello fue una lección práctica de cómo en política se puede pasar del todo a la nada en un instante y, además, de cómo muchas veces las causas de estos cambios tan fulminantes no se derivan de la lucha parlamentaria y democrática, sino de las desavenencias y las luchas internas dentro de los propios partidos. Aquello me impresionó considerablemente.

Margaret Thatcher ha sido uno de los líderes más importantes del mundo después de la Segunda Guerra Mundial. Si hubiera que hacer una lista, estaría entre los tres primeros. Llegó al poder en 1979, cuando Gran Bretaña estaba en quiebra técnica, secuestrada por la izquierda laborista y el sindicalismo radical. Fue el famoso «invierno del descontento» de 1978, en el que una oleada de huelgas paralizó a Gran Bretaña, hasta extremos que parecían inconcebibles desde los años treinta. La izquierda laborista echó un pulso al país entero y a un Gobierno que no tenía medios ni capacidad de reaccionar. Gran Bretaña era un país completamente intervenido, paralizado por un Estado sobredimensionado, y que no recordaba ya la admonición del Primer Ministro Harold Macmillan a los jóvenes británicos, cuando les dijo que recordaran que eran los jóvenes que mejor habían vivido de toda la historia del Reino Unido. Cuando Margaret Thatcher llegó al poder, ya no hubiera podido pronunciar estas palabras, porque la decadencia económica y, más que eso, moral del país había alcanzado cotas dramáticas.

Margaret Thatcher puso en marcha lo que se ha llamado con razón una revolución, la revolución conservadora. La inició con la decisión de no ceder a las decisiones de los sindicatos mineros, y resistiendo la huelga de los mineros durante meses. Aquello cambió los parámetros de lo que había sido el liderazgo en Europa hasta ese momento. Margaret Thatcher lo hizo a cuerpo limpio, con un coraje extraordinario. Así sentó las bases de un movimiento al que poco después vendría a añadirse Ronald Reagan desde Estados Unidos. La alianza de Margaret Thatcher con Ronald Reagan es una de las asociaciones más significativas y poderosas de la segunda mitad del siglo XX. Significó la renovación profunda de la alianza atlántica que Churchill y Roosevelt suscribieron en 1941, la reafirmación de los valores de democracia y libertad que presidieron su nacimiento y la voluntad de aplicarla en un mundo nuevo. Esa alianza está en el origen del colapso del comunismo y de la desaparición de la Unión Soviética. Y siendo verdad que probablemente Ronald Reagan hubiera llevado la misma política que llevó sin necesidad de aliados, es muy importante, política e históricamente, que un líder europeo participara en aquella gran empresa de libertad.

Fue una revolución de la libertad, una rebelión frente al estatismo, frente al intervencionismo, frente a las tendencias socializadoras que por entonces parecían cada vez más fuertes, casi invencibles de tan arraigadas como estaban en las sociedades occidentales. Aunque estos factores sean muy importantes, no deberíamos hablar de aquel movimiento en términos estrictamente utilitarios, midiendo la reducción del déficit, el grado de liberalización o la intensidad de las desregulaciones. Es una revolución de fondo, que volvió a colocar en el primer plano valores como la responsabilidad individual, la conducta como ejemplo, la importancia del liderazgo y de la firmeza de las convicciones políticas. No podemos referirnos a esa gran revolución sin hacer referencia al mismo tiempo a los principios, a las convicciones y a las responsabilidades. Margaret Thatcher fue en más de un sentido la expresión viva de aquel cambio.

Margaret Thatcher sabía que la principal responsabilidad del gobernante es tomar las decisiones que crea más convenientes para el bien común. Se equivocará, como todo el mundo lo hace, pero no puede hurtarse a la responsabilidad de la decisión, por muy difícil que sea. Para ello, el gobernante tiene que fundamentar sus decisiones en una convicción personal. No se puede estar únicamente a la escucha de lo que los demás dicen. Hay que estar dispuesto a escuchar y luego tomar la decisión. Lo que Margaret Thatcher demostró es que el consenso no sirve cuando se interpreta como neutralización de la decisión democrática. Un gobernante democrático no puede dejar de tomar las decisiones que ha propuesto a su electorado, y no puede refugiarse en el consenso como consecuencia de su incapacidad para tomar decisiones. Cuanto más consensuada esté una decisión, más fácil será aplicarla y por eso mismo más positivos serán sus resultados. Pero también es necesario atreverse a tomar decisiones cuando no hay ninguna posibilidad de llegar a un consenso.

Margaret Thatcher fue también un ejemplo de gobernante con voluntad de reformar la realidad. Su ejemplo fue tan importante que a pesar de los hechos que condujeron a su salida del poder, el Partido Conservador siguió gobernando, con John Major a la cabeza, otros siete años, con lo que se mantuvo dieciséis años seguidos en el poder. Más aún, los elementos esenciales de la revolución de la libertad son los que hicieron de Gran Bretaña un país flexible, abierto, atractivo para la inversión, y con condiciones para seguir prosperando. Por eso en 1997, cuando llegó al Gobierno el Partido Laborista, Tony Blair, el nuevo Primer Ministro, respetó el legado de Margaret Thatcher. Uno de los grandes éxitos de Tony Blair consiste precisamente en no haber tocado, por lo esencial, ninguno de los elementos de la revolución económica, social y en última instancia moral que Margaret Thatcher introdujo durante su mandato.

Esta revolución supuso también la recuperación de la posición de Gran Bretaña en el mundo. Su voluntad expresa de asumir responsabilidades y cambiar la realidad del mundo le llevó a rechazar cualquier posible neutralidad, cualquier posible tentación de no alineamiento y sumarse a un compromiso claro en contra de cualquier contemporización con el mundo soviético y a favor de los valores atlánticos. Eso es lo que se expresó en un grado extraordinario en los años ochenta: una expansión de la libertad, de los valores de la responsabilidad y de la democracia que alcanzaron al fin a quienes se habían visto privados de la libertad en buena parte de Europa.

Uno de los puntos más polémicos de la gestión de Margaret Thatcher, incluso dentro de su propio partido, fue la cuestión europea. Margaret Thatcher tenía una posición singular. Defendía la política tradicional británica en Europa, que ha consistido siempre en que los británicos se reservan sus propios márgenes de maniobra, adoptando los compromisos necesarios y manteniendo al mismo tiempo la vinculación atlántica. No es una posición antieuropea. Margaret Thatcher lo expresó así en su discurso de Brujas de 20 de septiembre de 1988, cuando recordó la contribución de Gran Bretaña a la libertad en Europa, hizo una referencia a los europeos de más allá del Telón de Acero, desarraigados de los valores culturales comunes de Europa, y estableció los principios sobre los cuales se basaba su visión europea: la vigencia de los Estados nacionales, soberanos e independientes; el espíritu empresarial y los valores de responsabilidad y libre iniciativa, y una Europa abierta al mundo, lejos de cualquier tentación proteccionista. Esa visión no sólo era tan europea como cualquiera otra. No ha perdido ni un ápice de su vigencia, más bien al contrario.

En España, el Gobierno socialista se amparaba en las posiciones de Margaret Thatcher para trazar una línea entre lo que el Gobierno consideraba europeo, que era su posición, vinculada en lo esencial a las posiciones de Alemania y en segundo término de Francia, y lo que el Gobierno consideraba antieuropeo, que eran las posiciones británicas. Según esta visión, Margaret Thatcher quería hacer de Europa un simple mercado, sin instituciones ni valores comunes, y a nosotros, en el Partido Popular, nos asociaban con ese supuesto proyecto porque estábamos asociados con el Partido Conservador británico en el Parlamento Europeo. En aquellos años cruciales, la izquierda española adoptó posiciones muy expresivas en contra de la revolución de la libertad de Margaret Thatcher y Ronald Reagan. Reagan tuvo que sufrir manifestaciones muy duras durante su visita a España de 1985, y el vicepresidente del Gobierno llegó incluso a marcharse de España. Debía de estar protestando contra su propio Gobierno.

Margaret Thatcher tenía un carácter difícil y complejo. Tal vez fuera el escudo propio de una mujer en un mundo tan predominantemente masculino como lo ha sido la política hasta hace poco tiempo, aunque también es posible atribuirlo a la extraordinaria firmeza y claridad de sus convicciones. Además, era una negociadora implacable y tenaz, como lo demostró cuando consiguió la devolución de los fondos que se suele llamar el «cheque británico». En ese punto sí se enfrentaron dos proyectos europeos sustancialmente distintos. Uno era el de Kohl, que tenía una idea de Europa más política, más centralizada y más federal, en la que los Estados nacionales tendrían un menor peso. La Europa de Margaret Thatcher era mucho más abierta, más descentralizada y considerablemente más atlántica, aunque Kohl, como no podía ser menos, siempre mantuvo impecablemente la alianza de su país con Estados Unidos. Por otra parte, Margaret Thatcher, que tanto había luchado por el colapso del sistema soviético, no manifestó un entusiasmo muy intenso ante la reunificación de Alemania. Era una prevención que tenía su explicación en la desconfianza ante el resurgimiento de Alemania como una gran potencia europea.

Mucho tiempo después de que Margaret Thatcher dejara el poder, no había ningún líder europeo que no tuviera que contar algo significativo acerca de su relación con ella. Podía ser una discusión, una anécdota de una negociación, un acuerdo, una reflexión. No pasaba nunca inadvertida y dejó huella. Seis o siete años después de que Margaret Thatcher dejara Downing Street, Kohl, durante una intervención ante el Partido Popular Europeo, empezó a polemizar con ella como si Margaret Thatcher estuviera en aquella sala, como si nunca hubiera dejado de estar allí.

El legado de Margaret Thatcher consiste en primer lugar en haberle otorgado su auténtico valor a la libertad. Demostró que cuando se quieren cambiar las cosas, aunque la situación sea muy difícil, se puede hacer si se tiene el coraje y el liderazgo suficientes. Hoy probablemente el liderazgo es más complejo que entonces. Entonces estaba basado en la dinámica de la Guerra Fría, que inevitablemente simplificaba las cosas. Ahora hay que tener en cuenta factores más complejos y amenazas más insidiosas contra la libertad. Pero aun así, conviene recordar el estado en el que se encontraba Gran Bretaña a finales de los años setenta, y cómo la dejó Margaret Thatcher. El cambio es posible hoy, como lo fue entonces, y la acción política debe ser la expresión de valores y convicciones que hay que saber mantener y preservar.

Entre los rasgos de su personalidad que más me han atraído siempre ha estado su firmeza. Es cierto que a veces la firmeza puede caer en la terquedad, pero lo importante es no caer en la debilidad. Prefiero una persona firme, aunque sea algo terca, que a un débil sin consistencia. Siento que las circunstancias me hayan impedido tener la ocasión de tratarla y conocerla personalmente como me hubiera gustado. Su legado, sin embargo, será una inspiración para todas las generaciones que prosigan su lucha por la libertad.

# Helmut Kohl

Con Helmut Kohl he pasado momentos muy variados, algunos buenos y otros no tanto. El comienzo fue problemático. Kohl había mantenido excelentes relaciones con Felipe González y mi antecesor había hecho de Kohl su gran amigo en Europa. Kohl concedía gran importancia al contacto y a las relaciones personales. Por entonces España era una aliada fiel e incondicional de Alemania en todas las cuestiones relativas a Europa. Por si fuera poco, Kohl no sentía una gran confianza hacia el centro derecha en España y mucho menos hacia el Partido Popular. Lo veía como un complejo de fuerzas políticas poco organizadas, sin capacidad de iniciativa, faltas de dirección y de liderazgo.

Existía otro factor, de índole partidista, que distorsionaba la visión que Kohl tenía de nosotros. El socio de la antigua Alianza Popular no fue, en sus comienzos, la CDU, el partido demócrata cristiano alemán, sino la CSU, el partido socialcristiano de Baviera. De ahí que pareciera que tendíamos a dar prioridad a la CSU frente a la CDU. Fraga mantuvo una estrecha relación personal con Franz Josef Strauss, el líder político bávaro, lo que corroboraba esta perspectiva. Con la CDU tenían relaciones los pequeños partidos que se proclamaban democratacristianos, como el liderado durante la Transición por José María Gil-Robles y Joaquín Ruiz Giménez. Luego, y mediante la Fundación Konrad Adenauer, entraron en contacto con la CDU los miembros del PDP, el grupo democristiano desgajado de la UCD. El centro derecha español no era precisamente un modelo de organización y no es de extrañar que Kohl no se mostrara optimista en cuanto al futuro. Así que a la confianza que existía entre Kohl y Felipe González se añadía el recelo que le suscitaba cualquier representante del centro derecha español. Tampoco tengo la menor duda de que Kohl había debido de oír pocos elogios respecto a mi futuro político y a mi persona.

Helmut Kohl no llegó al Gobierno de la entonces República Federal de Alemania mediante una victoria electoral, sino gracias a una moción de censura. En 1982, los liberales, que tenían la llave de la mayoría absoluta, dejaron de apoyar a Helmut Schmidt, con problemas muy graves en su propio partido, y le abrieron la puerta del Gobierno a Kohl. Poco tiempo antes, algunos dirigentes alemanes de su propio partido empezaron a preparar la sustitución de Kohl. Decían que Kohl no llegaría nunca a canciller porque no tenía carisma, ni liderazgo, ni habilidad. Lo cierto es que tuvo una oportunidad histórica y la supo aprovechar. Más tarde Kohl recordaría en más de una ocasión que antes de que alcanzara la Cancillería se llegó a decir de él que no era el líder que necesitaba la CDU. Poco después de su llegada al poder, se produjo la crisis de los misiles, cuando los norteamericanos desplegaron en Alemania los misiles Pershing en respuesta al despliegue de misiles SS-20 por parte soviética. En aquellos años todavía estábamos en esa fase de la política europea en la que se aplicaba el dicho de que los norteamericanos deciden, los franceses incordian y los alemanes pagan. (También pagaban los japoneses, por cierto.) En ese momento difícil, el Gobierno español —socialista— apoyó a Alemania, que a su vez estaba a favor del despliegue de los misiles norteamericanos, y el gesto tuvo una gran importancia en las relaciones entre los dos países y en la situación de España en la escena internacional.

Kohl es un hombre de gustos y de vida muy sencilla, lo cual suele sorprender a quien no lo conoce. Le gusta vivir bien y disfrutaba de la vida con un apetito a la medida de su humanidad, pero no le atraían las apariencias, ni las bambalinas, ni la vida rutilante ni la exposición perpetua que conlleva inevitablemente la vida política. Siempre se mostraba abierto a buscar acuerdos y siempre preponderaba en su ánimo la disposición a llegar a un pacto. Estaba decidido a avanzar en la construcción europea porque llevaba metida en el alma la historia de Alemania y tenía un conocimiento íntimo de los problemas históricos a los que se había enfrentado su país. Estuvo a punto de ser movilizado en los últimos momentos de la Segunda Guerra Mundial y es doctor en historia. Probablemente, esta profunda interiorización de la historia alemana le llevaba también a desconfiar de cualquier deriva militarista. Para él, hablar de la Alemania del futuro era hablar de la Unión Europea. No había distinciones entre la una y la otra, aunque sentía algunas dudas acerca de lo que podía ocurrir cuando dejara el poder. Por eso quería dejar un legado lo más acabado posible, y por eso, probablemente, se presentó por última vez a las elecciones de 1998. Casi todos en Europa le animamos a que lo hiciera porque también a nosotros nos preocupaba la posición de Alemania después de los años de Kohl.

La auténtica oportunidad histórica de Kohl llegó cuando en 1989, después de la caída del Muro de Berlín, se convierte en el canciller de la unificación alemana. A partir de ese momento, la incógnita consistía en si el canciller que había tenido la visión de la unificación de Alemania iba a cambiar su posición acerca de Europa. Lo cierto es que el europeísmo de Kohl es muy profundo, muy consistente, y si se produjo algún cambio con respecto a Europa, fue precisamente para reforzar la visión europea de Kohl. Para Kohl, la unificación de Alemania debía tener una expresión europea predominante.

François Mitterrand se entendió muy bien con Kohl, y los dos mantuvieron unas relaciones de profundo entendimiento que contribuyeron a reforzar la alianza franco-alemana. Ahora bien, los dos sabían hasta dónde podían llegar los franceses en esa relación. Kohl siempre mantuvo el lazo atlántico, la relación con Estados Unidos, impecablemente, sin fisuras ni ambigüedades. No se puede hablar del europeísmo de Kohl sin tener en cuenta su profunda querencia atlántica, su convicción de que la relación atlántica es uno de los fundamentos básicos de una Europa estable y libre. La misma constancia con la que defendió la dimensión europea de Alemania inspiraba su defensa del atlantismo. Kohl es un hombre muy firme en sus opiniones y, como demostró en 1989, valiente y con capacidad para asumir riesgos si cree que vale la pena hacerlo. También tiene una memoria infalible. Así como hablaba muy bien de Reagan, de Mitterrand y de George Bush (padre), que se habían mostrado favorables a la unificación, nunca perdonó a quienes manifestaron alguna reticencia al respecto, como Margaret Thatcher o el holandés Ruud Lubbers. Años más tarde, Kohl llegó a vetar a Lubbers como posible presidente de la Comisión Europea en una de las escenas más desabridas que yo haya vivido en el Partido Popular Europeo. Apreció la posición del Gobierno español, que se manifestó sin reticencias a favor de la unificación y fue apoyado por el Partido Popular, que yo presidía entonces, desde la oposición. Siempre que tenía la oportunidad, Kohl hacía constar su simpatía hacia Gorbachov.

Aunque la unificación marcó un antes y un después en la vida política de Kohl, lo cierto es que los elementos básicos persistieron. La importancia de Alemania había aumentado de pronto, y por tanto también había aumentado su importancia dentro de la construcción europea, pero Kohl prefería que aquel protagonismo creciente no suscitara demasiada atención. Era muy prudente a la hora de introducir elementos que pudieran distorsionar la proyección europea de Alemania, quizá porque advertía con gran claridad el futuro predominio alemán en Europa.

Como he apuntado al principio, en los primeros momentos las relaciones entre nosotros no se caracterizaron por una particular cordialidad. Yo llegué a decir en 1996 que había ganado las elecciones en contra de la voluntad de algunas personas y muy especialmente en contra de la voluntad de Kohl. Llegamos hasta el punto de que no acudió a clausurar un acto del Partido Popular, habiéndose comprometido a hacerlo previamente. Wilfred Martens se esforzó en cambiar la situación. Le fue acostumbrando poco a poco a contemplar con una predisposición distinta las expectativas del Partido Popular en España. Kohl también desconfiaba de mis convicciones europeas. Probablemente le habían comentado que yo era un euroescéptico y que en vez de trabajar por la Unión Europea me disponía a plantear dificultades y problemas. El Partido Popular Europeo, por su parte, estaba dominado por Kohl, aunque con todas las peculiaridades propias del personaje. Kohl no se cansaba de repetir que los papeles que se habían preparado no valían para nada, aunque luego, como es un hombre razonable, acababa aceptándolos casi todos.

Tuve la ocasión de conocer al Kohl de los mejores años durante la firma de los acuerdos de Rusia con la OTAN, en París, a finales de mayo de 1997. Allí se manifestó la persona que durante tanto tiempo había encarnado una cierta idea de Alemania, un hombre lleno de energía, expansivo, abierto, con esa vitalidad tan característica que le llevaba a disfrutar con una intensidad extraordinaria las cosas más sencillas. Por parte rusa acudió Borís Yeltsin, con el que Kohl mantuvo siempre una relación cordial, y Kohl se permitió la broma de decir que allí sólo hablarían los mayores, que eran Yeltsin y él mismo. Bill Clinton, también presente, pertenecía, como yo, al grupo de los *juniors*.

Sin embargo, cuando mantuve un trato más profundo con Kohl, durante mis primeros años de Gobierno y en los dos últimos del suyo, le pesaba el desgaste de catorce años en el poder. A principios de mayo de 1998, poco antes de sus últimas elecciones, se reunió el Consejo Europeo bajo la Presidencia británica de Tony Blair para elegir al presidente del Banco Europeo.

Chirac sometió Kohl a una presión extraordinaria, apelando a un pacto previo, acordado entre los dos, según el cual la presidencia del Banco Europeo recaería en un francés. Kohl se negaba terminantemente a aceptar esa propuesta, por estar sometido a una fuerte presión interna, en particular por parte de Theo Waigel, ministro de Finanzas y presidente de la CSU. Después de un día interminable, se urdió uno de esos compromisos típicamente europeos y que prefiero no calificar, según el cual el primer mandato se dividiría entre el holandés Wim Duisenberg y el francés Jean-Claude Trichet. Durante aquel Consejo tan difícil, Kohl nos convocó en varias ocasiones a los que llamaba sus amigos jóvenes, a Blair y a mí, para que —según nos decía— supiéramos de primera mano las tremendas dificultades a las que nos enfrentaríamos. Fueron momentos amargos y, para Kohl, muy dolorosos.

El coste de la unificación resultaba muy gravoso y la economía alemana empezaba a presentar síntomas de debilitamiento. La decisión de establecer la paridad del marco en todo el territorio alemán tuvo largas consecuencias que acabaron erosionando la confianza social y la confianza política en Helmut Kohl, que a su vez parecía sentirse inseguro de sus propias posiciones. Yo mismo le vi cambiar de posición de manera vertiginosa, pasando, por ejemplo, de argumentar la ampliación de la mayoría cualificada para algunas cuestiones —durante las negociaciones previas al Tratado de Amsterdam— a la defensa acérrima de la unanimidad en el propio Consejo. Después del Tratado de Maastricht, Kohl puso sus esperanzas en la moneda única europea. Como ha explicado Luis Ángel Rojo, estando vigente un sistema monetario europeo y estando por lo tanto establecida la paridad de las monedas que lo componían, la instauración del euro era una cuestión más política que estrictamente económica. Ahora bien, Kohl consideraba que el paso del marco al euro era fundamental para cumplir la vocación europeísta de Alemania.

Ninguno de los grandes dirigentes europeos pensaba que llegaríamos a estar en el grupo de cabeza de los países que se incorporarían al euro. La moneda única fue precisamente uno de los últimos intentos por parte del núcleo duro europeo para cerrar el paso a los demás, en particular a los países del sur de Europa, hacia los que reinaba una desconfianza considerable. Éramos los países en los que no se podía confiar, los países indisciplinados. Nuestra tasa de paro era agobiante, habíamos devaluado la moneda en múltiples ocasiones y no éramos capaces de controlar el gasto ni el déficit. No teníamos la menor credibilidad. Por si eso fuera poco, se había puesto en marcha la política de solidaridad europea que costaba mucho dinero a los alemanes, y por supuesto también se mantenían algunas antiguas costumbres. Kohl prácticamente daba por supuesto que España acabaría apoyando a Alemania. Dada la importancia de Alemania, sabía que algo le costaría, pero al final los españoles acabábamos cediendo.

Yo estaba empeñado desde el principio en despejar el clima de desconfianza que reinaba entre nosotros y quería exponer a Kohl mis convicciones y mis proyectos. Por eso, el destino de mi tercer viaje como Presidente de Gobierno en 1996 fue Alemania, después de visitar en primer lugar, y como manda la tradición, a nuestros vecinos Marruecos y Francia. Kohl empezó a cambiar su posición con respecto a nosotros a raíz del Tratado de Amsterdam, en junio de 1997. Evidentemente, no se imaginaba cuál iba a ser mi posición en aquella negociación. Al principio, creo que no era capaz ni siquiera de concebir que España se manifestase con la independencia con que lo hicimos.

La Presidencia holandesa, ocupada entonces por Wim Kok, había dado prácticamente por concluidas las negociaciones en el Consejo, sin que se hubieran tenido en cuenta las aspiraciones de España. Nuestra voluntad se resumía en una sola condición, y era que cuando se revisaran las cuestiones institucionales, como íbamos a tener que hacer en vista de la ampliación, había que solucionar previamente el problema específico que planteaba España por su tamaño, su dimensión económica y su potencial. Ya era muy tarde, Wim Kok se disponía a dar la reunión por concluida, pero yo levanté la mano para decir que seguía habiendo un problema sin resolver. A partir de ahí resultó imposible dar por terminado el Consejo porque yo no iba a ceder en este punto. La Presidencia holandesa empezó a dar síntomas de ansiedad. Entonces Kohl tuvo uno de sus gestos característicos. Estaba sentado en el extremo opuesto de la mesa en la que nos encontrábamos. Se levantó, con toda su corpulencia, y al salir me dio una palmada en la espalda y me pidió que le acompañara. Kohl quería que le explicase mis pretensiones para ver de llegar a algún acuerdo. Los ayudantes de la Presidencia holandesa iban y venían hasta que nos encerramos en un despacho donde Kohl me pidió que redactara una declaración que resumiera mis objetivos. La redacté, la corregí y en aquel momento intervino Blair para apoyar la posición de España. Ésa es la base de la famosa Declaración n.º 50 de Amsterdam, que recoge la especificidad de la posición de España y que fue la base de nuestra posición en Niza. Cuando allí se negoció la nueva construcción institucional europea, yo pude apelar a la vigencia de la Declaración de Amsterdam.

En esos mismos meses también empezaron a apreciarse las consecuencias de las decisiones económicas que habíamos tomado. Kohl iba comprendiendo el alcance de la determinación de España y de su Gobierno. Ésa era la expresión que utilizaba para hablar de nosotros: la determinación. Había empezado a vislumbrar, y a admirar, que España era un país con determinación, como su Gobierno y su liderazgo. Kohl se dio cuenta de lo que nos distinguía de otros países. España era un país con ganas de progresar, con decisión para poner en marcha sus proyectos, con confianza en su propia capacidad. Y eso fue calando poco a poco en nuestra relación personal.

Como es natural, mantuvimos la normalidad de las relaciones bilaterales entre España y Alemania. Kohl no tenía confianza en estos mecanismos tan institucionales y daba más crédito a las relaciones personales. De ahí que mantuviéramos conversaciones frecuentes en la Cancillería de Bonn. Kohl no llegó a ocupar la gigantesca Cancillería de Berlín y sospecho, por la visión tan profundamente europea que tenía de su país, que si de él hubiera dependido, Bonn habría continuado siendo la capital de la nueva Alemania. También mantuvimos algunas conversaciones en lo que llamaba «el bungalow», que era la residencia del canciller, donde él mismo vivía, levantada al borde del Rin y a la que se podía llegar paseando desde el edificio principal. Una vez estuve toda la noche trabajando con él sobre la candidatura de Gil-Robles a la Presidencia del Partido Popular Europeo. Tuve que explicarle quiénes eran nuestros diputados uno por uno, la historia personal de José María Gil-Robles, y acabar asegurándole que yo salía personalmente responsable de la candidatura de Gil-Robles y no admitiría que se pusiese ningún obstáculo. Kohl llegó a preguntarme si no tenía inconveniente en enseñarle las fotos de los eurodiputados del Partido Popular, y así hubo que hacerlo.

En cuanto al futuro del Partido Popular Europeo, los dos coincidíamos plenamente en la necesidad de una apertura y de una progresiva integración de los partidos de centro derecha. Al margen de todo este esfuerzo, se había ido urdiendo una buena relación entre nuestros dos partidos, la CDU y el Partido Popular. Cuando nos integramos como miembros de pleno derecho en el Europeo, la relación con la CDU se fue intensificando, hasta tal punto que hoy se ha convertido en el mejor interlocutor del Partido Popular en el Parlamento Europeo. Desde hace unos años, la relación es excelente y proporciona los buenos resultados que se podía esperar. Hubo algunas personas que se esforzaron especialmente por mejorar las relaciones entre los dos partidos. Volker Rühe, Secretario General de la CDU y luego ministro de Defensa alemán, fue de los que más trabajó en este sentido. Como consecuencia, también mejoraron las relaciones entre nuestros dos países.

Así fuimos superando la primera etapa de desconfianza y de frialdad para pasar a otra en la que muchos, en nuestros dos partidos, trabajamos esforzadamente para mejorar las relaciones. Poco a poco empezaron a abrirse paso nuevos elementos de confianza y llegamos a una tercera etapa en la empezó a reinar la cordialidad y la confianza. Así se puso de manifiesto en la Cumbre bilateral que celebramos en El Escorial en febrero de 1998. La elección de El Escorial no tenía un motivo puramente turístico. Yo quería que Kohl se diera cuenta de lo que había significado España en Europa, y si hay algún lugar en el mundo que representa ese gigantesco esfuerzo, ése es, sin duda alguna, El Escorial. La reunión se celebró en una de las salas del monasterio presidida por el altar portátil del Emperador Carlos, V de Alemania y I de España. Yo expliqué en un discurso muy breve el lugar en el que nos encontrábamos, y aunque Kohl aborrecía los discursos en estos actos, se levantó de inmediato para hablar. Almorzamos en el refectorio y luego le acompañé a visitar la basílica. Previamente había indicado que durante la visita de Kohl a la basílica se tocara, en el órgano principal, el himno de Alemania. Y allí, delante de las estatuas orantes de Carlos V, Felipe II y la Familia Real, Kohl se emocionó y rompió a llorar.

En otra ocasión, en Alemania, quiso que sobrevoláramos en helicóptero su ciudad, Ludwigshafen, que me pareció muy atractiva. Me llevó a Heidelberg y durante un paseo me enseñó la universidad en la que él estudió, entramos en algún bar a tomar unas cervezas y acabamos cenando los dos en un pequeño restaurante. En aquella cena manifestó un especial interés por la historia española del siglo XX, la República, la Guerra Civil y la Transición. Me dijo que debía reconocer que conmigo se había equivocado y quería que supiera que me consideraba uno de sus buenos, de sus mejores amigos.

Me lo demostró recientemente, en enero de 2005, cuando vino a participar en el ciclo de conferencias organizado por FAES en conmemoración de la caída del Muro de Berlín. Estuvo cenando en casa, con mi familia, y en compañía de Mariano Rajoy y Ana Palacio. Resultó una cena extraordinaria porque apareció el Kohl más entrañable y cercano, extraordinario narrador de historias interesantes de las que ha sido testigo directo. Al día siguiente tuvo un gran éxito en la conferencia celebrada en la Universidad San Pablo-CEU. Le gustó encontrarse entre jóvenes estudiantes curiosos por conocer episodios —de los que por desgracia se habla poco— de esa revolución de la libertad que en gran medida Kohl protagonizó.

# Václav Havel

Conocí a Václav Havel siendo yo jefe de la oposición y Havel Presidente todavía de la República Checoslovaca, poco antes de que se formalizara en 1993 la división de un país unido desde 1918, después de la Primera Guerra Mundial. Visité Praga, que no conocía y me pareció una de las ciudades más sugestivas que he conocido. Antes había estado en Budapest, donde había tenido ocasión de conocer a József Antall, un hombre sumamente inteligente, hijo de un gobernante de la Hungría de antes del comunismo, protagonista de la revuelta de 1956 y el primer líder democrático húngaro desde el derrumbamiento de la tiranía soviética en el centro de Europa. Por desgracia, Antall estaba destinado a fallecer muy pronto. Budapest me había gustado mucho. Es una ciudad espléndida, pero Praga tiene un encanto especial, lleno de historia y de misterio.

Visité a Havel en su despacho de la ciudadela del Castillo de Praga, el *Prazsky hrad*, que es el corazón mismo de la historia y la cultura checas y que él recuperó como sede de la jefatura del Estado. En aquel escenario tan solemne, Havel se había instalado en unas habitaciones que había decorado a su gusto, con sus libros, sus recuerdos, sus pinturas modernas y un aire un poco bohemio que tenía poco que ver con el resto del Castillo. Las enseñaba a todos sus visitantes. Le gustaba ejercer de anfitrión. En aquel pequeño reino de la inteligencia y la imaginación, Havel era la representación viva de la libertad conquistada por su país hacía cuatro años, en la Revolución del 17 de noviembre de 1989.

La figura de Václav Havel suscitaba para mí toda una larga serie de reminiscencias históricas y sentimentales. Se opuso a la represión soviética de la Primavera de Praga en 1968, un episodio que me impresionó casi tan profundamente cómo la visita a Berlín de 1966, y a partir de ahí había visto cómo prohibían toda su obra. Le invitaron a que se fuera de Checoslovaquia y él se negó, aunque tuvo que marcharse a vivir en el campo y trabajar en una planta de producción de cerveza. En 1977 protagonizó otro episodio de gran trascendencia en la disidencia contra el comunismo. A pesar de la censura, los disidentes checos publicaron la Carta 77 en la que se exigía al Gobierno checoslovaco que cumpliera el Acta de Helsinki sobre derechos humanos, firmada y nunca respetada por los gobiernos comunistas.

Luego Havel estuvo varias veces bajo arresto domiciliario y en la cárcel, hasta que lo sacaron en 1983 por razones de salud. Como nunca se calló ni dejó de poner en circulación papeles, manifiestos, escritos y obras de teatro, lo volvieron a encarcelar otros cuatro meses —lo habían condenado a ocho— en 1989. Fue en noviembre de ese mismo año, tras la caída del Muro de Berlín, cuando dijo ante medio millón de personas reunidas en el centro de Praga que siguieran manifestándose contra el régimen, porque «la verdad y el amor siempre acaban venciendo a la mentira y al odio». Evidentemente, los disidentes checos habían estado a la altura de la misión que el destino les había encomendado.

Cuando me entrevisté con él en 1993, hablamos de la libertad que los checos acababan de ganar. No era una libertad recibida ni regalada por nadie. Era una libertad por la que los ciudadanos checos llevaban luchando muchos años. Ahora que la habían conseguido, ¿qué iban a hacer con ella? ¿Cómo se gestiona la libertad después de tantos años de lucha? ¿Cuál es el papel y la función de un gobernante que se encuentra con la responsabilidad de ese capital nuevo? ¿Cómo se organiza un Estado para responder a las demandas de unas personas que saben que han sido protagonistas de su propia historia y agentes del proceso que ha llevado a su país a la libertad? También nos preocupaba la reconstrucción de Europa, ahora que teníamos la oportunidad de reunir por fin a un continente partido en dos por la tiranía soviética.

Havel, que conoce muy bien la cultura europea, de la que ha sido uno de los grandes protagonistas, compartía con los españoles la convicción de que su país, como España, no podría llegar a cumplir sus expectativas si no participaba en la construcción de una nueva Europa. Esa ambición planteaba problemas nuevos, que entonces sólo empezábamos a desbrozar. Havel tenía bien claro que su europeísmo iba unido al compromiso atlántico. La Unión tendría que dar cabida a los países que habían sufrido la amputación de su dimensión europea por parte de la Unión Soviética, y para eso tendrían que anclarse definitivamente en la alianza que defiende el conjunto de valores de las democracias occidentales. Aquello para Havel no ofrecía la menor duda.

Tuve también la oportunidad de conversar con Václav Klaus, que entonces era ministro de Finanzas, llegó a ser Primer Ministro de Checoslovaquia y hoy es Presidente de la República Checa. Es un hombre extraordinariamente inteligente y tenaz, de una capacidad para la lucha no menor que la de Havel, e igualmente bien preparado. Klaus tenía una excelente formación económica y se contaba entre las personas que mejor podían conducir la reincorporación de Checoslovaquia al mundo de la libertad. Entonces estaba poniendo en marcha su programa económico, profundamente liberal, aunque él mismo se autodenominara «conservador» en uno de sus libros. Siendo como era un atlantista convencido, Klaus se mostró bastante menos entusiasmado con el ingreso de su país en la Unión Europea. Se enfrentaba en esto, como en varias otras cuestiones, a Havel, con el que mantuvo siempre unas relaciones difíciles. Así ocurría cuando yo visité Checoslovaquia en 1993. Siempre me he mantenido al margen de esas diferencias y me he esforzado por cultivar la amistad con Václav Klaus, tanto cuando visité la República Checa como cuando vino a España.

Volví a ver a Václav Havel en julio de 1997 en la cumbre de la OTAN que celebramos en Madrid y en la cual se acordó la ampliación que llevaría a la República Checa, a Hungría y a Polonia a ingresar en la OTAN en diciembre de ese mismo año. El acto supuso el fortalecimiento de la alianza atlántica en una Europa nueva y unida, la renovación del compromiso de los países miembros en defensa de la libertad y la democracia, y el primer paso en la renovación de una organización que pronto cumpliría cincuenta años para adentrarse en un nuevo siglo en el que tendría que enfrentarse a desafíos inéditos hasta entonces. La presencia de Havel en Madrid respondía al acuerdo de ampliación de la OTAN, pero también a su voluntad de demostrar personalmente su compromiso atlántico. Nos encontramos de nuevo en Washington en 1999, con ocasión de la conmemoración del cincuenta aniversario de la OTAN, aunque ésta fue más que nada una reunión conmemorativa y de celebración del papel que en la defensa de la libertad había tenido la OTAN en aquellos años. Václav Havel estaba sentado como representante de una nación miembro de pleno derecho de la OTAN, junto con cinco antiguos miembros del politburó de la Unión Soviética, entre otros Shevarnadze, entonces Presidente de Georgia, y Nazarbayev, Presidente de Kazajstán, que estaban allí de resultas del Consejo de Cooperación Atlántico entre la OTAN y Rusia. Ahora el antiguo disidente estaba en el núcleo del poder y los antiguos señores oficiaban de colaboradores. Fue una gran lección.

Algunos años más tarde, en el verano de 2004, me incorporé al patronato del foro Nueva Iniciativa Atlántica, en el que participa el propio Václav Havel junto con Margaret Thatcher, George Schultz y Henry Kissinger. Se creó para revitalizar las instituciones atlánticas de consulta y cooperación política y dar contenido a la integración de las jóvenes democracias europeas en la Unión Europea y en la OTAN.

Václav Havel seguía siendo, como lo ha sido siempre, una referencia moral e intelectual para todos nosotros. La obra y la vida de Havel han estado volcadas en la restauración de las libertades en su país, ya desde sus primeros artículos y obras de teatro, e incluso antes, cuando le prohibieron proseguir sus estudios por ser —literalmente— hijo de padres burgueses. Havel, que era un estudiante aventajado, tuvo que ponerse a trabajar de aprendiz en un laboratorio químico y completar sus estudios en horarios de tarde. Siempre ha sido un gran aficionado a la música y la famosa Carta 77 está inspirada por la detención y el juicio de los miembros de un grupo checoslovaco de música popular prohibido en su propio país, un país que Havel rebautizó *Absurdistán* en una de sus obras.

Havel suele recordar al filósofo cristiano Jan Patocka, muerto en un interrogatorio y cuyas obras sus propios discípulos publicaron clandestinamente como un *samizdat*. En alguna ocasión me habló de su propia salud, muy quebrantada después de un largo período en la cárcel, donde estuvo encerrado en un ambiente muy húmedo, lo que le ha causado serios problemas de respiración. Havel ha pasado bastantes temporadas en España recuperándose de sus dolencias, invitado por los Reyes a la casa que Sus Majestades tienen en Lanzarote y en alguna ocasión por mí mismo en el Coto de Doñana. En estas visitas no nos solíamos ver. Simplemente, Havel pasaba unos días tranquilos en España.

Una reunión particularmente significativa fue la que la OTAN celebró en noviembre de 2002 en Praga. Allí la OTAN hizo suya la resolución 1441 del Consejo de Seguridad de Naciones Unidas condenando el régimen iraquí por no prestarse a las inspecciones sobre armamento a las que estaba sometido. Previamente, la resolución 1411 había sido asumida por el Consejo Europeo, y desde entonces nosotros siempre la invocamos como lo que era, una resolución de la ONU, del Consejo Europeo y de la OTAN. En aquella reunión yo fui de los primeros en intervenir y condené sin la menor clase de ambigüedad el terrorismo. Vine a decir que el terrorismo pretende destruir nuestros sistemas, destruir nuestra convivencia, destruir nuestras democracias, destruir nuestras libertades, y que eso no lo podemos aceptar. Tenemos no solamente el derecho de defendernos, sino la obligación de hacerlo. Además, sabiendo que el terrorismo amenaza a todos, también dije que constituye una grave irresponsabilidad el no estar dispuesto a asumir responsabilidades ante los nuevos riesgos a los que se enfrenta el mundo, un error grave que yo no estaba dispuesto a que España cometiera. España padece el terrorismo y sabe lo que son los riesgos del terrorismo; pero si alguien piensa que su país está fuera de los riesgos del terrorismo, de los riesgos de las amenazas de la proliferación de armas de destrucción masiva, está equivocado.

Cuando le tocó su turno, Tony Blair hizo suya mi intervención, subrayando que después de haberme escuchado era muy fácil estar de acuerdo y muy difícil, en cambio, añadir algo nuevo. También estaba presente el Presidente Bush y su esposa, y la reunión acabó inevitablemente convertida en un homenaje a Václav Havel y a los disidentes checos. Fue Jacques Chirac quien, a petición propia, pronunció el discurso de elogio de Havel, su *laudatio* como se dice en términos académicos.

Paradójicamente, poco después empezaron a producirse las nuevas posiciones con respecto a la posible intervención en Irak y fue el propio Chirac el que indirectamente provocó la respuesta de la Carta de los Ocho, muy expresiva de nuestro compromiso con la idea de Europa y con la defensa de los valores atlánticos. Yo mismo llamé a Havel para que se sumara a los firmantes de la Carta, lo que hizo sin dudar. La adhesión suscitó la reacción de Chirac, que en una ocasión mandó callar literalmente a Havel, que dijo que los países que entonces se estaban incorporando a la Unión Europea harían mejor en abstenerse de intervenir.

En el año 2003, Havel había querido que escribiéramos juntos un artículo sobre la situación en Cuba. Yo en aquel momento no podía abrir más frentes de debate, sobre todo teniendo en cuenta la especial sensibilidad de la izquierda española hacia todo lo que esté relacionado con el régimen castrista, y así se lo expliqué. En septiembre de ese mismo año, me pidió que me incorporara al Comité para la Democracia en Cuba, una organización presidida por el propio Havel y en la que participan intelectuales y líderes políticos mundiales. Lo hice en cuanto dejé la Presidencia del Gobierno español y acudí a una reunión en Praga en septiembre de 2004. Havel me puso frente a mis propias responsabilidades. «Usted y yo —me dijo— tenemos la responsabilidad moral de trabajar todos los días por la libertad en Cuba.»

La Presidencia española de la Unión Europea, en el año 2002, contribuyó decisivamente a forjar aquella nueva alianza en favor de las ideas de libertad, de respeto a la ley, de profundización de la Carta Atlántica y de lucha contra el totalitarismo y el terrorismo que siempre me unieron con Havel, una persona por la que siempre he sentido el más profundo respeto y una gran admiración.

# Despacho de La Moncloa

De todos los palacios que tiene Patrimonio Nacional en los alrededores de Madrid, el de La Moncloa es probablemente de los más sencillos, tanto en su construcción como en la decoración interior. Tiene una larga historia, que se remonta al siglo XVII. Fue reconstruido en los años cuarenta y reinaugurado, como informa una placa situada a la entrada, en 1953. Entonces se abrió para residencia temporal de jefes de Estado de visita en Madrid, o para visitantes ilustres. Ocupaba un recinto más reducido que hoy en día. En 1977, Adolfo Suárez trasladó allí la Presidencia del Gobierno, que hasta entonces había ocupado la sede tradicional de Castellana, 3. El palacete, de dimensiones modestas, siempre ha estado rodeado de unos jardines muy hermosos e impecablemente cuidados, plantados de abetos, pinos, plátanos y madroños.

Con el tiempo, el recinto de La Moncloa se fue ampliando y fueron incorporados algunos edificios aledaños. Así es como pasó a formar parte de La Moncloa el edificio llamado de Semillas, antigua propiedad de Investigaciones Agrarias. Luego hubo que ampliar aún más la superficie por razones de seguridad. Durante los primeros años del Gobierno socialista, se construyeron otros edificios. En la actualidad, existen dentro del complejo de La Moncloa dos recintos. Uno es el del palacete antiguo, reservado al Presidente, a su familia, a las visitas y a las personas que trabajan con él. El segundo lo forma el entorno más amplio, donde están los servicios de Presidencia. En el primero está también situado otro edificio construido en 1989, conocido como el edificio del Consejo de Ministros. Allí se celebran los consejos de los viernes, tiene su sede la secretaría del Presidente y trabajan las personas dedicadas al servicio directo de la Presidencia. Está decorado con algunos cuadros cedidos en depósito por el Museo Nacional de Arte Reina Sofía. Yo trabajé algún tiempo en este edificio, pero el despacho es un poco lóbrego. Desde que lo dejé, mi lugar de trabajo fue el edificio original de La Moncloa. Allí el único personal de apoyo son los ayudantes del propio Presidente, en cuyo despacho se encontraba la antigua mesa del Presidente de Gobierno.

Nada más entrar en el palacete, justo después de la escalera que sube a «la vivienda» —que es el nombre que recibe la planta superior, donde reside el Presidente y su familia—, está el despacho oficial. Cuando yo llegué a La Moncloa, este despacho estaba un poco deteriorado. Ana, mi mujer, se encargó con Patrimonio de que se restaurara para devolverle su esplendor, con lo que resaltó con más fuerza aún lo más valioso de esa estancia, que son las lámparas, los relojes y sobre todo los maravillosos tapices de la Real Fábrica sobre cartones de Goya y de Bayeu. Tiene una mesa magnífica de 1845, regalo del general Narváez a la Reina Isabel II. A nadie se le había ocurrido hasta ahora tocar este recinto lleno de historia y de arte españoles.

Éste era el despacho donde yo solía recibir a las visitas. Por ahí han pasado muchas personas relevantes en la vida política española e internacional, pero salvo unas breves semanas en que se estaban realizando unas obras, yo no trabajé nunca ahí. Me gusta estar rodeado de mis libros y mis recuerdos, y allí no podía colocar nada porque es un recinto con significado histórico, piezas únicas que deben ser minuciosamente conservadas. Así es como decidimos reservar el despacho oficial para las visitas y colocar el despacho de todos los días en otro lugar del palacete.

Al despacho donde yo trabajaba se entraba por una esquina

del llamado Salón de Columnas, que antiguamente era el patio del recinto y se cubrió con motivo de la visita de Richard Nixon a España, en 1970. Este despacho era más pequeño que el oficial y también era más sencillo, pero tenía la ventaja de tener un gran ventanal que daba al noroeste, a través del cual se disfrutaba del frescor y del arbolado del jardín de La Moncloa y en los días claros se veía, al fondo, la Sierra de Madrid.

Ya lo habían utilizado Adolfo Suárez y Felipe González. Continuando la tradición, yo no quise hacer ninguna obra en la primera legislatura, pero luego, en el año 2000, los libros empezaban a desbordárseme por todas partes y decidí ampliar el espacio dedicado a biblioteca. Traje cuadros nuevos, como el Joaquín Mir que lo presidía y que vi un día colgado de uno de los despachos del recinto, habiendo decidido en ese mismo instante que ése sería un buen compañero de trabajo. Era un despacho sencillo, con mucha luz, en el que sólo entraban los ministros, mis colaboradores directos y las personas que trabajaban conmigo. La antesala estaba completamente cubierta por una biblioteca, a la derecha había una mesa siempre cubierta de libros, con un precioso reloj y una magnífica vista de la catedral de Toledo. En una de las paredes del despacho descubrimos dos ventanas tapiadas que mandé abrir, con lo que el despacho es ahora aún más alegre y luminoso.

En los ocho años que he vivido y trabajado allí, nunca tuve la sensación de encontrarme aislado ni alejado del resto del mundo, eso que se suele llamar el *síndrome de La Moncloa*. Tengo la impresión de que los dirigentes políticos que se quejan de la residencia oficial a la que tienen que trasladarse a vivir en razón de su cargo no dicen nunca toda la verdad. La política es una dedicación o un oficio estrictamente voluntario. Nadie está obligado a ser político y no me parecen sinceros los políticos que hablan de su trabajo como de un sacrificio personal. Tampoco nadie deja el cargo gustosamente. La vida en La Moncloa tiene como inconveniente la dureza del cargo y la responsabilidad que conlleva, pero es una vida llevadera, cómoda, con un parque sumamente agradable para pasear, en un sitio espléndido, en plena ciudad universitaria y abierto al mismo tiempo a la Sierra madrileña, con unas puestas de sol inolvidables. Hace todavía poco tiempo, el palacete de La Moncloa estaba en las afueras de Madrid; ahora está casi en el centro. Y por si fuera poco, para los aficionados al deporte como yo, La Moncloa ofrece muchas facilidades. Vivir allí ha sido todo un privilegio.

Desde un punto de vista familiar, mi vida ha sido todo lo normal que se podía esperar en esas circunstancias. Mis hijos se acostumbraron pronto a vivir en La Moncloa. No les causó ningún problema mudarse allí, ni vivir allí, ni dejar aquello. Tuvimos la suerte de que Ana, mi esposa, se hiciera cargo del funcionamiento interno de la casa. Ni que decir tiene que siempre ha funcionado muy bien, pero sin la presencia constante de Ana, que se ha ocupado de la marcha diaria, una casa tan grande habría acabado convertida en un recinto impersonal, frío, tal vez desangelado. Nosotros decidimos desde el primer momento que La Moncloa sería nuestra casa, y en la planta de arriba, la de *la vivienda*, nuestro hogar. Así fue. De hecho, La Moncloa ha sido la casa en la que más tiempo hemos vivido.

Mi vocación política surgió naturalmente como consecuencia de mi vida familiar. Soy hijo y nieto de periodistas, una profesión con un fuerte componente de vocación pública, y siempre me interesó la política. La seguí desde muy temprano, aunque siempre como espectador, desde este lado del río. Por fin llegó el momento en el que hay que decidir el rumbo que se va a tomar en la vida. Decidí sacar las oposiciones, pero una vez hecho aquello, volví a plantearme otra vez qué clase de vida quería llevar, una vida cómoda, más o menos resuelta, o una vida más intensa. Entre contar lo que hacen los demás o que me lo cuenten, y hacer las cosas, elegí la segunda opción. Así que habiendo vivido en una familia que siempre había estado de este lado del río, decidí cruzar a la otra orilla. Entonces no sabía adónde iba a llegar, pero me había propuesto empezar. Esto no quería decir que yo estuviera dispuesto a sacrificarlo todo a mi carrera.

Siempre he querido tener y salvaguardar mi vida personal y familiar así como mis propios amigos, mi intimidad en una palabra, pero también quería comprometerme con aquello en lo que yo creía, y así fue como empezó a fraguar la vocación política. Las relaciones, las actividades, los apuros y los deberes van urdiendo una trama cada vez más densa, y desde el momento en que se empiezan a asumir compromisos también va creciendo el deseo de asumir más responsabilidades. Siempre hay dudas, como siempre hay obstáculos, pero una vez que se empieza es difícil volver atrás. Ana comprendió muy bien la situación, aunque probablemente habría preferido una vida más tranquila, sin una exposición pública tan intensa como aquella a la que obliga la actividad política.

Yo no he cultivado conscientemente la imagen de hombre hermético. Es cierto que no se puede eludir el propio carácter y que uno es hijo de sus obras, como de su tiempo. Además, me he mantenido fiel a dos convicciones básicas a partir de las cuales se ha ido elaborando toda mi trayectoria política.

La primera es que España es un país que todavía tiene que acostumbrarse a la normalidad democrática. En un país todavía proclive a un cierto caudillismo, es imprescindible ponerse al servicio de la normalidad democrática. Yo no creo que España constituya una excepcionalidad histórica en Europa, pero es evidente que en el siglo XIX, y sobre todo en el siglo XX, España ha carecido de una estabilidad institucional que haya habituado a la opinión pública a asimilar las actitudes y los comportamientos propios de las democracias más arraigadas. Una de las principales tareas de cualquier Gobierno en España es contribuir a fomentar esta asimilación, que forzosamente requiere tiempo.

La segunda, relacionada con la anterior, atañe a las instituciones. Cuanto más sólidas son las instituciones, más sólido y más fuerte es el país. La institucionalización de la vida política es la gran ventaja de las democracias anglosajonas con respecto a las democracias continentales europeas. En nuestros países, las instituciones no son siempre capaces de absorber los choques y canalizar los problemas. La disfuncionalidad, o la discontinuidad institucional, ha sido uno de los problemas históricos de nuestro país.

Como ya he dicho, nunca he creído que España fuera, de por sí, un problema, pero estaba y sigo convencido de que uno de los problemas a los que se enfrenta España es la debilidad institucional. El fortalecimiento de las instituciones requiere sobre todo confianza, y la confianza sólo se consigue cuando se cumplen los compromisos y la palabra dada. Es lo que muchas veces ha faltado en la vida pública española: seriedad. Mucho más que hermético, he intentado ser una persona seria. Me tomo en serio las cosas, creo en la seriedad de la vida y pienso que la seriedad es una virtud básica cuando se tiene la responsabilidad histórica de influir con las propias decisiones en la vida del propio país o en sus instituciones. Me gusta el epígrafe de un libro dedicado a Maura: «Antonio Maura o la seriedad política». En la vida pública siempre me ha parecido detestable la frivolidad, así como he detestado siempre la interpretación de la realidad política en clave puramente personal. Por eso he propugnado la seriedad en la acción política y la continuidad en el terreno de las instituciones. Todo lo que contribuya a poner en peligro la fiabilidad y en última instancia la legitimidad de la democracia, así como la continuidad de las instituciones, es peligroso, además de frívolo. Yo creo que mi país se merece una política seria y fiable.

Nunca he vivido contra nadie. No lo he necesitado, porque he tenido convicciones sólidas sobre las que construir mi acción y mi trayectoria vital. Azaña escribió una frase que ha alcanzado cierta notoriedad. «Me gusta ser tratado con injusticia», escribió en *Mi rebelión en Barcelona*. Probablemente Azaña necesitaba la injusticia porque necesitaba vivir contra algo y porque, siendo para él lo más importante la creación de un personaje literario, se imaginaba que resultaría más interesante siendo objeto de una injusticia. Yo no he necesitado vivir contra nada, ni tampoco he pretendido crear un personaje literario. Sé que tengo fama de hombre hermético y desconfiado. No creo serlo, pero tal vez ha sido ése el precio que he tenido que pagar por creer que la seriedad, la reserva y la responsabilidad son los principios básicos en el comportamiento de un gobernante.

También se me ha achacado el ser poco dialogante, y en este caso no estoy dispuesto a reconocer ninguna realidad a ese calificativo. En los comienzos de la Transición en España se adoptaron algunas actitudes que probablemente facilitaron la consecución de objetivos muy difíciles. Pero esas actitudes, que tuvieron su utilidad, tenían fecha de caducidad en un sistema democrático asentado. No me gusta esa campechanía política según la cual las sobremesas se alargan interminablemente para dejar paso, sin solución de continuidad, a las maniobras más implacables en cuanto los comensales se levantan de la mesa. Reconozco que no sirvo para eso. Tampoco valgo para los acuerdos medio clandestinos, por debajo de la mesa.

El consenso, por otra parte, es un método excelente siempre que se sepa que el acento debe ir colocado en el objetivo que se quiere conseguir, y no en el consenso, que en rigor es sólo un instrumento al servicio de algo. El consenso no debe ser utilizado para neutralizar las propias convicciones políticas, morales o personales, ni tampoco para soslayar la voluntad democrática por la cual los electores han dado su confianza a un partido y a un programa. Lo que sí requiere un consenso previo son las instituciones y su funcionamiento. Pero curiosamente, los mismos que defienden —o dicen defender— el consenso como mecanismo insustituible para la decisión política dejan de apoyarlo en cuanto a las instituciones se refiere. Para mí, el derecho a la discrepancia es sagrado en la vida pública democrática, siempre que se mantenga la lealtad a las instituciones. Por eso puse todo mi empeño en apurar los plazos para la convocatoria de las elecciones, en cumplir las normas, en no contaminar de personalismo la vida pública.

La democracia es un sistema de diálogo, que permite la alternancia en el poder de personas y grupos que difieren en sus ideas y sus proyectos acerca de la realidad, y que también hace posible la convivencia, en instituciones como el Parlamento, de esa misma pluralidad. Evidentemente, en una sociedad democrática la pluralidad constituye un hecho básico, que no está reducido al Parlamento. Si el diálogo fortalece las instituciones, o los interlocutores plantean objetivos que no ponen en peligro su estabilidad, siempre hay que estar dispuesto al diálogo. Nosotros siempre hemos estado abiertos a dialogar. Llegamos a unos acuerdos de gobierno transparentes en 1996 y los mantuvimos durante los cuatro años que duró la legislatura. Llegamos a acuerdos territoriales de gran importancia para desplegar por completo el marco del Estado de las Autonomías tal como lo establece la Constitución. Alcanzamos por unanimidad un acuerdo de financiación autonómico extraordinariamente complejo. Firmamos con los agentes sociales, en particular con los sindicatos, el mayor número de acuerdos al que se ha llegado nunca en ninguna legislatura de la democracia. Por lo tanto, en cuanto a voluntad de diálogo y capacidad para dialogar, nadie tiene que darnos ninguna lección.

Ahora bien, en muchas ocasiones, las invitaciones al diálogo en España deben ser tomadas con precaución porque no siempre está claro el objetivo para el que se proponen. Como en el caso del consenso, conviene preguntarse para qué se invoca el diálogo. Sin duda es imprescindible, como nosotros hicimos, dialogar con los nacionalistas, pero no se puede aceptar el principio del diálogo si lo que se pretende es dialogar sobre el final de la nación española. Eso está fuera de cualquier posible discusión. Aún peor es el caso del terrorismo. ¿Para qué tenemos que hablar con los terroristas? Hablar con los terroristas de cualquier cosa que no sea la entrega de las armas es empezar a darles la razón, y sólo eso equivale a darles motivos para seguir con la práctica del terror.

Resulta doloroso comprobar que, en la vida pública española, quienes hemos defendido y seguimos defendiendo la Constitución de 1978 parecemos intransigentes y los que quieren asaltar la Constitución e imponer un cambio en las reglas de juego se llaman dialogantes. Resulta que se es intransigente, o poco dialogante, por defender el instrumento esencial que ha hecho posible el diálogo entre todos los españoles, y al mismo tiempo quienes pretenden acabar con los fundamentos de ese diálogo son los que se llaman a sí mismos dialogantes.

También estoy convencido de que en el mundo de hoy el ejercicio del liderazgo es muy importante. El liderazgo es más necesario que nunca en sociedades complejas y plurales como las nuestras, porque permite al conjunto de la sociedad tomar posiciones en las grandes cuestiones, aquellas que nos afectan a todos. Los gobernantes, los jefes políticos deben tener capacidad de liderazgo y yo no he tenido miedo a la hora de ejercerla. Se ha dicho que lo he ejercido demasiado, como al principio de mi carrera política se decía que carecía de capacidad de liderazgo, o de carisma. Es uno de los tópicos más gastados de la vida pública. En la política, el carisma se construye sobre los votos y sobre el liderazgo. El liderazgo es la capacidad de ordenar y dirigir, y para hacerlo hay que saber lo que se quiere. La calidad de un líder se mide en buena medida por sus convicciones. El liderazgo requiere capacidad de decisión y de dirección, mantener el timón firme y también crear buenos equipos, capaces de asumir responsabilidades. Cuanto mejores sean los equipos, mejor será el liderazgo. El liderazgo también es respeto, respeto hacia la autonomía del equipo, y respeto hacia el líder, que debe ganárselo todos los días. Creo que tengo bien acreditada la capacidad de crear equipos responsables y respetuosos. Creo también que mi historia a la cabeza del Partido Popular es suficientemente explicativa del liderazgo que he querido ejercer, y de la estabilidad que ha generado, para quien quiera comprenderlo sin prejuicios.

Por razones que están al alcance de cualquiera y son, por otra parte, de puro sentido común, me sentí considerablemente más a gusto teniendo mayoría absoluta en el Parlamento que teniendo una mayoría relativa. No conozco a ningún líder político al que no le guste ganar, y menos al que no le guste ganar por mayoría absoluta. En España está bastante extendido el prejuicio de que la mayoría absoluta es perjudicial y en cambio es beneficiosa la mayoría relativa. Yo no lo comparto. Es cierto que la mayoría absoluta puede tener inconvenientes, pero también los tiene la mayoría relativa, y desde el punto de vista de la capacidad de decisión del gobernante, la mayoría absoluta es sin duda alguna más valiosa que la mayoría relativa.

Ahora bien, cuando se habla de mayoría absoluta no siempre se está haciendo una disquisición teórica, sino que se está hablando de un hecho histórico muy preciso, que es la mayoría absoluta que el Partido Popular alcanzó en 2000. Aquello supuso un cambio muy profundo y para muchos una auténtica sorpresa. La victoria por mayoría absoluta de un partido de centro derecha en España no encajaba en los esquemas históricos y políticos por los cuales la izquierda ha establecido su supuesto monopolio de la legitimidad democrática. En ese esquema, la mayoría absoluta le corresponde siempre a la izquierda. De conseguirla el Partido Popular sería, en el mejor de los casos, un accidente por el que casi tendríamos que haber pedido perdón, y seguir pidiéndolo todavía.

No era un accidente, ni éramos tan débiles como para tener que disculparnos por haber ganado limpiamente las elecciones. En marzo del año 2000 quedó definitivamente despejado el prejuicio de que ser demócrata en España es ser de izquierdas, como quedó pulverizado —por el propio electorado— el prejuicio de una supuesta superioridad moral de la izquierda para gobernar España. Una parte de la izquierda no aceptó nunca esta realidad. Por eso algunos de los hechos a los que nos enfrentamos después de las elecciones de 2000 resultaron más difíciles de tratar que antes, cuando sólo teníamos mayoría relativa.

En el *Cuaderno gris*, Josep Pla afirma que la gente, en su consideración de la historia, no tiende a la memoria sino al olvido. La historia, en contra de lo que los historiadores creen, no se fundamenta en la memoria. Si la historia quiere ser la crónica de lo que los hombres han realizado en el tiempo, debe tener en consideración que se fundamenta sobre todo en el olvido. Si no fuera así, no aparecerían tantos caudillos como aparecen periódicamente, y en algunas épocas casi a diario, con la intención expresa de salvar el mundo. Cuando alcanzamos la mayoría absoluta, la gente olvidó los problemas que habíamos tenido cuando sólo contábamos con mayoría relativa en el Parlamento, problemas que entonces fueron, por sí mismos, mucho más difíciles que después. Por otro lado, la batalla se endureció, salió del Parlamento para luego volver a él en forma de gritos, de insultos y de pancartas en las tribunas. Fue entonces cuando se tomó la decisión de que había que derribar al Gobierno del Partido Popular al precio que fuera. En los dos primeros años se inician las aproximaciones. A partir de 2002, la vida política española estuvo presidida por una sola consigna: todos contra el Partido Popular. Todo valía, cualquier pacto era lícito con tal de derribar al Partido Popular. Está escrito. Basta con leer el pacto de gobierno que suscribieron los socialistas catalanes con Esquerra Republicana.

Todavía escucho, leo y recibo lecciones acerca de lo que es la transparencia y la regeneración democráticas. Para mí, la transparencia y la regeneración democráticas consisten, por lo fundamental, en el ejercicio de la ley y en facilitar el funcionamiento de las instituciones. Consiste, por ejemplo, en que un gobernante que había anunciado con años de antelación que sólo estaría ocho años en el Gobierno, renuncie cuando llegue el momento de hacerlo y no recurra a ningún tipo de maniobra para no dejar el poder en su partido y el Gobierno de su país.

Creo que acerté, y aunque se pueda considerar que el gesto tenía algo de desafío al destino, no había otra manera de realizarlo. No se podían crear incertidumbres, ni esperar a resolver el enigma hasta tres o cuatro meses antes del final de la segunda legislatura. Lo que era seguro era que estábamos ante algo inédito en la vida política española. La operación era muy difícil y estoy convencido de que, en líneas generales, salió bien, y habría salido perfectamente de no ser por los ataques del 11 de marzo. Creí que era lo mejor para mi país hacerlo. He conocido a muchos jefes de Gobierno que hablan de dejar el cargo cuando no tienen la menor intención de hacerlo y que se prestan a toda clase de especulaciones sobre sus sustitutos cuando no tienen la menor intención de ser sustituidos por nadie. Muchos han hablado, y siguen hablando, de las agonías del cargo sin estar dispuestos a librarse de ellas ni por un breve instante. Yo me limité a decir que estaría en el Gobierno el tiempo suficiente para poner en marcha determinadas cosas. Y lo cumplí.

# Bill Clinton

Cuando Bill Clinton fue elegido Presidente de Estados Unidos, en 1994, yo estaba todavía en la oposición. Recuerdo muy bien las conversaciones que por entonces mantuve con varios dirigentes europeos. Casi todos eran partidarios de la reelección de George Bush. Bush era un hombre conocido y a su favor jugaba el recelo que despierta siempre un recién llegado a un cargo como es la Presidencia de Estados Unidos. Todo el mundo tiene que hacer el esfuerzo de conocerlo e intentar acostumbrarse a su carácter, pero no todo el mundo es partidario del esfuerzo. Habiendo siendo director de la CIA y vicepresidente antes de llegar a la Presidencia, Bush tenía una larga experiencia en asuntos internacionales y en particular en los asuntos europeos. Era un hombre de acción ya acreditado, con pautas de comportamiento previsibles, y había realizado un gran esfuerzo para formar la alianza internacional contra Sadam Husein. Aquello inclinaba con claridad las preferencias de los dirigentes políticos europeos que en algún caso, como el de Helmut Kohl, se manifestaba con particular expresividad porque Bush había hecho todo lo posible por facilitar la reunificación alemana y Kohl no disimulaba su deseo de que siguiera en la Casa Blanca.

Como suele ocurrir, las elecciones norteamericanas no responden a los deseos de todo el mundo, especialmente de los europeos, y resultó elegido Bill Clinton. Sus primeros pasos en la Presidencia fueron acogidos con escepticismo en los mismos ambientes que tan favorables habían sido a la reelección de su antecesor. Kohl me decía que todos los presidentes norteamericanos llegan al cargo con ganas de cambiar la historia de su país pero que luego tienen que concentrarse en el resto del mundo. Hay que darles tiempo, decía Kohl, para que maduren y las cosas vuelvan a su cauce. Suscitaron cierta perplejidad, por ejemplo, algunas intervenciones muy enérgicas de su esposa Hillary, como la que afectaba a la ampliación de la cobertura sanitaria. Y aunque muchas de estas reformas quedaron luego arrinconadas, lo que parecía confirmar la incredulidad de personas tan experimentadas como Helmut Kohl, también es verdad que Clinton tenía una aura de juventud, de novedad y de cambio, cierto ímpetu al estilo de John F. Kennedy, que suscitaba una expectativa que nunca se vería frustrada.

La primera conversación que mantuve con Clinton se desarrolló en el Aeropuerto de Barajas, durante una visita que realizó a España en 1995. Cuando tuve ocasión de conocerlo más a fondo, siendo yo ya Presidente del Gobierno, se confirmó aquella primera impresión. Clinton tenía una personalidad arrolladora. Era un hombre de una extraordinaria simpatía personal. Escuchaba a sus interlocutores con una intensidad fuera de serie. Los hacía sentirse el único objeto de toda su atención y durante aquel rato el interlocutor tenía derecho a creerse el centro mismo del universo. Luego todos fuimos entendiendo que además de esa simpatía arrolladora, Clinton tenía otro don. Sabía interpretar y expresar con certeza casi infalible los movimientos de la opinión pública. Sólo un hombre con una simpatía, una intuición y una capacidad de comunicación como las que tenía Clinton es capaz de superar las pruebas a las que tuvo que enfrentarse. Por si fuera poco, también tenía una habilidad asombrosa para seducir a los medios de comunicación.

En 1997 tuvo lugar la primera visita que Bill Clinton hizo a España siendo yo Presidente del Gobierno. Clinton iba a acudir a Madrid a la Cumbre de la OTAN que se debía celebrar los días 8 y 9 de julio. Le invité a que viniera a pasar los días previos en visita privada, y el Rey sugirió la posibilidad de que pasara esos días en el Palacio de Marivent. Una mañana tuvimos la ocasión de salir al mar con los Reyes, Clinton, su esposa Hillary y su hija Chelsea, que los acompañaba en aquel viaje.

Era la primera vez que la OTAN se reunía en Madrid, y yo había puesto mucho empeño en que todo saliera como es debido. Quería enviar un mensaje claro acerca de la importancia que el Gobierno español concedía a la Alianza Atlántica. Tenía decididos los planes para la integración definitiva de España en la estructura militar de la OTAN, y aquella Cumbre era la ocasión perfecta para anunciarlos. En esa Cumbre se acordó la integración en la OTAN de tres países europeos, Chequia, Hungría y Polonia, y se firmó el acuerdo OTAN-Ucrania. Era por tanto un momento de gran relevancia para nuestra política internacional y en general para el nuevo papel que España quería asumir en el mundo.

En aquellos días tuve ocasión de hablar con Clinton de todo esto, aunque también hubo momentos para el recuerdo personal. Cuando Clinton visitó el Prado, puso particular empeño en ver *La rendición de Breda* y me preguntó por el nombre del general español, el marqués de Spínola, porque recordaba que en otra ocasión en que había visitado el museo su acompañante le había dicho que era el duque de Alba. Luego la familia Clinton emprendió viaje a Granada con los Reyes. Clinton me había dicho varias veces que en su primer viaje había estado allí y desde el Albaicín había contemplado la puesta de sol más hermosa que jamás había visto. Desconozco si la que Granada le ofreció aquella tarde de verano fue tan lucida como la primera, pero sé que no se le ha borrado de la memoria.

El 7 de julio Clinton acudió solo a La Moncloa y cuando estábamos sentados en el Salón de Columnas sacó a colación un asunto al que daba mucha importancia. En aquellos días estaba muy viva en la opinión pública la cuestión de las posibles compensaciones a los descendientes de los judíos cuyos bienes habían sido confiscados por los nazis. Había habido problemas con Suiza y existían algunos grupos que planteaban reivindicaciones acerca de España. Ese día Clinton me dijo que España debería poner algo de dinero para ayudar en este asunto.

Le pregunté por qué y él me insistió en la importancia de la cuestión. Entonces le contesté que las atrocidades cometidas por el Tercer Reich, en particular el Holocausto, eran, sin duda alguna, uno de los hechos más abominables y monstruosos de la historia de la humanidad. Ahora bien, en España, y en el siglo XX, los judíos no habían sufrido persecución alguna por parte de ningún Gobierno. Más bien había ocurrido lo contrario. Por otra parte, España había sido un país neutral durante la Segunda Guerra Mundial. Luego el resto de Occidente nos dejó en un aislamiento casi total, se nos marginó del Plan Marshall, no pudimos participar en la ONU, tampoco pudimos ingresar en la OTAN cuando se fundó, y habiendo pasado España por todo eso, no había razón alguna para que mi país tuviera que contribuir a algo que evidentemente era digno de elogio, pero que venía a intentar reparar un crimen en el que no habíamos tenido ninguna responsabilidad.

A pesar de todo, Clinton insistió en su requerimiento y yo en mi argumentación. Meses más tarde creamos una Comisión para investigar las posibles compensaciones a descendientes de personas judías, al frente de la cual puse a Enrique Múgica, por ser un hombre experimentado y con motivaciones familiares para esclarecer hasta sus últimos detalles este asunto, que me parece muy grave, como todo lo relacionado con el antisemitismo o, más en general, con el racismo. Cumplió muy bien el encargo.

Cuando Clinton llegó a La Moncloa, mi hijo Alonso y un amigo suyo se habían escondido detrás de un abeto, delante de la entrada, para asistir desde allí, cómoda y descansadamente, a la llegada del Presidente de Estados Unidos. Lo malo es que los descubrieron, tuvieron que salir corriendo y a Clinton le sorprendió mucho ver a dos niños haciendo travesuras a la entrada de la residencia del Presidente del Gobierno español. Cuando le conté que era mi hijo, me pidió que lo llamara, se hizo con él unas fotografías que luego le dedicó, y siempre que hemos coincidido me ha preguntado por mi hijo Alonso, con el que, de hecho, ha trabado una buena amistad.

La Cumbre de la OTAN resultó una reunión muy positiva y, para España, extremadamente provechosa. Cumplimos todos los objetivos que nos habíamos propuesto. Incluso el tiempo resultó benigno. En aquel mes de julio todas las noches caía una tormenta sobre Madrid, pero pudimos celebrar una cena que habíamos preparado bajo unas carpas instaladas en el jardín de La Moncloa.

En el año 1998, Clinton me llamó porque creía que había llegado el momento de intervenir en Irak para que Sadam Husein cumpliera las resoluciones de Naciones Unidas. Le respondí, como ya he contado en otra ocasión, que contara conmigo, y el propio Clinton hizo público el apoyo de España, junto con el de Gran Bretaña, al día siguiente. Esa llamada respondía a un hecho que dejé claro desde nuestra primera entrevista, cuando yo todavía estaba en la oposición y le propuse un modo de relaciones entre Estados Unidos y España que es el que se desarrolló luego, primero con él mismo y luego con Bush en la Casa Banca. Le expliqué a Clinton que España había avanzado, había crecido y necesitaba un traje nuevo. Clinton entendía lo que le estaba diciendo pero yo comprendía que lo que estaba pensando era que tenía que demostrárselo. Es lo que siempre piensan los norteamericanos cuando se les dice algo parecido. También le expuse mi idea de una Europa atlántica, y de cómo España está llamada a mantener en ella una relación específica y singular con Estados Unidos, una relación que debía estar más allá de las personas, que se proyectara en el tiempo y fomentara los intereses mutuos. Además, le expuse mi disposición a que España asumiera más responsabilidades desde el punto de vista internacional.

Aquel año de 1999, nuestra voluntad de compromiso internacional había quedado de manifiesto con el apoyo a la intervención militar en Kosovo destinada a evitar la masacre de la población musulmana que estaba llevando a cabo Slobodan Milosevic. Tras la descomposición de la antigua Yugoslavia, había surgido, en el centro mismo de Europa, un conflicto que recordaba los peores días de la Segunda Guerra Mundial. Ahora bien, los países europeos eran incapaces de intervenir para detener aquella sangría. Estados Unidos no tenía especial interés en participar en aquel conflicto, pero se vio obligado a hacerlo cuando quedó en evidencia la incapacidad de los europeos para llegar a una postura conjunta. La intervención dejó clara la distancia tecnológica, material y de recursos que separa a Estados Unidos del resto del mundo. Recuerdo con orgullo que, a pesar de todas las diferencias, los pilotos norteamericanos sólo querían volar con los pilotos españoles. Rusia vetó en Naciones Unidas la intervención en Kosovo y, en consecuencia, fue el Secretario General de la OTAN, español por más señas y antiguo ministro socialista, llamado Javier Solana, el que tomó formalmente la decisión de intervenir en Kosovo sin que se produjera ninguna resolución del Consejo de Seguridad de Naciones Unidas. También conviene recordar un hecho anterior, y es que el Gobierno socialista fue implacable con quienes, en sus propias filas, se atrevieron a oponerse a la intervención aliada en la Primera Guerra del Golfo, en 1991.

Durante una cena en la Casa Blanca, en abril de 1999, estando presentes Madeleine Albright y Sandy Berger, consejero de Seguridad Nacional, le pregunté por qué no se había actuado para destruir el aparato de comunicaciones y de propaganda serbio, la famosa torre de telecomunicaciones de Sarajevo. Clinton me contestó que había tenido algún problema acerca de ese asunto con Chirac y que lo discutiese con él. Poco después se celebró una reunión del Consejo Europeo en la que hablé con Blair y le planteé la misma cuestión. No sabía nada, y cuando le dije lo que me había contestado Clinton, me sugirió también que hablara con Chirac. Así que intenté despejar la incógnita y Chirac me contestó que aquellas cuestiones eran extraordinariamente delicadas y que no podían resolverse con un ataque o con un bombardeo. En cualquier caso, al poco tiempo se destruyó la torre de comunicaciones y se acabó con un problema que nunca se debía haber planteado, estando como estábamos en una guerra. También surgió otra polémica sorprendente cuando Schröder propuso que detuviéramos los bombardeos nada más haberlos iniciado; yo pensaba que una vez empezada una operación como ésa, lo que hay que hacer es continuar con ella hasta que dé resultados, que es lo que al final ocurrió. En aquella cena Madeleine Albright me pidió que enviara guardias civiles a la antigua Yugoslavia, dado que es un cuerpo especialmente útil para intervenciones como ésa, que requieren capacidad ofensiva y experiencia en el control del territorio. Me negué entonces y siempre me negué después porque la Guardia Civil es necesaria en España.

Antes de pasar al comedor, Clinton me había enseñado su despacho particular. Estaba presidido por un cuadro que representa la firma del Protocolo entre España y Estados Unidos, el 12 de agosto de 1898, previo al Tratado de París por el que España reconoció su derrota y cedía la soberanía de Cuba, Puerto Rico y Filipinas. La mesa en la que se firmó este Protocolo —con el embajador de Francia como representante del Gobierno español— está en esa misma sala, aunque no era la mesa que Clinton utilizaba para trabajar. Clinton se acercó a la suya, sacó un humidificador y de él escogió dos puros. Me dio uno y se guardó otro para después de la cena. En cuanto lo cogí, me di cuenta de que aquel puro estaba completamente seco. Luego pasamos al comedor, estuvimos hablando de los problemas de Kosovo y del antiamericanismo, que ya por entonces empezaba a ser un problema importante, y una vez que terminamos de cenar, me invitó a fumar los puros que había sacado. Como yo siempre viajo con mis propios puros, le sugerí que prefería llevarme de recuerdo el que él me había dado y le ofrecí uno de los míos. Clinton aceptó, y tuvimos que salir a fumárnoslo fuera, al balcón Roosevelt, porque, según dijo el mismo Clinton, su mujer no le dejaba fumar dentro de la Casa Blanca. Hacía una noche espléndida y estuvimos un largo rato hablando de Cuba. Le di mi opinión acerca de lo que significaría el levantamiento del embargo y aunque Clinton expresó su buena voluntad al respecto, comprendí que Cuba era, además de un problema exterior, una cuestión de política interna norteamericana.

En sus últimos meses en la Presidencia, Bill Clinton realizó un esfuerzo colosal para intentar resolver el conflicto de Oriente Medio. Ante el clásico dilema de colocar encima de la mesa el conjunto de los problemas en discusión o intentar solucionar cada uno de los problemas para avanzar paso a paso, Clinton se inclinó en esos últimos momentos por la primera fórmula. Y estuvo a punto de llegar a una solución. Ante la presión de Clinton, Ehud Barak, el Primer Ministro israelí, y Arafat, en representación de la Autoridad Nacional Palestina, llegaron a negociarlo todo, incluida la soberanía del subsuelo de la explanada de las mezquitas en Jerusalén. Fue un esfuerzo muy serio, y si no se llegó a una solución, fue porque Arafat no se atrevió, o no quiso, dar el paso final. Arafat dijo entonces que «Camp David era demasiado poco y Taba (refiriéndose al lugar donde se habían celebrado las últimas negociaciones) demasiado tarde». El hecho indiscutible es que Barak estaba dispuesto a llegar a un acuerdo y Arafat no. En mi opinión, ahí quedó demostrado que Arafat no quería dar ningún paso que comprometiera su verdadera intención con respecto a Israel. Y esa intención no era otra que hacer desaparecer a Israel. Durante una visita que realizó a Madrid poco después, le dije: «Has cometido el mayor error que podías haber cometido. Nunca, nadie te lo va a perdonar.» Desde entonces, Arafat fue una persona incapacitada para negociar con Israel y con Estados Unidos.

Yo fui el primer jefe de Gobierno europeo que aterrizó en el Aeropuerto de Gaza. España había suministrado a la Autoridad Palestina algunos instrumentos para el control de los vuelos, pero el Gobierno de Israel los mantenía bloqueados hasta que por fin, después de varias conversaciones con Netanyahu, accedió a entregarlos a sus destinatarios para que fueran instalados. Fue una visita corta en la que estaba programada una reunión con Arafat y una conferencia de prensa. Nada más llegar yo, Arafat me anunció que tenía programada una llamada de Clinton para las seis de la tarde y me pidió que adelantáramos en lo posible la rueda de prensa, a lo que, naturalmente, yo accedí. También le dije que le diera recuerdos a Clinton de mi parte. Pero no todo ocurrió como estaba previsto. Clinton llamó un poco antes de las seis, cuando estábamos todavía reunidos. Me dispuse a retirarme, pero Arafat, siguiendo su costumbre, me cogió de la mano y me llevó a la sala donde iba a celebrar la conversación con Clinton. Él mismo pulsó una tecla del teléfono y todos los asistentes nos dispusimos a escuchar lo que tenían que hablar Clinton y Arafat acerca de la situación de Oriente Medio. Llevábamos media hora de conversación y yo ya había tenido ocasión de arrepentirme varias veces de haberle dicho a Arafat que le diera recuerdos a Clinton de mi parte, porque estaba seguro de que Arafat iba a cumplir el encargo y no sabía, como es natural, cuál podría ser la respuesta del Presidente norteamericano. Entonces Arafat le dijo a Clinton que acababa de estar en su despacho, como si yo ya me hubiera ido, una persona que le había dado saludos para él, y que esa persona era José María Aznar. Clinton, sorprendido, exclamó que si era verdad que «su amigo José María Aznar» había estado con Arafat, lo mejor que podía hacer éste era hacer lo que yo le hubiera dicho porque —siempre según Clinton— yo era una persona de mucho sentido común y podía ayudar considerablemente. Arafat y los suyos se quedaron impresionados y yo pude comprobar que Clinton, tal y como me había demostrado muchas veces, era un buen amigo.

Después de dejar la Presidencia, Bill Clinton visitó varias veces La Moncloa. La última vez que almorzó allí hablamos de mi retirada y me preguntó por qué lo hacía. Le expliqué las razones que me llevaban a abandonar el Gobierno y la vida política, y él volvió a insistir en que no habiendo un mandato legal que me impidiera volver a presentarme como candidato, como lo hay en Estados Unidos, no entendía las razones que me impulsaban a dejarlo. Le contesté que no era un motivo legal lo que me movía, sino que creía que ocho años en el poder eran suficientes. Clinton seguía sin entender esta decisión y me dijo, como buen norteamericano, que no conseguía imaginar nada parecido a la Casa Blanca. Si por él fuese, me dijo, habría sido Presidente de Estados Unidos toda su vida.

# Silvio Berlusconi

Un día de 1993, después de las elecciones de marzo y antes de final de año, Silvio Berlusconi me hizo llegar el mensaje de que estaba interesado en entrevistarse conmigo. Le recibí con mucho gusto. No nos habíamos tratado previamente, y aunque Berlusconi ya era un hombre muy conocido y con intereses muy variados en numerosos campos, con inversiones en empresas audiovisuales españolas y contactos de primera fila en el Gobierno entonces socialista, me resultaba algo enigmático el motivo de la visita.

Pronto se despejaron las dudas. El propio Berlusconi me explicó que había querido entrevistarse conmigo porque desde hacía ya varios años venía siguiendo con atención la línea de acción política del Partido Popular y nuestro trabajo le había llamado poderosamente la atención. Me dijo que consideraba como propias las ideas y los postulados que estábamos defendiendo. Acudía a pedirme consejo o al menos alguna sugerencia, porque después de meditarlo durante mucho tiempo, había tomado una de las decisiones más importantes de su vida, que era entrar en la vida política activa. Me explicó los medios de los que disponía y, más en particular, que no tenía la intención de crear un nuevo partido político. Se proponía crear una red de asociaciones y de clubes que movilizarían a la sociedad y servirían de apoyo a su proyecto. Aquella organización que no acababa de ser un partido, aun siendo algo más que un simple grupo de personas, se iba a llamar Forza Italia.

Mi reacción inmediata, casi instintiva, fue aconsejarle que no diera aquel paso. Cuando me contestó, como era previsible que lo hiciera, que yo no era la persona más indicada para hacer una recomendación como aquélla, le comenté que precisamente por los muchos años que yo llevaba en la política era quien mejor le podía aconsejar que no se dedicara a ella. Efectivamente, Silvio Berlusconi era, mucho antes de aquella entrevista, desde muy joven, una persona con una gran ambición y con una capacidad extraordinaria para hacer realidad todo lo que se proponía. «Yo siempre he tenido éxito», me dijo en aquella ocasión. Pero la política, por naturaleza, tiene una dimensión pública de la que carece la actividad privada. En la política se depende siempre de los demás, de una forma difícil de imaginar para quien no la conoce desde dentro. En consecuencia, es muy importante el apoyo de un partido político sólido capaz de estar a la escucha de las demandas sociales y transmitir al conjunto de la sociedad las ideas y las propuestas propias.

Berlusconi no hizo el menor caso de mi sugerencia, siguió con su idea primera y —hay que reconocerlo— consiguió tener éxito de nuevo. Ganó las elecciones de marzo de 1994, con una alianza de organizaciones formada para la ocasión. Fue una victoria efímera, porque Berlusconi tuvo que dimitir en diciembre de ese mismo año a causa de la desafección de la Liga Norte, el partido de Umberto Bossi. La crisis seguía un modelo de comportamiento característicamente italiano, y el Gobierno de izquierdas que sustituyó al de Berlusconi, presidido por Romano Prodi, caería a su vez, aunque habiendo durado bastante tiempo, tras una iniciativa de Massimo d'Alema. Durante estos meses, Berlusconi tuvo una experiencia dolorosa de lo que significa la acción política, tal vez comprendió lo que yo había querido decirle en la primera conversación que habíamos mantenido y tomó una decisión crucial, como fue crear un partido político fuerte y serio, capaz de articular una alternativa y una posición de gobierno.

Silvio Berlusconi no es un político clásico, ni entiende los usos políticos consagrados por la costumbre. Tiene una personalidad muy fuerte y señalada desde muy joven, cuando empezó a ganarse la vida como animador musical en los barcos de crucero por el Mediterráneo y luego fundó su primera empresa mientras estudiaba en la universidad. Ese carácter expansivo y abierto resulta atractivo y genera muchas simpatías, pero también suscita una animosidad considerable. Berlusconi es un hombre hecho a sí mismo, que debe su éxito únicamente a su talento y a su esfuerzo. Y por si fuera poco, probablemente es el hombre más rico de Italia, y uno de los más acaudalados del mundo. Que este mismo hombre fuera Primer Ministro de Italia, siendo como era, además, propietario de medios de comunicación muy importantes en su propio país, constituía una singularidad que obligadamente iba a provocar más de una polémica.

Por si todo esto fuera poco, la aparición de Berlusconi en la escena política italiana está directamente relacionada con el desplome del sistema político italiano, que consistía, desde el final de la Segunda Guerra Mundial, en el equilibrio social y parlamentario entre el Partido Comunista y la Democracia Cristiana, plasmado en aquellas combinaciones parlamentarias florentinas. Con el colapso de la Unión Soviética, este edificio, que había durado cuarenta años, se vino abajo. También surgieron elementos que contribuyeron a variar la situación, como las investigaciones judiciales sobre el pasado político reciente. Hay que tener en cuenta este trasfondo para entender la figura de Berlusconi como lo que ha sido en verdad: un factor de cambio, un revulsivo no exento de cierta voluntad de provocación. Berlusconi sabía que tenía que poner coto a los excesos de la izquierda italiana, dominada en aquel entonces por el Partido Comunista y más tarde por ex comunistas. Y además de eso, tenía que articular un nuevo mensaje destinado a los votantes tradicionales de la Democracia Cristiana, que se habían quedado prácticamente huérfanos, y conseguir ampliar sus apoyos, así como una base electoral más diversa.

Todas estas circunstancias explican por qué Berlusconi es un político inusual, casi excéntrico, en el marco político italiano y en el europeo. Muchas personas solían reaccionar ante él con extrañeza, como si Berlusconi no fuera de los suyos —algo que, efectivamente, no era— y esa condición le imposibilitara para el ejercicio de la acción política, reservada a los profesionales, a los de siempre. También generaban incomprensión los objetivos finales que se proponía Berlusconi, y por si todo esto fuera poco, el propio carácter de Berlusconi resultaba poco habitual e incluso sorprendente. Silvio Berlusconi se expresa con una espontaneidad más propia de la actividad empresarial que de la vida pública. También concede una gran importancia a la belleza y a la estética. No sería exagerado afirmar que Silvio Berlusconi tiene, incluso en la forma en la que ha orientado su vida, alma de artista.

En una ocasión me invitó a su espléndida casa de Cerdeña, al borde del mar, junto a Jean-Pierre Raffarin, el Primer Ministro francés, y a José Manuel Durão Barroso. Durante la conversación, Raffarin le comentó a Berlusconi que con la experiencia que llevaba adquirida en la vida pública ya era un político cabal. Es cierto que para entonces Berlusconi ya estaba fogueado en la actividad política, pero yo no estaba de acuerdo con la reflexión y así lo manifesté. Berlusconi acababa de hacer unas declaraciones polémicas, y eso demostraba que no se había convertido en un político profesional al uso. Nunca lo sería y, de hecho, no debía ni siquiera intentarlo porque en el caso poco probable de que lo lograra, perdería buena parte de su atractivo personal e incluso político. Si Berlusconi se convierte alguna vez en un político al uso, se habrá desvanecido una parte importante de su atractivo y su capacidad de seducción. También le dije algo más, y es que a partir de aquel momento, y aunque debía seguir haciendo declaraciones tan sonadas como las que acababa de hacer, le aconsejaba que realizara tan sólo dos al año, no una por semana, como tenía por costumbre.

Durante los años que Berlusconi permaneció en la oposición, entre diciembre de 1994, cuando fue desalojado del Gobierno, y el año 2000, siempre tomó como punto de referencia al Partido Popular. Primero lo hizo como partido de oposición y luego, a partir de 1996, como partido de Gobierno. Sólo por eso, aquella actitud se merecía nuestro apoyo. En cuanto al nuevo partido que había fundado, Forza Italia, yo puse un gran empeño en que ingresara en el Partido Popular Europeo. La mayoría de los dirigentes del Partido Popular Europeo se mostraban reticentes a la entrada de Berlusconi y su partido. Tampoco tenían demasiado interés en su ingreso muchos de los antiguos miembros de la Democracia Cristiana, aunque algunos de ellos estuvieran coaligados con Berlusconi. Lo consideraban un intruso y dudaban de que fuera capaz de realizar una política seria. Yo tenía una opinión distinta. En aquellos años, la CDU alemana estaba en la oposición, también lo estaban los conservadores británicos, los gaullistas franceses no formaban parte del Partido Popular Europeo y la Democracia Cristiana italiana había desaparecido como partido. El único partido importante y con responsabilidades de Gobierno que había en el Partido Popular Europeo éramos nosotros, lo cual nos otorgaba una gran capacidad de influencia.

Si hubiéramos seguido la tendencia que marcaban muchos miembros del Partido Popular Europeo, Forza Italia habría quedado excluida del grupo. Yo estaba convencido de que había que integrar al partido de Berlusconi porque así contribuiríamos a la estabilidad política de Italia y haríamos de Berlusconi un punto de referencia importante en la vida pública italiana. La situación política italiana no era fácil por entonces, ni lo era tampoco la situación económica. Italia necesitaba reformas institucionales y económicas que le proporcionaran estabilidad, continuidad y capacidad de estar a la altura de su gran potencial económico y de progreso. Desde este punto de vista, Berlusconi era un hombre valioso para evitar que Italia volviera a prácticas políticas y económicas anteriores. La oportunidad de Italia consistía en consolidar una gran fuerza política de centro derecha. Esa fuerza política sólo puede tener un líder, que es Berlusconi, auténtico aglutinador del centro derecha en Italia. Sin él era posible que esa gran fuerza se disolviera, lo cual resultaría extremadamente peligroso.

Cuando Silvio Berlusconi llegó por segunda vez al poder en 2000, después de casi seis años de oposición, había prestado mucha atención a nuestra acción y había mostrado un gran interés en nuestro ideario, que se convirtieron en elementos de referencia para su acción de gobierno. La política reformista del Gobierno español y las posiciones que estaba adoptando en el escenario internacional pasaron a convertirse en un ejemplo para el Gobierno de Berlusconi. Los éxitos económicos, la estabilidad social, la ausencia de conflictos y las políticas de reformas y de cambios que la sociedad española emprendió bajo nuestro Gobierno, a partir del año 1996, suscitaron una expectativa inusual en Italia. Lo que ocurría en España cobró, por primera vez desde hacía mucho tiempo, un gran interés e incluso un gran valor para muchos italianos, que veían en España ya que no un modelo, sí por lo menos una forma de hacer las cosas interesante para su propio país. Durante aquellos años los italianos admiraron el ejemplo español y Berlusconi, que sabe ver una oportunidad cuando se le ofrece, quiso aplicar en su país algunas de las ideas y las reformas que tanto éxito tuvieron en España. Teniendo en cuenta siempre, como es natural, la singularidad política de Italia y la imposibilidad de trasplantar políticas realizadas en contextos distintos, como lo son el español y el italiano.

Así fue como a lo largo de todos esos años fuimos urdiendo una relación personal de cordialidad y de simpatía mutua que nos llevó a intentar dar un paso más y colaborar en la realización de algunos proyectos que habíamos llegado a compartir.

No siempre hemos estado de acuerdo, como es natural, e incluso pasamos por momentos difíciles. Italia es un gran país y Berlusconi tiene la obligación de defender sus intereses, que no siempre coinciden con los españoles. Es un hombre orgulloso de su patria y celoso del puesto que ocupa su país en el mundo. Italia forma parte del grupo de los cuatro grandes países de la Unión Europea y del G-8, el grupo de los ocho países más ricos del mundo, por lo que el progreso español suscitaba, además de admiración, algo de recelo y, como es natural, cierto grado de desconfianza. Ahora bien, en los momentos importantes, cuando salieron a relucir asuntos de verdadera trascendencia, la actitud de Berlusconi siempre fue positiva para España.

Berlusconi tiene un alto sentido de la amistad y de la lealtad debida a los amigos. No olvida nunca a quien alguna vez le ayudó y siempre está dispuesto a devolver un favor cuando está en condiciones de hacerlo. Durante las negociaciones del tratado constitucional europeo para la modificación del Tratado de Niza, la actitud de Silvio Berlusconi fue ejemplar. Italia ocupaba por entonces la Presidencia de la Unión Europea y tenía un interés legítimo y comprensible en que se alcanzara un acuerdo. Por su parte, el Gobierno español defendía los intereses de España, como es su deber. La actitud de Berlusconi consistió en aclarar desde el primer momento que la Presidencia italiana no llevaría a cabo ninguna acción que perjudicase o que pudiese perjudicar a España. Berlusconi, como ya he dicho más arriba, es un hombre con una personalidad muy especial, un político que no procede de la política. Suele ocuparse de detalles que los políticos no tenemos en cuenta, o pone en práctica tácticas de dilación, como sus famosas bromas, que muy pocos políticos, que se toman demasiado en serio su propio personaje, serían capaces ni siquiera de imaginar. Lo cierto es que Berlusconi, en aquellos momentos tan difíciles para España y tan difíciles para él, porque estuvo sometido a una presión muy fuerte, siempre mantuvo su posición de principio.

Yo le había advertido previamente acerca de cuál era la situación desde mi punto de vista. La tesis oficial que prevalecía por entonces consistía en achacar a españoles y polacos la imposibilidad de llegar a un acuerdo porque, se decía, nos negábamos a negociar. No era así, como le dije a Silvio Berlusconi. Nosotros estábamos dispuestos a llegar a un acuerdo siempre que no perdiéramos posiciones con respecto a lo ya conseguido en el Tratado de Niza. Había posibilidades y temas suficientes para negociar un acuerdo distinto de aquel al que finalmente se llegó. Quienes no estaban dispuestos a llegar a ningún acuerdo fueron los franceses, a los que luego se sumaron los alemanes. De los alemanes se dijo que estaban abiertos al acuerdo y yo también llegué a pensarlo después de una conversación con Gerhard Schröder en Berlín. Después nos encontramos en Bruselas y comprendí que la posición alemana había variado. Los franceses, por su parte, dejaron claro desde el primer momento que no estaban dispuestos a entrar en ninguna negociación. Al principio, Berlusconi no estaba muy convencido de que mi versión de los hechos se correspondiera con la realidad. Al final tuvo que aceptarla y asumir que en aquellas condiciones era imposible llegar a un acuerdo.

Berlusconi también siguió con interés la proximidad cada vez mayor entre España y Gran Bretaña. Para Berlusconi, la Unión Europea debe respetar la vigencia de los Estados nacionales, tiene que impulsar las reformas económicas que permitan la prosperidad de la población, y también ha de esforzarse por mantener, y en la medida de lo posible intensificar, el vínculo atlántico. Por nuestra parte, Tony Blair y yo ya habíamos coincidido en estas ideas, que marcaban grandes líneas de trabajo con respecto a la evolución de la Unión Europea. Más de una vez se habló de un supuesto eje Londres-Madrid-Roma, un eje que jamás existió, ni siquiera en la imaginación de ninguno de nosotros. Ahora bien, por primera vez en mucho tiempo, tres de los cinco grandes países de la Unión Europea estaban de acuerdo en un planteamiento europeísta de gran envergadura, basado en la permanencia de las naciones Estado, la liberalización económica y la importancia de contribuir a mantener y profundizar la Alianza Atlántica. No había ocurrido nunca entre Gran Bretaña y España, ni había ocurrido tampoco entre España e Italia.

La posibilidad de reflexionar desde una perspectiva similar sobre algunos grandes asuntos nos proporcionó la capacidad de realizar propuestas políticas de actuación conjunta que, además, podían ser aplicadas a otras cuestiones, como el conflicto de Oriente Medio o las políticas acerca de la ampliación de la Unión Europea. Evidentemente, nosotros sabíamos que de ahí no se podría nunca derivar una construcción política alternativa a aquella en la que se fundamenta la capacidad de propuesta de Francia y Alemania, pero también éramos conscientes de que teníamos un margen amplio de propuesta, que utilizamos a favor de lo que estábamos convencidos eran los intereses generales de Europa y de nuestros países.

También en este punto había posiciones diferentes, por ejemplo en cuanto al Pacto de Estabilidad. Yo era y sigo siendo partidario de mantenerlo, porque estoy convencido de que contribuye a la prosperidad de nuestros países. Berlusconi habría preferido flexibilizarlo, tal vez porque la situación financiera de Italia era bastante más difícil que la española. Pero a pesar de esta y otras diferencias, la colaboración entre nuestros tres países inició una etapa nueva que resultó muy fructífera. Abrió paso a las propuestas de reformas económicas conocidas como la Agenda de Lisboa, que intentamos promocionar juntos, y también tuvo consecuencias en la posición solidaria de Berlusconi con Estados Unidos durante la crisis de Irak, una posición clara y sin ambigüedades, aunque Berlusconi hubiera aclarado antes que no podría ir más allá de lo que era una manifestación estrictamente política.

A veces me ha dicho, con tono risueño, que yo he sido su maestro en la vida política, e incluso me llama su profesor, un profesor cuyas instrucciones, afirma, «sigo puntualmente». Por mi parte, me confieso un gran admirador de Italia, país que he tenido la suerte de empezar a conocer bien y es tal vez el más hermoso de Europa. A Silvio Berlusconi y a mí nos une además la afición al fútbol, un asunto del que solemos hablar, él con su Milan y yo con mi Real Madrid, aunque a veces tengo que recordarle que él es el propietario de su club de fútbol mientras que yo soy, como lo he sido siempre, un seguidor —apasionado, eso sí— del mío. Hablamos a menudo entonces, lo hemos seguido haciendo después de mi salida del Gobierno y nos hemos visto en varias ocasiones. Tengo la íntima satisfacción de haber establecido una relación de afecto y de amistad personal con Silvio Berlusconi.

# Jacques Chirac

Desde que España había entrado en la Comunidad Europea, nuestro partido formó parte del grupo de Demócratas Europeos, con los conservadores británicos, en el Parlamento de Estrasburgo. La fuerza política más importante del Parlamento era sin embargo el Grupo Popular Europeo, al cual nosotros deseábamos aproximarnos con vistas a una futura integración. Y además de estos dos grandes grupos, había un tercer partido, el grupo gaullista, francés, muy consciente de su singularidad, y que había buscado sus propios socios. Visto desde el momento actual, el hecho resultará sin duda sorprendente, pero en aquel entonces el socio español de RPR (Rassemblement pour la République), el grupo gaullista francés y europeo, era el partido de José María Ruiz-Mateos.

Cuando se constituyó el Parlamento Europeo después de las elecciones de 1989, y aunque deseábamos seguir teniendo buenas relaciones con los conservadores británicos, nosotros nos adscribimos al Grupo Popular Europeo. No éramos todavía miembros de pleno derecho, sino tan sólo observadores y, en realidad, más que observadores éramos nosotros los observados, con meticulosidad y no sin alguna reticencia por los que todavía no nos habían otorgado la categoría de socios.

En esas circunstancias difíciles para nosotros se me anunció que el RPR iba a venir a España para reunirse con sus socios, miembros del partido de Ruiz-Mateos. Nosotros no podíamos aceptar aquella visita. El RPR era un partido político con el que nos unían afinidades de pensamiento y una larga relación. Era inconcebible que sus representantes vinieran a España a entrevistarse con quienes nos estaban haciendo la competencia en nuestro propio terreno. Coincidió que en aquellos días se iba a celebrar en Arcachon, cerca de Burdeos, la reunión anual del RPR, lo que llamaban las *assises* del partido. Recién instalado en Madrid, y habiendo apelado a algunas personas que yo ya conocía previamente, me dispuse a viajar a Arcachon, reunirme con los dirigentes del RPR y evitar lo que considerábamos un error.

El RPR estaba atravesando un momento delicado. El líder del partido ya era Jacques Chirac, pero Chirac tenía que gestionar una situación de presión interna por parte de los llamados renovadores de su propio partido. Este grupo de gente más joven y con ambición estaba encabezado por una personalidad brillante, el entonces alcalde de Lyon Michel Noir, que tuvo luego que retirarse de la vida política. Aquel ambiente de renovación me colocaba en una situación delicada, porque yo iba a solicitar un gesto por parte de Chirac y al mismo tiempo representaba algo parecido a lo que los propios renovadores del RPR querían para su partido en Francia y, en general, para el conjunto del país.

Con el fin de despejar la situación, aproveché que estaba invitado a pronunciar un discurso y expuse ante el conjunto de los líderes del RPR mi teoría de la renovación, la misma teoría que estaba dispuesto a aplicar en el Partido Popular español, convencido de que aquella propuesta sería bien recibida por el propio Chirac. Para mí, la renovación del Partido Popular se debía producir por adición y no por sustitución. La renovación por sustitución sólo es recomendable en casos muy graves y cuando no se tiene ninguna otra opción. Es una renovación traumática, porque retrae activos y descarta colaboraciones, mientras que la renovación por adición contribuye a incorporar nuevos valores a los ya existentes y resulta una solución integradora, en una línea de continuidad. Aquella exposición proporcionaba argumentos a los líderes del RPR sin obligarme a tomar partido frente a los renovadores, y de hecho ellos mismos, los líderes del RPR, recurrieron a ella con frecuencia más tarde.

Hay que tener en cuenta, además, que en aquellos momentos —septiembre de 1989— el RPR estaba en la oposición y en una posición de debilidad manifiesta. Me resultaron sorprendentes algunos de los elementos del debate que allí se estaba desarrollando, como la modificación de algunas características de la ortografía francesa, en particular la vigencia del acento circunflejo, y cómo hacían de aquella cuestión un asunto relevante para la acción política y, más aún, un rasgo definitorio de la propia identidad francesa, al parecer en peligro en función de la permanencia o la supresión de aquel signo ortográfico. Recuerdo una brillante intervención de Alain Juppé, luego Primer Ministro con Chirac.

Inmediatamente después tuve ocasión de hablar a solas con Chirac. Le expuse la seriedad del problema al que nos enfrentábamos en España y añadí que aunque obviamente yo respetaría la decisión que el RPR tomara acerca de sus futuros socios en el Parlamento Europeo, la solución que se había dado a conocer acerca de las conversaciones con el partido de Ruiz-Mateos me resultaba difícil de entender. Chirac comprendió mi argumento, se comprometió a no celebrar aquella reunión en Madrid y a establecer una nueva relación con nosotros. Durante la conversación, yo pensaba para mis adentros que esa nueva disposición resultaba para mí una exigencia redoblada, porque no estaba del todo seguro de que lograría salir adelante con mis proyectos para el Partido Popular. En cualquier caso, le agradecí el gesto y le aseguré que no olvidaría lo que acababa de hacer.

Tuve la ocasión de cenar con los líderes del RPR. Fue sumamente interesante para mí porque yo era un político joven, recién llegado a responsabilidades nacionales, y me encontraba ante personas con una gran experiencia política, que se habían enfrentado recientemente a un experimento tan difícil como la primera cohabitación con François Mitterrand en la Presidencia de la República y que habían puesto en marcha, en aquella situación tan problemática, los elementos para una profunda renovación del centro derecha francés, como por ejemplo las medidas que llevaron a la privatización de la cadena de televisión pública TF1. En esa cena se aludió a la discusión, entonces en curso, acerca de si había sido positivo que quien había sido Primer Ministro con Mitterrand, el propio Jacques Chirac, se presentara luego a las elecciones presidenciales. Este debate, que entonces estaba sin resolver, llevaría más tarde, durante la segunda cohabitación, a Édouard Balladur a ocupar el cargo de Primer Ministro, lo que a su vez acabaría provocando algo más que una simple polémica entre Balladur y Chirac. También estaban allí Alain Juppé, entonces el hombre fuerte de la organización del partido, y que yo ya había tenido ocasión de conocer previamente, Michel Noir y su grupo de renovadores, así como Jacques Chaban-Delmas, Primer Ministro y antiguo resistente durante la ocupación, y Maurice Couve de Murville, que había sido ministro de Asuntos Exteriores y de Finanzas antes de ser Primer Ministro justo después de los acontecimientos de mayo de 1968. Se interesaron considerablemente por las cosas de España, que yo traté de explicarles.

Al día siguiente tenía que volver a Madrid temprano, dormí en el mismo hotel donde se celebraba la reunión y me levanté temprano. Entonces, poco después de las siete y media, escuché que alguien llamaba a la puerta de la habitación, algo que me extrañó porque yo no había pedido que viniera nadie. Cuando abrí la puerta me encontré al propio Maurice Couve de Murville con un libro en la mano. Era un libro que acababa de publicar, *Le Monde en face*, y me dijo que tenía mucho interés en que yo tuviera un ejemplar, dedicado por él mismo. Lo guardo como lo que significaba, el gesto de un gran personaje, de una amabilidad exquisita, a un político que entonces empezaba a despuntar.

Como consecuencia de aquella visita, y también como consecuencia de la nueva situación del Partido Popular después de las elecciones legislativas de 1989, cuando logramos que el partido saliera dignamente del envite al que se había enfrentado, el RPR entabló con nosotros una nueva relación. Chirac, efectivamente, cumplió su palabra de no celebrar la reunión con Ruiz-Mateos y yo tendría más adelante ocasión de cumplir con el compromiso que había adquirido. La relación con Jacques Chirac empezó por lo tanto de forma positiva.

Jacques Chirac es un hombre muy simpático en el trato, sumamente atento y de una extremada cortesía. Esta simpatía natural, nada fingida, es en parte debida a su vitalidad fuera de serie. No es sólo que Chirac disfrute de la vida, es que desafía a la vida para poder disfrutarla más, con más intensidad. Todo esto le induce a ser un hombre más impulsivo que reflexivo. Chirac es más un hombre de impulsos que un hombre de reflexión, y la acción a veces está determinada por decisiones más relacionadas con su propio vitalismo arrollador que con una meditación serena y ordenada de las cosas. Además, Chirac es un hombre con un profundo sentido del poder, y es capaz de actuar con gran energía a la hora de diseñar y defender su propia posición. Así lo demuestra su carrera, que viene durando desde 1967, cuando consiguió su primera acta de diputado, y que ha conocido circunstancias tan variables. Jacques Chirac es por tanto un hombre más impetuoso que reflexivo, más simpático que serio, más vitalista que sosegado y, sobre eso, tiene un poderoso instinto para defender lo que considera sus intereses.

Cuando tengo que explicar en qué consistía la diferencia entre la posición de España anterior a 2000 y la de los últimos años, suelo decir que antes yo tenía que preguntar fuera qué es lo que debía hacer, y luego era yo el que contestaba a esa misma pregunta formulada por los demás. Cuando quisimos entrar en el Partido Popular Europeo, tuve que llamar a muchas puertas. Tuve que visitar Luxemburgo, Italia, Alemania, Bélgica y Holanda, y convencer a mucha gente de la consistencia de nuestra propuesta propia y también de la conveniencia de nuestro proyecto para el Partido Popular Europeo. Yo estaba convencido de que el Partido Popular Europeo no podía limitarse a ser un grupo formado por las antiguas democracias cristianas europeas, mucho menos cuando la Democracia Cristiana italiana había dejado de existir y cuando la alemana se había convertido en un partido de muy amplio espectro. Según mi proyecto, que al final se cumplió, el Partido Popular Europeo tenía que transformarse para integrar al RPR francés, que entonces seguía su propia línea gaullista incluso en Europa, a los conservadores británicos, al Partido Socialdemócrata portugués, a la Nueva Democracia griega y a Forza Italia, la nueva fuerza de centro derecha en Italia.

Antes de eso yo tuve varios encuentros con Chirac en el marco de la Unión Demócrata Europea. Recuerdo uno en Helsinki, al que asistió Margaret Thatcher, y otro en Praga, muy especialmente, durante el cual me explicó en una larga conversación algunas de las dificultades a las que entonces se enfrentaba su candidatura a la Presidencia de la República. Le dije que no se me había olvidado lo que había hecho por nosotros en Burdeos, en 1989, y le expuse mi disposición a colaborar con él aunque por entonces todavía seguíamos en la oposición.

Un ejemplo de esta disposición fue lo ocurrido después de la serie de ensayos nucleares realizados por Francia en el atolón de Mururoa, en el océano Pacífico. Probablemente eran pruebas innecesarias, porque ya se podían hacer simulaciones por ordenador, y estaban destinadas a suscitar una gigantesca polémica, como así fue, pero el nuevo presidente decidió llevarlas a cabo. En una conversación en el Elíseo le había comentado que había sido un acto innecesario, y Chirac me había sugerido que tal vez yo pudiera contribuir a limar algunas asperezas. Luego inicié un viaje por Iberoamérica y al llegar a Chile, aunque intenté explicar a nuestros amigos iberoamericanos las razones de Francia, tuve que sufrir varias manifestaciones delante del hotel donde me alojaba, en particular por parte del Partido Comunista Chileno, como si yo hubiera tenido alguna parte de responsabilidad en las explosiones nucleares de Mururoa. Bien es verdad que no olvidaba la ayuda que Chirac me había prestado en 1989.

Así es como se fue trabando una relación cordial, que los dos nos esforzamos por cuidar. Siempre que yo iba a Francia le avisaba, y él solía hacerlo cuando venía a España, como cuando, siendo ya Presidente de la República, asistió a un Consejo Europeo informal celebrado en Formentor y me llamó para hablarme de lo sucedido allí, porque estaba convencido de que el Partido Popular llegaría al poder al cabo de poco tiempo, como efectivamente sucedió.

En mayo de 1999 le llevé a Salamanca. Chirac no conoce muy bien España y, como no podía ser menos, le impresionó la belleza de la Plaza Mayor iluminada, llena de gente que tuvimos ocasión de saludar, como también le llenó de admiración el Palacio de Fonseca, donde fuimos a cenar. También hicimos una visita especial a Córdoba y a Granada. Chirac acudió acompañado de su esposa y de su hija Claude, que había trabajado con él en la campaña electoral y cuyos criterios suele tener en cuenta. Comimos en Córdoba, en el restaurante El Churrasco. Nunca, ni antes ni después, he visto a nadie comer con el apetito y el gusto con que Chirac comió aquel día. También es un gran amante de la cerveza, mucho más que del vino. La comida tuvo tanto éxito que Chirac invitó luego al cocinero al Palacio del Elíseo para que explicara a los *chefs* parisinos algunas de sus recetas, en particular las que había servido aquel día. Recorrimos la Judería de Córdoba, visitamos la Mezquita y desde allí seguimos el viaje a Granada, donde pasamos la noche en el Parador de San Francisco e hicimos una visita nocturna a la Alhambra, con el Albaicín enfrente. Chirac estaba fascinado, y fue una visita grata y fructífera.

Resultó de especial importancia la visita de Estado que Chirac realizó a España en octubre de 2000. Aquellos días, Chirac se mostró especialmente afectuoso, siempre con ese tono vital y optimista que le caracteriza. Chirac sabía que uno de los principales objetivos de mi carrera política ha sido siempre, desde el primer momento, volver a situar a España entre los grandes países del mundo. Yo he creído siempre que por su historia, por su cultura, por su lengua y por su capacidad económica, España tenía que ser más ambiciosa, y siempre he estado convencido, además, de que estaba a la altura de esa ambición.

Durante esta visita Chirac pronunció un discurso ante las Cortes y en un momento dado, volviéndose hacia mí, expresó sin dejar lugar a dudas lo que pensaba de nuestra acción de gobierno. «Creo —dijo— que hoy España, bajo el impulso de sus autoridades, ha vuelto a encontrar sin duda alguna el camino de su grandeza. Se advierte en el plano del desarrollo económico. Se advierte en el plano social con los éxitos espectaculares logrados por su Gobierno en la lucha contra el desempleo. Se advierte en el plano europeo, donde España se ha alzado hasta la primera fila en cuanto a la vía a seguir y donde ha salido victoriosa de los difíciles debates sobre la Agenda 2000 durante la Cumbre de Berlín. Se advierte en el campo de la política extranjera, en especial en el Mediterráneo, y también en América Latina y en el mundo entero, donde España ha vuelto a encontrar su vocación, que consiste en conducir una política extranjera ambiciosa y pacífica.»

En cuanto a las relaciones bilaterales, Francia, como había demostrado el propio Chirac, sabía de mis intenciones para mi país, las comprendía, las contemplaba con respeto y estaba dispuesta a aceptarlas... siempre que no hicieran sombra o que no supusiesen merma alguna de los objetivos y de los intereses nacionales franceses. Francia llevaba más de ciento cincuenta años actuando como un elemento predominante en la vida política española. Yo estaba resuelto a que España estuviera en condiciones de emprender el vuelo por su cuenta, e incluso estaba seguro de que yo mismo, bajo mi mandato como Presidente de Gobierno, iba a tener la ocasión de ver cómo emprendía ese camino nuevo, sin tutelas de nadie.

La relación con Francia siempre ha sido muy importante para España. Es verdad que en la cuestión de las comunicaciones, de gran importancia, Francia ha mantenido una actitud restrictiva para nosotros. Probablemente es un error de cálculo, pero Francia ha preferido mantener a la península Ibérica lo más constreñida posible, tanto en lo que se refiere a las comunicaciones por ferrocarril y carretera a través de los Pirineos como en lo que afecta a la energía. Ahora bien, en otras cuestiones Francia y España han tenido y siguen compartiendo muchos objetivos. En la cuestión de la construcción europea tenemos muchos puntos en común. Desde el punto de vista económico, la relación entre Francia y España es de una intensidad extraordinaria, como lo demuestra que España sea hoy por hoy el segundo socio comercial más importante de Francia, sólo por detrás de Alemania, y por delante de Estados Unidos, del Reino Unido o de Italia.

La colaboración entre nuestros dos países dio excelentes frutos en el terreno de la lucha antiterrorista. Fuimos progresando a lo largo de los años con los sucesivos primeros ministros y los ministros de Interior. Chirac se mostraba activo en este asunto, y de hecho la colaboración entre España y Francia empezó siendo él Primer Ministro, con Charles Pasqua en el Ministerio del Interior. Entre 1996 y 2004, 337 miembros etarras fueron detenidos en Francia y se desmantelaron las estructuras más importantes de la banda terrorista ETA.

Estos campos de colaboración, de gran importancia, no se han visto nunca en peligro, pero también es cierto que ha habido elementos que han distorsionado la relación entre nuestros dos países, hasta tal punto que la relación personal cobró un sesgo difícil en algunos momentos, con ocasión de la cuestión iraquí. En realidad, la cuestión de Irak es el punto culminante de un alejamiento que venía de más lejos y tiene su origen en las distintas circunstancias que España vivió con Marruecos durante mis dos mandatos. A raíz de la ocupación del islote de Perejil y de la crisis subsiguiente, Francia fue el único país europeo que no apoyó a España. En mi opinión, fue un grave error, del que creo que poco tiempo después Chirac fue consciente. Semanas después, recibí la visita de Nicolas Sarkozy con un mensaje especial del Presidente de la República.

Durante las discusiones del Tratado de Amsterdam en 1997, Chirac se abstuvo. Cada vez que se negociaba un elemento de peso político que afectara a la situación de España en Europa, Francia se abstenía. En el mejor de los casos, su apoyo estaba supeditado a los intereses franceses, como en el caso de la pesca y la agricultura. La posición que España logró en el Tratado de Amsterdam la conseguimos, en muy buena medida, a pesar de Francia. Luego llegó la negociación del Tratado de Niza. En esta negociación, Francia se volcó en la voluntad de mantener a toda costa la paridad con Alemania, de tal forma que Francia tuviera en el Consejo de la Unión el mismo número de votos —veintinueve— que Alemania. Hasta tal punto resultaba prioritaria la paridad, que Chirac llegó a explicarme por qué otro sistema era, literalmente, insostenible para Europa y por qué Francia no podría aceptarlo nunca. Chirac se negó incluso a aceptar una pequeña diferencia a favor de Alemania, dada la mayor población de ésta, aduciendo que era una cuestión política y que las cuestiones políticas no pueden estar supeditadas a criterios de índole demográfica. Eso hubiera equivalido, según Chirac, a variar la pieza fundacional de la Unión Europea, que es la paridad entre Francia y Alemania. Chirac habló incluso de traición a los principios y consiguió que saliera adelante su posición.

Luego Chirac cambió de posición en relación con los asuntos europeos. A raíz de los trabajos de la Convención que preparó el texto del nuevo Tratado Constitucional, Chirac aceptó lo que en Niza no había aceptado, aquello mismo que antes consideró una traición y que supone el fin de la paridad entre Francia y Alemania. A partir de ahí, las decisiones en la UE se toman por un sistema de doble mayoría distinto al que se había aceptado en Niza. El nuevo sistema favorece a los cuatro Estados más poblados. El peso específico de estos cuatro Estados, especialmente de Alemania, y la posibilidad para ellos de formar parte de coaliciones mayoritarias aumentaron considerablemente en el sistema elaborado por la Convención. España y Polonia, en cambio, que habían salido favorecidas en el sistema de Niza en relación a su importancia demográfica, perdieron una parte de su peso específico y en buena medida su capacidad de bloquear una decisión tomada por mayoría. Simultáneamente a este cambio de Francia, que perdió la paridad con Alemania, Alemania también cambió de posición en relación con toda su política exterior tradicional. Poco antes de la Guerra de Irak, un canciller alemán, puesto en la tesitura de tener que decidirse entre la posición francesa y la posición norteamericana, optó por Francia y no por Estados Unidos. Se produjeron por tanto dos cambios, uno por parte de Alemania, que puede ser justificable por razones electorales aunque difícilmente lo sea desde un punto estratégico, y otro por parte de Francia. Este último me sigue resultando inexplicable.

También teníamos una visión distinta de la relación atlántica. Para Chirac es muy importante que Europa mantenga una distancia sustancial con respecto a Estados Unidos. Según Chirac, Estados Unidos y Europa tienen intereses muy distintos e incluso contrapuestos. Se podría decir que Chirac, desde esta perspectiva, no es proatlántico. Para él, la construcción europea debe servir de contrapeso a Norteamérica. Chirac no aspira a suscitar más crisis ni más fricciones de las estrictamente necesarias, pero si él se siente obligado a diseñar y establecer alianzas que debiliten la posición norteamericana, o la posición atlántica, lo hará. Esto explica en muy buena medida lo que ocurrió con la intervención en Irak, y no deja de ser una posición arraigada en una parte de la opinión pública e incluso de la cultura política francesa. Se acentuó después de la caída del Muro de Berlín y luego de que Estados Unidos se configurara como la única superpotencia del mundo. También explica por qué Francia, y muy en particular el centro derecha francés, no ha seguido su tradición liberal tan relevante en otros tiempos, tan bien representada por intelectuales como Raymond Aron y Jean-François Revel, y ha optado en cambio por mantener posiciones en buena medida defensivas, propias de un país receloso ante la globalización y proteccionista en el ámbito económico y en el cultural.

Mis posiciones son muy distintas. Para mí Europa es indisociable de Estados Unidos y el vínculo atlántico debe ser la plasmación de una relación que en ningún caso debe ser puesta en peligro. A eso hay que añadir mi proyecto para España, reconocido por Chirac ante las Cortes en Madrid. Dada la propia evolución de la situación de nuestro país, los españoles ya no necesitábamos hacer consultas ni visitas a la hora de tomar una decisión.

Fue entonces cuando llegó el aniversario del Tratado del Elíseo, firmado por De Gaulle y Adenauer el 22 de enero de 1963. Los gobiernos francés y alemán organizaron una conmemoración estrictamente bilateral, sin invitar a ninguno de los socios europeos. En el resto de Europa cundió la sensación, previsible, de que los demás países habían sido apartados de la conmemoración, y que aquel aniversario marcaba la renovación de un eje franco-alemán excluyente y exclusivo. Bien es verdad que el recelo no estaba del todo justificado, y cada vez cundía más la sensación de que para entonces el eje franco-alemán había dejado de ser un motor de la construcción de Europa para convertirse en algo más parecido a un compromiso de apoyos recíprocos. Poco después se celebró una reunión en la que Chirac, por parte de Francia, y Schröder, por parte de Alemania, afirmaron que no respaldaban las decisiones que Estados Unidos había tomado en la cuestión de Irak. También subrayaron que esa posición, adoptada por sus dos países, era la decisión del conjunto de Europa. No era así. Para los demás países europeos, aquélla no era la decisión de Europa ni de la Unión Europea. Era la decisión, muy respetable como no podía ser menos, de Francia y de Alemania.

Así es como lo que iba a ser un artículo que me había pedido *The Wall Street Journal* para el 30 de enero de 2003 acabó convirtiéndose en la Carta de los Ocho. La Carta de los Ocho reconoce la importancia de Francia y de Alemania, así como la legitimidad de su decisión ante la intervención en Irak, pero también precisa que Europa es algo más grande y más plural, y que ni Francia ni Alemania pueden hablar en nombre de Europa. Además de un documento de apoyo a la intervención en Irak y la expresión de nuestra convicción acerca de la necesidad de defender los valores atlánticos de democracia y libertad, la Carta de los Ocho fue una respuesta a una actitud unilateral por parte de Francia y Alemania. En un primer momento la firmamos ocho jefes de Estado o de Gobierno de otros tantos países de la Unión Europea, aunque al final los firmantes fuimos dieciocho. La reacción de Chirac fue inmediata: mandó callar, literalmente, a los países europeos que no pensaban lo mismo que él.

Estas divergencias no afectaron a las relaciones bilaterales, porque entre Francia y España, como ya he dicho, las relaciones son demasiado intensas y profundas como para verse afectadas por diferencias estrictamente políticas, pero sí acabaron trasladándose a las relaciones personales. El 26 de febrero de 2003 celebramos un almuerzo en el Palacio del Elíseo que no resultó ni sosegado ni agradable. Chirac y yo expusimos nuestros respectivos puntos de vista con franqueza. Él habló de una supuesta «Europa europea» contraponiéndola a la «Europa atlántica» e insinuando un posible desgajamiento interno de Europa si no prevalecían sus tesis. Para mí era una hipótesis sin fundamento, porque no hay ni puede haber oposición entre la «Europa europea» y la «Europa atlántica». De hecho, la única Europa posible es la del vínculo atlántico, y como le hice observar, los dos estábamos hablando allí gracias a la existencia de esa Europa europea y atlántica a la vez.

En septiembre de ese mismo año, invité a Chirac a la finca de Quintos de Mora, en Toledo, con la intención de volver a nuestra colaboración de primera hora. A Chirac, como no podía ser menos, le agradó la finca y supo apreciar el extraordinario silencio que reina allí. Pudimos comprobar que había muchas cosas en las que teníamos intereses comunes y muchas otras en las que estábamos de acuerdo. También hablamos de los años que llevábamos trabajando juntos. Los dos pensábamos que era importante y conveniente realizar un esfuerzo para superar nuestras diferencias. Aun así, volvimos a expresar nuestras discrepancias acerca de las comunicaciones entre Francia y la península Ibérica, porque por parte de Francia se seguían incumpliendo compromisos adquiridos en materia de interconexiones. En cuanto a la política internacional, en mi opinión Chirac se mostraba demasiado contemporizador con elementos que planteaban y siguen planteando amenazas y riesgos considerables a nuestra seguridad. Lamento profundamente no haber podido llegar a reanudar la buena relación que antes me había unido a Jacques Chirac y que proporcionó frutos muy positivos a nuestros dos países.

Aun así, guardo para Jacques Chirac un afecto especial, forjado en muchos años de trabajo compartido y en muchos buenos momentos de colaboración que se plasmaron en decisiones fructíferas para nuestros dos países. Él mismo tuvo la amabilidad de invitarme al Congreso de fundación del nuevo partido de centro derecha francés, la UMP, que se celebró cerca de París, en Le Bourget. Allí tuve la satisfacción de comprobar que el Partido Popular se había convertido en un ejemplo para nuestros vecinos europeos Una vez más, encontré allí a Nicolas Sarkozy. En su apoyo grabé un vídeo que envié a otro Congreso en el que Sarkozy fue elegido Presidente de la UMP. Le expresé mi amistad y la seguridad de que la UMP encontrará en él un gran líder y sabrá dotarla de un excelente programa de gobierno. Nicolas Sarkozy es un hombre de grandes cualidades, al que los franceses ya aprecian rápida y crecientemente.

# Vladímir Putin

Vladímir Putin visitó Madrid los días 13 y 14 de junio del año 2000. Venía de Gran Bretaña y de Italia, y desde España salió para Alemania. En marzo de ese año se habían celebrado las elecciones en Rusia, y por tanto ése fue su primer viaje oficial al extranjero siendo Presidente de Rusia. Putin había sido Director del Consejo de Seguridad de Rusia y de los Servicios Federales de Seguridad. En agosto de 1999 fue nombrado Primer Ministro por Yeltsin hasta las elecciones de marzo de 2000, en que resultó elegido Presidente de la Federación Rusa. Por tanto, conocía desde dentro la situación de Rusia durante los años en los que Yeltsin estuvo en el poder. Esta etapa se caracterizó por la existencia de un sistema de partidos escasamente consolidados, un reparto del poder territorial difícil de controlar por parte de la autoridad central y una corrupción generalizada tanto en la esfera del poder político como en los centros de poder económico, debida en parte a la debilidad de la sociedad civil en Rusia. Rusia estaba pasando por un momento grave de precariedad institucional y desorden económico. Ésas fueron las circunstancias en las que Putin llegó al poder en las elecciones del 26 de marzo de 2000. Gozaba de un amplio respaldo social y parlamentario para emprender unas reformas económicas imprescindibles y consolidar las bases de un futuro Estado de Derecho.

Hasta aquel momento, yo no había tenido ninguna relación con Vladímir Putin. No lo conocía, aunque sabía que había desarrollado su carrera política en San Petersburgo, que sus orígenes políticos estaban en el KGB y que había estado destinado en la antigua República Democrática Alemana. Nos llamó mucho la atención que eligiera España como uno de los primeros países que visitaría en su primer viaje al extranjero. Era un signo importante en un dirigente que para entonces seguía siendo una incógnita.

Vladímir Putin es tan sólo un año mayor que yo. Pertenecemos a la misma generación y aunque desde perspectivas muy diferentes hemos tenido la ocasión de vivir las mismas experiencias históricas. Después de darle la bienvenida, y ya en el despacho oficial de La Moncloa, le expliqué que los servicios de la Presidencia me habían hecho llegar un informe en el que se afirmaba que mi interlocutor era un hombre frío, serio, que rara vez se reía, pero con el cual se podían llegar a acuerdos. Cuanto terminé, Putin se metió la mano en el bolsillo de la chaqueta, sacó un papel y me lo dio a leer. Le pedí que me lo tradujera, porque como es natural estaba escrito en ruso. Venía a decir que Aznar es un hombre frío, serio, que no se ríe fácilmente, pero con el que es posible llegar a un acuerdo. Evidentemente, después de aquel preámbulo el hielo estaba roto. Teníamos un primer objetivo común, que era desmentir a nuestros respectivos servicios de información, por lo menos en aquel punto. Quedaba por ver si éramos capaces de llegar a acuerdos. A partir de ahí surgió una relación respetuosa, que ha derivado hacia el afecto mutuo y que tuvo resultados muy positivos, tanto cuando fue necesario un contacto personal como cuando hemos debido recurrir —lo cual fue bastante frecuente— al contacto telefónico.

Por parte rusa, aquella visita estaba marcada por el interés de Putin en mejorar las relaciones con España. La presencia al frente del Ministerio de Asuntos Exteriores de Ígor Ivanov, que fue embajador de su país en España durante diez años, fue un hecho relevante. Pero lo era aún más que Putin hubiera comprendido que tenía una buena oportunidad en un país emergente y cada vez más ambicioso dentro de la Unión, como entonces era España. Por nuestra parte, aquella visita tenía un importante componente económico. España había llegado tarde a Rusia, las inversiones habían sido escasas y no se habían aprovechado las oportunidades que la transición rusa había abierto. A partir de ahí se hicieron algunos progresos, aunque la situación siguió siendo difícil, por las circunstancias de Rusia y por el carácter de las propias inversiones españolas, un poco reacias a veces a abrirse paso en circunstancias que les resultan tan ajenas. También nos interesaba mucho proporcionar a la relación entre España y Rusia una nueva estabilidad, algo que hasta entonces no se había conseguido en parte por el carácter imprevisible del Presidente Boris Yeltsin.

En cuanto a la propia Rusia, había que reconstruir una nación propiamente dicha. Cuando Putin llegó al poder, el desplome del Imperio soviético ya era un hecho histórico, pero no se podía descartar un posible hundimiento de la propia Rusia, tal vez acompañado incluso de una definitiva desarticulación territorial. Como toda la arquitectura institucional soviética se cimentaba en el Partido Comunista, el colapso del comunismo había traído aparejado el derrumbamiento del Estado. En Rusia, en los años noventa no hubo un Estado propiamente dicho y Putin se enfrentaba a la tarea de volver a construirlo de arriba abajo.

Durante los años de gobierno de Yeltsin, las instituciones, propiamente inexistentes, habían sido sustituidas por intereses económicos. La debilidad de los partidos políticos había hecho posible que una minoría ejerciese un poder casi arbitrario, que había favorecido a determinados grupos y personas. Rusia es un país acostumbrado a un poder central fuerte y se había abierto una nueva etapa en la que no se sabía si aquellos poderes económicos, muchos de ellos nacidos del tronco del antiguo régimen, lograrían imponerse al Presidente recién elegido, que llegaba con ideas al parecer nuevas. A todo eso hay que añadir la sensación de fracaso inducida por la derrota sufrida por el comunismo y por la Unión Soviética. Rusia, el centro del antiguo imperio, uno de los grandes países de la historia del mundo, una cultura por sí misma, tenía que encontrar un nuevo camino, un sentido nuevo a su historia.

La historia de Rusia es una historia trágica. La capacidad de diálogo y de consenso ha sido muchas veces escasa, y cuando ha existido, casi siempre ha acabado pulverizada por unas autoridades respetadas únicamente por la fuerza que eran capaces de ejercer. Se entendía que las primeras decisiones de Putin se encaminaran a afianzar los elementos de poder de la Presidencia siempre y cuando, claro está, el rumbo de la acción fuera el de la reconstrucción de la estabilidad institucional. Así fue como yo le hablé en aquella primera entrevista. Por la conversación que siguió deduje que Putin era un hombre sobre todo pragmático, que mantenía unas ideas de transformación y modernización de Rusia y que si bien hubiera preferido una circunstancia distinta, menos dolorosa para el orgullo nacional ruso, había asumido aquella en la que le había tocado ejercer el poder. Ante la evolución de la situación en Europa, y en particular ante la alianza atlántica, era muy probable que Vladímir Putin tuviera que manifestar una posición un poco distinta a la que le interesaba, que era llegar a acuerdos con los antiguos adversarios, ahora aliados, y cada vez más numerosos. En cualquier caso, mi conclusión después de aquella primera conversación fue que Putin conocía muy bien su país y la situación internacional, que estaba decidido a introducir reformas, que tenía un proyecto firme y, definitivamente, que era un interlocutor con el que era posible llegar a acuerdos.

Visité Moscú en mayo de 2001, algo menos de un año después de la visita de Putin a Madrid. En las reuniones que mantuvimos, Putin se ratificó en su deseo de dirigir a Rusia en la dirección de Occidente, en su intención de intensificar las relaciones con Europa y transformar Rusia en un país estable, con una economía de mercado. También hablamos largamente de los problemas derivados de la ampliación de la Unión Europea y de la OTAN, así como de la lucha antiterrorista. Siempre mantuve con él una actitud comprometida en este último asunto, algo que Putin me agradeció. Diferíamos en numerosas cuestiones, pero en cuanto a la lucha antiterrorista siempre le di a entender que yo comprendía la situación como pocos lo podían hacer en el mundo, porque los problemas a los que se enfrenta Putin son, en cierta medida, similares a los que nosotros mismos hemos padecido a diario durante muchos años.

En aquella visita nos ayudó de forma decisiva. Nosotros estábamos muy interesados en abrir una sede del Instituto Cervantes en Moscú. Tradicionalmente, los rusos se han sentido atraídos e incluso a veces identificados con la cultura española. Sabíamos que en Rusia hay una gran demanda para la enseñanza de la lengua española y Moscú es sin duda una de las capitales del mundo que mejor se prestan a la función de formación y divulgación de la cultura española que ha de tener el Instituto Cervantes. Sin embargo, hasta entonces nos habíamos enfrentado a problemas burocráticos y fiscales que impedían cualquier avance en este asunto. Cuando se los expuse, Putin, comprendiendo la lógica de mi argumentación, me dijo que el Instituto Cervantes tendría su sede en Moscú, que la decisión era irrevocable, que se abriría en los términos en los que yo se lo había planteado y, para que no hubiera ninguna clase de dudas al respecto, insistió en anunciar la noticia en la rueda de prensa que iba a producirse a continuación. Así lo hizo, efectivamente.

Poco tiempo después visitó España George W. Bush, recién elegido Presidente de Estados Unidos. Nunca hasta entonces un Presidente de Estados Unidos había elegido España como primer destino en su primer viaje fuera de su país. Lo invité a Quintos de Mora y hablamos largamente de las cuestiones de seguridad. Todavía no se habían producido los ataques del

11 de septiembre, pero ya entonces Bush se mostró firmemente determinado a apoyar a España en la lucha antiterrorista. Después comentamos la situación en Oriente Medio y acabamos hablando de Putin. El motivo era que Bush y Putin se iban a reunir en Eslovenia en los días siguientes. Yo le comuniqué a Bush mis impresiones acerca de Putin. Le hablé de su mirada lejana y a veces fría, de su carácter reservado, de su actitud correosa, pero también le dije que tenía la impresión de que con Putin, tal y como se me había informado, era posible llegar a acuerdos. Estados Unidos y Rusia seguían discutiendo si el nuevo sistema de Defensa Nacional Antimisiles proyectado por los norteamericanos vulneraba el antiguo Tratado de Misiles Antibalísticos (ABM). Eran unos momentos delicados y Bush me agradeció que le comentase aquellos detalles. Más aún, me dijo que me telefonearía para comentarme lo ocurrido. Para mi sorpresa, a los pocos días Bush me llamó por teléfono para corroborarme la utilidad de las impresiones que yo le había transmitido y confirmar que, efectivamente, Putin parecía un hombre de fiar.

El 28 de mayo de 2002, con España ocupando la Presidencia de la Unión Europea, celebramos en Roma una Cumbre OTAN-Rusia, que iba a ser seguida de otra reunión en Moscú, esta vez de Rusia y la Unión Europea. En Roma, Putin me invitó a viajar a Rusia con él, y efectivamente tomamos juntos el avión oficial del Presidente ruso que nos llevó a Moscú. Putin me invitó a su casa, una dacha en las afueras de Moscú, en el complejo de las antiguas residencias de la nomenclatura soviética. El avión oficial del Presidente de la Federación Rusa hace honor a su nombre y está decorado de una forma espectacular. En la casa de Putin, en cambio, pasé un día con lo que podía ser una familia de cualquier país del mundo. Su esposa preparó la comida, propiamente rusa, eso sí. Cenamos en la cocina con sus dos hijas, recogimos la mesa entre todos y luego estuvimos hablando un buen rato delante de la chimenea, bebiendo un vino excelente. Al día siguiente, temprano, hicimos nuestros respectivos ejercicios. Putin es un gran jinete, aunque yo prefiero estar pie a tierra. Volvimos a tratar la relación entre la Unión Europea y Rusia mientras dábamos un paseo por los alrededores. No comprendía que no me presentara a las elecciones y, sinceramente, tengo la impresión de que hubiera deseado que continuara.

Putin me llamó el 15 de marzo de 2004 para solidarizarse por los atentados, y también para lamentar la influencia de los ataques de Madrid en las elecciones. Para Putin, aquellos hechos abrieron al terrorismo una posibilidad nueva, con repercusiones hasta entonces desconocidas en todos los países democráticos, y más que en ningún otro en Rusia. Me invitó a ir a San Petersburgo, y aunque no pude aceptar la invitación, más tarde visité Moscú y tuvo la deferencia de recibirme en el Kremlin y hacerlo públicamente, ante la prensa, algo que yo no esperaba ni, por supuesto, había pedido.

El poder de Putin ha seguido aumentando y consolidándose desde la primera vez que nos vimos. La economía rusa está mejorando y se han empezado a normalizar las relaciones con China. Aun así, Rusia se enfrenta a problemas gigantescos, y no sólo en Chechenia sino también en el Este. Su posición frente al terrorismo siempre ha sido extremadamente firme. Hay muchas interpretaciones acerca del porqué de esta firmeza. Hay quien dice que Putin es sincero; hay quien dice que la causa radica en el separatismo checheno. También se habla del nacionalismo de Vladímir Putin, que sin duda alguna siente como propias las pruebas a las que se ha visto sometido su país. Me sentí muy próximo a él cuando los terribles sucesos de Beslam y me alegré de que Putin fuera capaz de superar las dificultades que muchos le auguraron entonces. Así lo expresé públicamente. No estuve de acuerdo con la declaración oficial de la Unión Europea que formulaba tantos reproches al Gobierno ruso como a los terroristas. Estoy convencido de que hay que ser muy pruden-

te a la hora de valorar algunas de las decisiones políticas que
ha tomado Vladímir Putin. No hay que olvidar nunca que es
vital que en Rusia exista un poder central fuerte y que Rusia,
por muy lejanas en el tiempo que ahora parezcan algunas situaciones, dista mucho de poseer un régimen político homologa-
ble a los de las democracias occidentales.

# Lionel Jospin

En 1997, el centro derecha francés tenía la mayoría absoluta —y más que absoluta, abrumadora— en el Parlamento. Jacques Chirac era Presidente de la República y Alain Juppé Primer Ministro. En las elecciones legislativas se había producido una auténtica catástrofe del Partido Socialista Francés, y la diferencia entre el centro derecha y la izquierda superaba los doscientos escaños. En esa circunstancia, y sin una crisis que justificara la decisión, Jacques Chirac convocó nuevas elecciones. Ante la sorpresa general, disolvió las Cámaras, aunque en general todo el mundo pensaba que el partido de Chirac volvería a ganar las elecciones. La sorpresa primera se mudó en estupor cuando el centro derecha perdió en la primera vuelta la mayoría de la que había disfrutado.

Muy poco después se celebró un Consejo Europeo en Ostende y le pregunté a Chirac no lo que había pasado, sino lo que podía pasar en la segunda vuelta de las elecciones. Chirac me dijo con gran rotundidad que su partido había cometido algunos errores, pero que a partir de ahí los franceses reaccionarían y el centro derecha ganaría las elecciones. El hecho es que no ocurrió así. Lo que era una mayoría absoluta abrumadora dejó paso a una nueva cohabitación, con un Presidente de la República de derechas y una mayoría parlamentaria de izquierdas. Así es como volvió al poder la izquierda con una coalición de socialistas, comunistas y ecologistas.

En Europa y particularmente en España, la llegada al poder del nuevo Gobierno suscitó la incertidumbre lógica, no solamente por ser Francia nuestro vecino más importante, sino también por la relevancia y la complejidad de las cuestiones bilaterales, en particular de la lucha antiterrorista. Como era un Gobierno evidentemente ideologizado, nos producía un cierto recelo que las relaciones entre nuestros dos países pudieran teñirse de ideología e incluso de propaganda. En pocas palabras, sentíamos algo de desconfianza ante la posibilidad de que el Gobierno de «izquierda plural», como se denominaba a sí mismo, hiciera más ideología que gobierno.

Por su parte, Jospin es un socialista convencido, de los que no creen en «terceras vías». En su juventud militó en la extrema izquierda, más precisamente en el trotskismo. Luego siempre se ha mantenido leal a un socialismo clásico, un intervencionismo guiado por unas fuertes convicciones morales acerca del papel del Estado en el progreso del conjunto de la sociedad. No se le podría definir exactamente como pronorteamericano y siempre ha mantenido serias reservas ante la globalización.

Pues bien, desde el primer día mi trato con Jospin fue sumamente respetuoso. Manteníamos nuestras respectivas opiniones, francamente opuestas en muchas ocasiones, pero prevaleció la relación de gobierno y los intereses nacionales, como ocurre siempre con mis homólogos con sentido común. Muy pronto superamos los prejuicios que cada uno tenía con respecto al otro, cada uno reconoció las posiciones ajenas y se estableció un respeto profundo y una excelente disposición para colaborar y sacar adelante los asuntos que afectaban a nuestros dos países.

Lionel Jospin actúa con rigor, con seriedad, sin veleidades ni caprichos. Todos los acuerdos a los que ha llegado conmigo los ha cumplido. Todos. Con Jospin se puede llegar a un trato sabiendo que una vez adoptada la decisión la respetará. Tiene un profundo sentido de la dignidad personal. Así lo demostró más tarde, cuando perdió las elecciones presidenciales francesas y dimitió de todos los cargos en su partido. Entonces le escribí una carta particular de reconocimiento, que me agradeció. Le invité a visitar España cuando quisiera, y cuando yo dejé el Gobierno, él también envió una carta manuscrita, con un tono de simpatía que le agradezco profundamente.

En cuanto a la cuestión europea, compartimos numerosas cumbres bilaterales, en La Rochelle, en Perpiñán y en Salamanca. Teníamos algunos puntos en común, pero también discrepancias sustanciales. Para él, los elementos proteccionistas eran fundamentales. Jospin encarnaba bien una cierta idea estatalista de su propio país, a mi entender más amedrentada de lo que la teatralidad del gesto deja suponer. Jospin era partidario de poner en marcha medidas cada vez más importantes de supuesta protección social, y aunque yo le repetía que la mejor protección es la creación de empleo, siempre sintió una profunda desconfianza ante los mecanismos del mercado para generar empleo y prosperidad. Fue el Gobierno de Jospin, por ejemplo, el que puso en marcha una medida como la de las 35 horas de trabajo semanales. Por eso resultaba muy difícil avanzar en las cuestiones de liberalización de la economía o en las de apertura comercial. También manteníamos convicciones muy distintas en relación con los impuestos y el control del gasto público. En este punto la discrepancia se agravaba porque la puesta en práctica de nuestras ideas en España estaba generando un gran éxito, mientras que no ocurría lo mismo con las ideas socialistas en la Francia de Jospin.

Ahora bien, todas estas convicciones se referían a cuestiones políticas internas, y aunque en algunas ocasiones tenían repercusiones en la política europea, no enturbiaron nunca la relación entre Francia y España. En un terreno tan delicado y tan importante para nosotros como es la lucha contra el terrorismo, la posición de Lionel Jospin y de su Gobierno fue muy clara, sin ambigüedades de ninguna clase. Los ministros de Interior, Jean-Pierre Chevènement y Daniel Vaillant, mostraron una excelente disposición para la colaboración.

En esos años tuvimos que afrontar algunas negociaciones de gran calado. La primera fue la creación de la empresa EADS, la compañía aeronáutica y espacial europea, que requirió un trabajo largo y prolijo. También afrontamos las negociaciones del Tratado de Niza, que trato en otros capítulos. Jospin me solía decir que estaba seguro de que en estas reuniones yo siempre acabaría fumando un gran puro, un puro excelente, pero que mantendría una buena disposición para negociar. Yo ayudé en todo lo que pude en aquellas reuniones. A la complejidad del asunto se añadía la dificultad de la cohabitación. No es lo mismo tratar con el Presidente de la República cuando el Gobierno pertenece a su mismo partido, que hablar con ese mismo Presidente cuando el Primer Ministro pertenece a otro grupo político. Las ideas y los objetivos no siempre coinciden. En cualquier caso, las expectativas españolas se cumplieron. Nunca España había tenido tanta capacidad de influencia en la Unión Europea.

Afrontamos otra negociación compleja durante la Presidencia española de la Unión, en 2002, cuando estaban convocadas en Francia elecciones parlamentarias y presidenciales. La situación era especialmente delicada porque nuestros dos interlocutores eran también los dos principales candidatos a la Presidencia de la República. En cuanto a los aspectos de la liberalización, siempre les dije a los dos que lo mejor que podíamos hacer era trabajar con lealtad. Yo no quería crear problemas ni a Francia ni a ninguno de ellos. Al final alcanzamos unos acuerdos razonables en la liberalización del sector eléctrico. Yo me había mostrado crítico con la posición francesa, que consiste en reservar para el sector público un espacio muy importante a salvo de la competencia. Tony Blair compartía mis puntos de vista y también era partidario de introducir elementos de liberalización.

A pesar de todo, nuestra relación llegó a ser tan fluida que tuve especial empeño en invitarle a él y a su esposa Sylviane Agacinsky, una brillante intelectual, a pasar un fin de semana en Quintos de Mora. Los acompañamos a visitar Toledo, que les gustó mucho. Quizá lo más importante fue que los dos matrimonios tuvimos la ocasión de conocernos. Era una buena oportunidad porque Lionel Jospin y Sylviane Agacinsky forman una pareja muy francesa y muy de izquierdas, y nosotros somos bastante distintos. Fueron unos días muy gratos, en los que compartimos paseos y confidencias. Lionel Jospin es un hombre culto y como conoce mi afición por la poesía —yo mismo le había pedido consejo al respecto— me regaló algunas antologías de poesía francesa espléndidas. Vino a visitar Arco, en Madrid, cuando Francia fue la protagonista de la Feria.

El resultado de las elecciones presidenciales de 2002, cuando Jospin tuvo que retirarse tras la primera vuelta con un resultado menor que el obtenido por Jean Marie Le Pen, arrinconó el proyecto de la izquierda plural. Para Jospin, el resultado de las elecciones presidenciales fue un golpe muy duro, pero estoy convencido de que es bueno que la voz de Jospin se siga escuchando en Francia y en la Unión Europea. Es una presencia importante, reflexiva y digna de ser tenida en cuenta.

# António Guterres

António Guterres ganó las elecciones que le llevaron a ocupar la Presidencia del Consejo de Ministros portugués el 1 de octubre de 1995, unos meses antes de que se celebraran las elecciones en las que el Partido Popular alcanzó el poder en España. António Guterres era un líder nuevo que provenía de los sectores más moderados, católicos, del socialismo portugués. Desde el momento en que empezamos a conocernos, se produjo entre los dos una excelente sintonía personal que más tarde se tradujo en varias decisiones políticas importantes. Los dos éramos decididos partidarios de fortalecer las relaciones entre España y Portugal, y trabajar para superar recelos históricos. La realidad de unos países que han estado espalda contra espalda durante mucho tiempo nunca había tenido sentido, menos aún desde que los dos habíamos entrado en la Unión Europea. En consecuencia, había que afrontar las relaciones de una manera distinta. Ambos estábamos convencidos de que aquel proyecto iba a ser beneficioso para nuestros dos países y eso facilitó mucho la relación personal y política.

Por otra parte, pronto nuestras dos familias empezaron a conocerse y a apreciarse. Desde el primer momento acordamos que la familia de António Guterres vendría a España una vez al año y que nosotros iríamos a Portugal con la misma regularidad. Guterres es un hombre muy familiar. Entonces estaba casado con Luisa, una mujer sumamente inteligente y que le fue de gran ayuda en su carrera. Desgraciadamente, por entonces estaba enferma. Guterres sufrió mucho con la enfermedad y el posterior fallecimiento de su mujer y yo viví aquellos momentos tan difíciles muy cerca del que ya para entonces consideraba mi amigo.

Nuestra primera visita a Portugal fue un viaje de un fin de semana organizado por él mismo y su mujer al Alentejo, al margen de cualquier acto oficial. Era una región que me interesaba y que no conocía. Visitamos Elvas y Évora, dos ciudades muy hermosas. Fue la última vez en que estuvimos juntos con António Guterres y su mujer, que empeoró a partir de aquel momento. Recuerdo con mucho cariño aquel viaje lleno de descubrimientos y emociones.

También hubo momentos divertidos, uno en particular, revelador de lo complicadas que resultan a veces las relaciones entre España y Portugal. António Guterres nos llevó a visitar una finca en el Alentejo donde estaban llevando a cabo un proyecto de recuperación de la cría caballar portuguesa. Era un sitio espléndido, con unas instalaciones magníficas y un gran equipo, muy bien preparado. Ahora bien, había cundido una polémica en los medios de comunicación porque al ministro de Agricultura de Portugal no se le había ocurrido otra cosa —perfectamente lógica, por otra parte— que llevar sementales jerezanos, de pura raza, para cubrir las yeguas portuguesas. A António Guterres, la discusión le hacía mucha gracia, como a mí, y la única pregunta que me permití hacer fue si los caballos jerezanos habían hecho bien su trabajo. Como me contestaron afirmativamente, me di por satisfecho en mi orgullo ibérico, por parte española.

En otra ocasión, António Guterres nos invitó a remontar el Duero en barco desde Porto. Nos embarcamos, recorrimos las riberas portuguesas del Duero, paramos en una casa rural espléndida situada sobre una curva del río, visitamos algunas de las casas que tienen allí las principales bodegas de Porto y vimos cómo se están desarrollando las grandes laderas del río, cubiertas de viñedos. No sólo probamos el Oporto, sino también el vino del Douro portugués, un vino que cada vez está cobrando más fama, bien merecida, como el del Alentejo. Ese viaje me permitió conocer las grandes esclusas que tiene el río Duero para regular el caudal y posibilitar la navegación. Constituyen una obra gigantesca que data de la etapa salazarista; hoy, por razones medioambientales, serían imposibles de construir.

En aquel viaje nos acompañó la hermana de António Guterres, Teresa, y la hija de António, Mariana. Teresa es una gran mujer, que se hizo cargo de Mariana desde que faltó su madre. Nos hicimos unas fotografías con unas vistas maravillosas sobre el Duero y luego algunas revistas, al publicarlas, comentaron que Teresa era hermana de mi mujer Ana y que mantenía una relación sentimental con António Guterres. Se habían imaginado que Guterres estaba haciendo la presentación, poco menos que clandestina, de su novia. Por desgracia, la excursión quedó interrumpida por la noticia trágica de un atentado terrorista en España.

António Guterres también nos invitó a visitar Madeira porque sabía que Ana y yo habíamos pasado nuestro viaje de bodas allí y no habíamos vuelto desde entonces. António Guterres nos acompañó y nos enseñó la isla con un cariño y una atención propios de él, y también muy propiamente portuguesa. Es un viajero empedernido, y todos los años prepara un gran viaje con una minuciosidad tal que sospecho que disfruta tanto con la preparación como luego con la jornada.

Por nuestra parte, Guterres solía venir con su hija y con su hermana Teresa a Baleares. Solíamos pasar algunos días navegando por el Mediterráneo, invitados por Abel Matutes, que ejercía de anfitrión. António Guterres conoce muy bien España, habla un español impecable y lo que más le interesaba era precisamente navegar y descansar en el barco. En una ocasión mi hijo Alonso, que entonces tendría unos doce años, intervino en una conversación en la que habíamos desplegado sobre la mesa un mapa de la península Ibérica. Alonso se acercó, miró el mapa y dijo lo que pensaba con total sinceridad: «La verdad es que cuando miro el mapa no entiendo por qué Portugal no es España.» Al principio nos quedamos un poco sorprendidos, pronto empezamos a reír y después de que yo le reprochara un poco la insolencia, António Guterres le explicó a grandes rasgos la historia de los dos países. Alonso, que es bastante testarudo, no se volvió atrás y al parecer no quedó muy convencido ni de mi reconvención ni de las explicaciones de António.

Recuerdo también varias visitas a Estoril y Cascaes, así como al Algarve, donde celebramos una Cumbre especialmente importante a la que luego me referiré. En España realizamos una en Salamanca y otra en Galicia.

António Guterres y yo partíamos de la siguiente idea: la historia de nuestros dos países es un hecho que nadie puede cambiar, pero sí que podemos, si nos lo proponemos, establecer una relación nueva. La pertenencia a la Unión Europea había variado la situación y era absurdo que se siguieran produciendo determinados desajustes. Por ejemplo, en aquel entonces España y Portugal no estaban conectados por autopista en ningún punto de la frontera, por lo que impulsamos un programa de desarrollo de infraestructuras para superar una deficiencia tan palmaria. Junto con António Guterres inauguramos tres conexiones por autopista entre España y Portugal, una en Galicia —la de Porto a Galicia—, otra en Extremadura —por Badajoz— y la tercera la del Algarve y Huelva por Ayamonte. También se empezaron a desarrollar otras dos conexiones.

Gracias a esas iniciativas la zona ha iniciado un desarrollo consistente y españoles y portugueses se mueven en un espacio común, para el cual la existencia de la frontera no es un obstáculo. Españoles y portugueses compartimos el espacio geográfico de la península Ibérica. También compartimos un mercado común en la Unión Europea. Tenemos una moneda común. Siendo así, ¿cómo no vamos a tener un mercado único ibérico?

Jacques Chirac es un hombre más impetuoso que reflexivo, más vitalista que sosegado y, sobre eso, tiene un poderoso instinto para defender lo que considera sus intereses.

Cuando recibí a Vladímir Putin en La Moncloa, le expliqué que los servicios de la Presidencia me habían hecho llegar un informe en el que se afirmaba que era un hombre frío, serio, que rara vez se reía, pero con el cual se podía llegar a acuerdos.

Lionel Jospin actúa con rigor, con seriedad, sin veleidades ni caprichos. Todos los acuerdos a los que ha llegado conmigo los ha cumplido. Con Jospin se puede llegar a un trato sabiendo que una vez adoptada la decisión la respetará.

António Guterres era un líder nuevo que provenía de los sectores más moderados del socialismo portugués. Desde el momento en que empezamos a conocernos, se produjo entre los dos una excelente sintonía personal que más tarde se tradujo en varias decisiones políticas importantes.

Durão Barroso es un reformador, con visión de futuro e ideas firmes en cuanto a la vigencia de los Estados nacionales y a la necesidad de respetar la libertad individual para garantizar la prosperidad de los países de la Unión.

Rabin nació en Jerusalén y, después de la Guerra de los Seis Días, cuando las Fuerzas Armadas de Israel tomaron la Ciudad Vieja, él fue de los primeros en visitarla. Entonces pronunció un discurso en el monte Scopus en el que hizo un gran elogio del Ejército israelí y de la capacidad de sacrificio de los militares. Es un discurso que siempre me ha impresionado.

Hassan II no era un interlocutor fácil, pero era un hombre inteligente, con experiencia y muy consciente de las consecuencias de sus actos. En varias ocasiones durante estos últimos años me he acordado de él.

En el año 2001 Gadafi tuvo la ocasión de demostrar que, por muy ideologizado que estuviera su discurso y su régimen, y por mucho que le apasione el aparato escenográfico, sigue siendo un hombre pragmático. De ahí su condena rotunda de los ataques del 11 de septiembre. Estoy convencido de que Gadafi se dio cuenta aquel mismo día de que el mundo había cambiado y que también él tenía que cambiar.

Desde que Jatamí accedió a la Presidencia del Gobierno yo tenía interés en conocerlo. Me interesaba comprobar si la apertura que parecía prometer su llegada a la Presidencia tenía visos de convertirse en realidad. Estaba convencido de que no había que dejar pasar la oportunidad de explorar aquella posibilidad.

Cuando conocí a Menem me impresionó la claridad de sus planteamientos de reforma y la rotundidad con que me los expuso. Desde aquel día pensé que Carlos Menem sabía lo que quería y que sabía también cómo lo tenía que hacer al frente de su país.

Álvaro Uribe tiene carácter de luchador, una idea clara de lo que hay que hacer para combatir el terrorismo y el deseo de recuperar para las instituciones el apoyo y la confianza del pueblo colombiano.

Le dije a Castro que si estuviera en mi mano levantaba el embargo contra Cuba mañana mismo. Castro me contestó, literalmente, que él «necesitaba el embargo para esta generación y la siguiente».

Cuando fui por primera vez a México siendo ya Presidente del Gobierno, en el banquete oficial Zedillo pronunció un discurso extraordinario, con un fuerte compromiso hacia España y una propuesta concreta y articulada de colaboración de nuestros dos países, tanto en los asuntos americanos como en una dimensión global.

¿Cómo no íbamos a intentar aprovechar todo esto para colaborar y progresar juntos? Evidentemente, la dimensión económica española obliga a tratar el asunto con sensibilidad y con delicadeza, pero eso no debería impedir la colaboración.

Fue en la Cumbre del Algarve de 1998 donde tuvimos la oportunidad de abordar uno de los temas pendientes más importantes, que eran las cuestiones hidrológicas. Desde mucho tiempo habían constituido un problema entre España y Portugal. Siendo la geografía lo que es, siempre ha habido algún portugués que caía en la tentación de profetizar ante sus compatriotas que los españoles les iban a cortar el agua; del mismo modo, siempre ha habido algún español al que se le ha ocurrido la gran idea de proponer este recurso para presionar a los portugueses. En la Cumbre del Algarve dimos por cerradas estas excentricidades nocivas, llegamos a un acuerdo histórico y resolvimos definitivamente el problema hidrológico que se arrastraba desde hacía siglos entre España y Portugal. Constato con cierta melancolía que lo que pudimos resolver con Portugal no lo resolvimos, en cambio, en nuestro propio país.

Los intercambios económicos llegaron a un nivel extraordinario, hasta tal punto que Portugal se convirtió en uno de los principales socios de España. Resultó de gran importancia la Presidencia portuguesa de la Unión Europea, la Cumbre Iberoamericana que se celebró en Oporto, donde se produjo mi encuentro con Fidel Castro y recibimos la noticia de la detención de Pinochet en Londres. También pusimos en marcha la Agenda de Lisboa en la Cumbre celebrada el año 2000 en la capital portuguesa, una iniciativa de Blair y mía a la que Guterres, que mantenía posiciones reformistas, también se sumó.

Tuvimos algunas divergencias porque en algunas ocasiones los intereses de Portugal y de España en Europa no eran convergentes, pero siempre intentamos mantener una línea de apoyo mutuo cuando, como ocurría casi siempre, los intereses de cada uno no eran contrapuestos. Tan sólo recuerdo un momento delicado, cuando España se integra en la estructura militar de la OTAN. Portugal es un país atlántico por definición, con una gran historia atlántica y atlantista. Los portugueses sentían recelo de que tras nuestra integración en la estructura militar se desplazase a España la base de la OTAN que tienen en su territorio. Hubo algunos signos de desconfianza por parte portuguesa durante el nuevo reparto de mandos de la OTAN, lo que motivó una visita de António Guterres a Madrid durante la cual, después de algunos momentos de discusión sincera y abierta, resolvimos el asunto sin mayores problemas.

Curiosamente, en 1999 Guterres había sido elegido Presidente de la Internacional Socialista y yo fui elegido Presidente de la Internacional Demócrata de Centro, con lo cual dos amigos, uno español y otro portugués, nos encontramos presidiendo nuestras respectivas organizaciones internacionales.

António Guterres es un hombre culto, preparado, con un gran don de palabra, con un carácter amable y afectuoso. Se presentó a la reelección como Presidente del Gobierno en 2000. Fue reelegido, como se sabe, pero por muy pocos escaños no consiguió la mayoría absoluta. Desde el primer momento tuve la impresión de que aquello había supuesto una gran decepción personal para él. Guterres pensaba que todo lo realizado en Portugal justificaba un mayor margen de confianza por parte de los electores. En mi opinión, quedarse a tres escaños de la mayoría absoluta constituía un resultado magnífico y así se lo dije en múltiples ocasiones, recordándole cuál era nuestra situación en las Cortes entre 1996 y 2000. Sin embargo, allí empezó a cambiar algo muy profundo en la actitud de António Guterres. Apareció en su vida una nueva mujer, Catarina, inteligente y atractiva, que había sido secretaria de Estado de Cultura.

A consecuencia de todo eso, después de la derrota de su partido en las elecciones municipales de 2001, Guterres presentó su dimisión. Yo le insistí en que después de unas elecciones municipales un Presidente de Gobierno no dimite ni tiene por qué dimitir, pero me respondió que había cambiado la situación y que ya no le era posible seguir en la política. En aquel momento recordé la decepción que para él habían supuesto los resultados de las elecciones generales, su nueva situación personal, y tuve la sensación de que estaba buscando la manera de dar paso a una nueva etapa en su vida. Él sabe bien que le deseo la mejor suerte en esta segunda navegación.

# José Manuel Durão Barroso

José Manuel Durão Barroso, actual Presidente de la Comisión en la Unión Europea, es un buen amigo mío. Pertenecemos a la misma familia política ya que a pesar de que su partido se denomina Social Demócrata, tanto su formación como la mía se encuadran en el centro derecha reformista. La figura de Durão me interesó muy temprano y seguí muy de cerca sus actividades políticas en los momentos complicados, cuando en su partido reinaba una cierta inestabilidad y cuando, ya con Durão al frente, pasó unos cuantos años en la oposición, con su entonces rival António Guterres en el poder.

A pesar de su juventud —nació en 1956—, Durão tiene una larga historia en la vida política. Como dirigente estudiantil, militó en las filas más radicales de la izquierda portuguesa en los años setenta, para seguir luego una vía, compartida por muchos políticos de esos años, que le llevaría a unas posiciones liberal conservadoras muy lejanas a las que mantuvo de joven. Se adscribió al Partido Social Demócrata de Francisco de Sá Carneiro. Fue ministro de Asuntos Exteriores con Cavaco Silva en la Presidencia del Gobierno y por fin resultó elegido líder de su partido en 1999, con fuertes posibilidades de llegar a ser Primer Ministro, aunque todavía le quedaba mucho trabajo por delante.

Desde 1985 ha sido diputado en la Asamblea de la República por Lisboa, su ciudad natal, por la que siente un cariño que comparto con él desde la primera vez que la conocí. Hay pocas ciudades en el mundo tan hermosas, tan sugestivas como Lisboa. También es una ciudad orgullosa, abierta al océano Atlántico, consciente de su esplendor, capaz de mirar al futuro con confianza. Siempre me gusta comprobar cómo los lisboetas han ido modernizando su ciudad sin traicionar la sensibilidad de quienes construyeron a lo largo de muchos siglos ese escenario magnífico.

Nosotros ayudamos en la medida de nuestras posibilidades al partido de José Manuel Durão Barroso en el Partido Popular Europeo. Yo mismo renuncié a la vicepresidencia que me correspondía en el PPE para que la pudiera ocupar él, porque Durão Barroso entendía, no sin justificación, que los presidentes de Gobierno no debíamos ocupar cargos en el PPE, sino que éstos debían reservarse a los líderes de la oposición para darse a conocer desde allí. El Partido Popular Europeo aceptó la propuesta y desde entonces se convirtió en una regla que se ha aplicado sistemáticamente. Participé con mucho gusto en el Congreso de su partido que eligió a José Manuel Durão como candidato a la Presidencia del Gobierno. En buena medida, su programa electoral se inspiraba de las medidas de liberalización, austeridad, control del déficit y reducción de impuestos que el Partido Popular estaba aplicando con éxito en España. Yo me sentía identificado con la primacía que José Manuel Durão concedió en su campaña a los «valores del trabajo, la disciplina, el rigor, la competencia, la eficiencia y la búsqueda de la excelencia». Por fin, el 17 de noviembre de 2002 obtuvo la victoria política que se merecía.

Una vez en el Gobierno tuvo que enfrentarse a una economía estancada, con un déficit público considerable y problemas de productividad. El nuevo Gobierno tenía que acometer reformas estructurales muchas veces aplazadas e intentar acelerar la convergencia con las economías del resto de los países de la Unión Europea. A José Manuel Durão también le preocupaba la posición de su país en el mundo. Conoce bien la aportación de Portugal a la historia de Europa y cree que su país merece ocupar un puesto relevante en las relaciones internacionales. En cuanto a nosotros, y a pesar de mi confianza personal en Durão, estábamos a la expectativa para comprobar si la relación con nuestro partido hermano portugués iba a ser más o menos difícil que con el partido de António Guterres.

Lo cierto es que la relación resultó igualmente cómoda y, además de eso, extraordinariamente fructífera. Con José Manuel Durão adelantamos algunos asuntos muy importantes de infraestructuras y se iniciaron las conversaciones sobre las conexiones de alta velocidad entre Portugal y España, un proyecto al que los dos quisimos dar una gran importancia. En una rueda de prensa, Durão dio una lección de sentido común. Le preguntaron por dónde iban a ir los trenes de alta velocidad que conectarían Portugal con Francia y respondió que cogieran un mapa y que, a menos que alguien quisiera inventar el tren de alta velocidad marítimo, no había otro remedio que pasar por España.

Convinimos en continuar con las visitas familiares anuales en Portugal y en España que habíamos iniciado con Guterres. Mantuvo siempre, junto con su mujer María José, una actitud atenta y cordial con nosotros. Recuerdo muy especialmente la última cumbre que celebramos en Figueira da Foz, muy importante por los resultados que allí se consiguieron. Nos acompañó en una visita a la hermosa ciudad de Coimbra y otra al parque de Buçaco. Mantuvimos y profundizamos la misma política de colaboración que se había puesto en marcha previamente.

Con Durão jamás tuve ningún momento de dificultad, como no fuera en cuestiones de detalle, casi anecdóticas. Siempre trabajamos en un marco de confianza política sincera y profunda. Gracias a eso creamos el mercado ibérico de electricidad, un paso relevante en la intensificación de la cooperación entre nuestros dos países.

Un momento particularmente relevante en nuestra relación llegó con la Cumbre de las Azores. Yo había visitado las Azores invitado por António Guterres, con ocasión de una reunión bilateral que tuvo lugar allí por expreso deseo de Guterres y seguramente también porque el entonces ministro de Asuntos Exteriores de Portugal, Jaime Gama, había nacido en las islas.

Habiendo propuesto las islas Azores para celebrar la cumbre con Bush y con Blair, yo mismo llamé a José Manuel Durão para comunicarle la propuesta e invitarle a sumarse a la iniciativa. Me pidió algún tiempo para contestarme y al poco tiempo me llamó para informarme de que no ejercería sólo de anfitrión, sino que también se sumaría a los actos previstos. Durão asumió riesgos muy serios con aquel gesto, pero sabía bien lo que hacía. Cuando le interpelaron en el Parlamento, le preguntaron si se había sentido cómodo en nuestra compañía. Contestó, otra vez con ese sentido común que le caracteriza, que nunca se podría sentir incómodo en unas islas que son tierra portuguesa; con el principal vecino de su país, que es España; su principal aliado histórico, que es Gran Bretaña, y el principal socio desde el punto de vista de la seguridad y de la libertad de los portugueses, que es Estados Unidos.

Hoy en día fuerzas militares portuguesas participan en la reconstrucción de Irak y en la puesta en marcha de un régimen democrático. Durante la campaña electoral de 2005 el líder del Partido Socialista se comprometió a mantener el contingente portugués en Irak.

Durão estaba llevando a cabo un buen trabajo desde el Gobierno, y el esfuerzo estaba empezando a ser fructífero. Por eso me sorprendió mucho su decisión de dimitir de la Presidencia del Gobierno para ocupar la Presidencia de la Comisión Europea. Es verdad que se había llegado a un acuerdo en las instituciones europeas según el cual el partido que ganara las elecciones presentaría a un candidato a la Presidencia de la Comisión. Como ganó el Partido Popular Europeo, le tocaba a este partido buscar un candidato. Por otra parte, era difícil que no fuera un Primer Ministro, por el respaldo democrático que tiene el puesto, y eso acotaba considerablemente el margen de elección. Eso explica en parte la elección de Durão.

José Manuel Durão posee el suficiente prestigio, una carrera política prolongada y una línea de acción clara y consistente. Es verdad que llevaba sólo dos años en la Presidencia y dejar de ser Presidente después de dos años en el cargo constituye sin duda una decisión arriesgada. En lo personal es un reto muy importante. También lo es para Portugal, porque Durão es el primer Presidente portugués de la Comisión, en un momento en el que Europa ha emprendido una ampliación histórica.

Durão es un atlantista convencido y sabe que es necesario mantener, profundizar y ampliar el vínculo atlántico. También es un reformador, con visión de futuro e ideas firmes en cuanto a la vigencia de los Estados nacionales y a la necesidad de respetar la libertad individual para garantizar la prosperidad y el progreso de los países de la Unión. Espero que tenga un gran éxito en la Presidencia de la Comisión Europea.

Mi experiencia en las relaciones con los primeros ministros portugueses ha sido extraordinariamente positiva, un auténtico modelo de colaboración entre países soberanos, respetuosos el uno del otro, con identidades claras y diferenciadas, pero también con raíces e intereses comunes muy profundos. Los años en los que he trabajado con José Manuel Durão Barroso han contribuido a afianzar y mejorar una cooperación que habrá que seguir profundizando en el futuro.

# Yitzhak Rabin

Visité Israel en abril de 1995, pocos días antes de la Semana Santa. Era mi primer viaje a Jerusalén, y la primera visita a Tierra Santa resulta siempre emotiva, sea cual sea la religión que uno profese. A mí, que soy cristiano, me impresionó muy profundamente. Fue una visita especial, tanto desde un punto de vista personal, desde un punto de vista familiar —porque fui con Ana, mi mujer— y desde un punto de vista espiritual. También tenía, evidentemente, una dimensión política, siendo yo como era el jefe de la oposición.

Jerusalén fue proclamada capital de Israel en 1950, y aunque las embajadas de los países extranjeros siguen estando en Tel-Aviv, las oficinas del Gobierno israelí se encuentran en Jerusalén. Los judíos siempre han considerado Jerusalén su capital. También la reivindican los palestinos, y los cristianos, en particular la Iglesia católica, manifestaron hace mucho tiempo su posición de que Jerusalén debe tener un estatuto especial. Ariel Sharon, por su parte, siempre ha recibido a sus huéspedes extranjeros proclamando ante un micrófono: «¡Bienvenidos a Jerusalén, capital eterna del Estado de Israel!» Rabin nació en Jerusalén y después de la Guerra de los Seis Días, cuando las Fuerzas Armadas de Israel tomaron la Ciudad Vieja, él fue de los primeros en visitarla. Entonces pronunció un discurso en el monte Scopus en el que hizo un gran elogio del Ejército israelí y de la capacidad de sacrificio de los militares. También habló de cómo cualquier victoria, incluso la más merecida, está irremediablemente enturbiada por el recuerdo de los que han caído, en un bando y en otro. Es un discurso que siempre me ha impresionado.

Uno de los primeros dirigentes que me recibió fue Shimon Peres, que por entonces era ministro de Asuntos Exteriores, un hombre bien conocido y respetado, influyente, con un gran conocimiento del mundo, de trato amable y refinado. Disfrutaba de la conversación y de la reflexión, quizá más que de la decisión, aunque tenía una vocación de poder bien clara y decidida. Los medios de comunicación occidental, y en general la opinión pública europea, ha tendido a clasificar tradicionalmente a los políticos israelíes en «palomas» y «halcones», según su disposición a la negociación o a la acción. En esta escala, Peres suele estar clasificado entre las «palomas» y tiene fama de hombre proclive al diálogo y a la búsqueda de soluciones consensuadas. Es posible que así sea, pero siempre he tenido la impresión de que en la política israelí no hay «halcones» y «palomas». Sólo hay «halcones», y la diferencia se reduce a la altura y a la velocidad del vuelo. Shimon Peres era y sigue siendo la cara amable de la política israelí. Solía estar en todos los foros, en todos los encuentros donde pudiera surgir el menor asomo de una discusión conducente a entablar un diálogo y una solución pactada al conflicto. Acudía como ministro de Asuntos Exteriores, como líder del Partido Laborista o simplemente como lo que es por sí mismo, uno de los hombres más relevantes de la vida pública israelí. Ahora bien, Shimon Peres está cortado por el mismo patrón que los demás políticos israelíes. Todos han sido militares, todos han luchado por la supervivencia de su país, todos tienen una experiencia directa del combate y todos han crecido en un país asediado, han hecho y han sufrido la guerra y tienen mentalidad de supervivientes y resistentes. Y eso, evidentemente, deja huella y crea carácter.

El Ministerio de Asuntos Exteriores estaba instalado en un edificio compuesto de barracones que a primera vista se podían haber tomado por instalaciones militares. No parecía haber un edificio propiamente dedicado a la sede del Ministerio. Eran unos barracones grandes, espaciosos y probablemente estarían instalados allí antes de que el Ministerio de Asuntos Exteriores se asentara en ellos. El ambiente era marcadamente militar. Yo había conocido a Shamir en París y siempre he recordado, en alusión a la distinción entre «halcones» y «palomas», que la paz con Egipto fue negociada y firmada por Menahem Begin, entonces jefe del Likud y líder de una de las facciones más radicales de la vida política israelí. A la Conferencia de Paz que se celebró en Madrid después de la Guerra del Golfo, en 1991, asistió Yitzhak Shamir. En cambio, fue Rabin quien firmó los Acuerdos de Oslo de 1993.

Rabin, entonces Primer Ministro, me recibió en la sede de la Presidencia del Gobierno. También se trata de un edificio muy sobrio y sumamente austero. Se entraba en el mismo coche hasta el interior del edificio, sin duda por razones de seguridad, y se subía a la primera planta, donde estaba instalado el despacho oficial, sin ningún lujo ni apenas detalles decorativos. Rabin, que había sido reelegido para su cargo en 1992, salió a recibirme a la entrada, cruzamos la secretaría y me invitó a entrar en su despacho. El despacho del Primer Ministro de Israel era pequeño y muy sencillo, con unos sofás nada lujosos, una mesa de trabajo espartana y en la pared, como única decoración, un mapa grande de Israel con la bandera nacional. Rabin no era un hombre expresivo ni en su rostro ni en sus gestos. Al contrario, presentaba un ademán duro y se le notaba la formación militar. Se veía que había sido un militar profesional durante más de veinte años. La condición militar de Rabin era aún más patente que la de Shamir, la de Netanyahu, Peres, Barak y Sharon. No he conocido a ningún político con un carácter tan profundamente militar como Rabin, salvo quizá Ezer Weizman, Presidente de Israel entre 1993 y 2000 y procedente del Ejército del Aire.

Rabin también era un hombre de gran prestigio en su país,

aunque algunas de sus decisiones suscitaban una gran controversia, como los famosos acuerdos de paz por territorios. A pesar de un principio prometedor, la Conferencia de Madrid, a la que había asistido el propio Shamir, no produjo los efectos que se esperaban de ella, aunque el proceso que se abrió allí condujo a los Acuerdos de Oslo firmados en 1993. Por los Acuerdos de Oslo le fue concedido a Rabin el Premio Nobel de la Paz de 1994, junto a Shimon Peres y Yasser Arafat. Con Oslo terminó la primera intifada y de ahí arranca el principio básico de los acuerdos de paz por territorios. También es el comienzo de lo que más adelante acabará llamándose proceso de paz de Oriente Medio.

La primera intifada tuvo lugar durante los años ochenta y Rabin se enfrentó a ella siendo ministro de Defensa. Años antes había asumido la responsabilidad de rescatar a sus compatriotas secuestrados en un avión en la famosa operación de Entebbe, en 1976. La intifada, a la que acabó derrotando, le dio la medida del poder de los enemigos a los se enfrentaba y le confirmó como un maestro a la hora de tratar a la opinión pública israelí, para la cual existen tres cuestiones de principio. Una es la superioridad militar de Israel, que no se puede sustentar sin una superioridad económica. Otra es la capacidad para actuar preventivamente siempre que Israel lo considere necesario, una prerrogativa que se justifica en función de los ataques recibidos por Israel desde su fundación y por la voluntad constantemente expresada de acabar con el Estado de Israel. La tercera, finalmente, es la alianza con Estados Unidos, alianza primordial para los israelíes, que ven en Europa una actitud considerablemente más débil y más reticente al compromiso con la defensa de Israel y de la democracia en Oriente Medio. Conviene recordar, siempre que se habla de Israel y del conflicto de Oriente Medio, que Israel es el único país democrático de la zona salvando Turquía, país con el que mantiene acuerdos estratégicos. En los últimos años he podido constatar en Israel cierta tendencia a que el factor religioso impregne cada vez más la vida pública. No creo que sea un elemento grave, pero sí un hecho que los israelíes, que son un pueblo amante de sus libertades, habrán de tener en cuenta.

Cuando entramos a su despacho, Rabin me invitó a sentarme y en cuanto lo hice me dijo: «Así que ustedes nos expulsaron de España hace quinientos años.» La reflexión me sorprendió, más aún, me dejó estupefacto. No me esperaba aquella forma de empezar la entrevista y decidí contestar diciéndole que, efectivamente, los españoles del siglo XV habían expulsado a los judíos, pero que esperaba que no me hiciera responsable de aquella decisión. Rabin se sonrió y me aseguró que, naturalmente, no pretendía hacerme responsable de aquellos hechos, pero que se quería asegurar de que yo era consciente de que los israelíes eran un pueblo de muy larga memoria. Le comenté que su respuesta me había dejado un poco más tranquilo y así empezó una conversación en la que tratamos del terrorismo y del camino hacia la paz en Oriente Medio. En ese mismo viaje nos invitó a cenar Yitzhak Navon, sefardita, que había sido Presidente de Israel entre 1978 y 1983. Navon nos contó que en una ocasión había recibido al Presidente de la República Italiana y más tarde, estando en familia, su nieto le reprochó que hubiera aceptado recibir al descendiente de quienes habían causado la muerte de los judíos de Masada en el año 73.

Además de Rabin, he tratado a varios primeros ministros de Israel, como Shimon Peres, Ariel Sharon y en especial a Ehud Barak y Benjamin Netanyahu. Netanyahu llegó al poder en 1996 y fue el Primer Ministro más joven de la historia de Israel. Le invité a pasar un fin de semana en Quintos de Mora, nos hemos reunido antes y después de mi salida del Gobierno y tengo la fortuna de considerarlo un amigo personal. En aquel viaje estuvimos en Toledo y se emocionó al visitar la sinagoga del Tránsito y la de Santa María la Blanca. Su padre, como es bien sabido, es uno de los grandes especialistas en la Inquisi-

ción española. Siendo Netanyahu un hombre joven, dio protagonismo a su familia y en especial a su mujer Sara, una mujer
de gran carácter. Netanyahu introdujo reformas económicas li-
beralizadoras en la economía israelí. Había sido embajador
de su país en la ONU y conoce bien Estados Unidos. Se negó
a manifestar la menor tolerancia ante el terrorismo. En Europa,
me parece que Blair y yo éramos los únicos interlocutores que
le suscitaban confianza.

La visita al Tad Vashem, el Memorial y el Museo del Holocausto levantado en el monte del Recuerdo, en Jerusalén, contribuye a explicar el porqué de esta firmeza en el recuerdo y en
la defensa de Israel. En aquel primer viaje de 1995 visitamos además el Santo Sepulcro, escuchamos una misa celebrada allí mismo, en ese recinto minúsculo y sagrado, estuvimos en el monte de los Olivos y recé ante el Muro de las Lamentaciones.

También estuve en Gaza. Se había cometido un atentado
y, no sé por qué razón, tal vez por una cuestión de horario del
líder palestino, querían que lo visitara en Gaza de noche, a lo
cual, como es lógico, me negué rotundamente. Fuimos al día
siguiente y Arafat nos recibió en un despacho presidido por una
foto de la mezquita de al-Aqsa, la mezquita de Jerusalén, que
yo había visitado previamente acompañado por los palestinos,
lo cual siempre planteaba problemas porque los israelíes insis-
tían en que estuviera presente un miembro de la seguridad israelí, que a su vez era muy mal acogido por los palestinos. Los
periodistas españoles disfrutaron mucho, como siempre, con
Arafat. Le hicieron numerosas fotos y él se dejó fotografiar
con ellos cuantas veces quisieron. Los palestinos habían organizado una comida en la que estuvo presente la esposa de Arafat,
siendo así que es la única ocasión en que he tenido ocasión de
conocerla, ya que solía vivir en París. Hablamos, como con Rabin, del terrorismo y de cómo encauzar la situación.

La visita a Gaza me causó una impresión muy viva. Venía
de Tel-Aviv y pasar de allí a la Franja de Gaza es pasar de una

ciudad moderna, desarrollada, rica y libre a un territorio sumido en el caos, la pobreza, el desarraigo y el atraso. Pude comprobar personalmente la lamentable situación de los palestinos en Gaza, y lo mucho que hay que hacer allí. Los palestinos se merecen otra vida, y para eso necesitan unas autoridades que rindan cuentas de su gestión, capaces de erradicar la corrupción y el terrorismo. Espero que algún día se ponga en marcha de verdad el proceso que lleve la prosperidad y la libertad a la zona.

Antes de que terminara ese año de 1995, a Rabin y a mí intentaron asesinarnos. Yo sobreviví; él no. Muy pocos días después del viaje a Israel, a mi vuelta a Madrid, los terroristas etarras intentaron asesinarme haciendo explotar un coche al paso del mío, cerca de la casa donde vivía entonces. El 4 de noviembre, Yitzhak Rabin fue asesinado por un fundamentalista judío en la plaza que entonces se llamaba del Rey David, en Tel-Aviv, y que luego fue rebautizada con el nombre del Primer Ministro. Acababa de pronunciar un discurso en un mitin y sobrevivió hasta que lo llevaron al hospital, donde falleció en la mesa de operaciones. Tenía setenta y tres años. Ya no lo volví a ver después de aquella entrevista, pero me mandó un mensaje después de mi atentado. Muchas veces, al ver a tantos compañeros asesinados por los terroristas, me he vuelto a acordar de nuestro encuentro, del temple de Rabin y de su coraje.

# Hassan II

Siguiendo una tradición política bien establecida, el primer país extranjero que visité al llegar a la Presidencia del Gobierno fue Marruecos. Es una costumbre que reafirma la amistad que debe presidir las relaciones entre dos países vecinos que han compartido una larga historia, con una relación cada vez más estrecha, e inevitablemente llamados a cooperar en muchos de los asuntos que comparten.

Aquel primer viaje, realizado los días 27 y 28 de mayo de 1996, fue un dechado de cordialidad. Como es lógico, los marroquíes estaban a la expectativa después del cambio político que se había producido en España. No sabían cuál iba a ser la línea del nuevo Gobierno y desconocían si habría algún cambio de rumbo significativo en las relaciones. Les tranquilizó que cumpliera con la costumbre de visitar Marruecos. Además, fue un viaje minuciosamente preparado en todos sus aspectos diplomáticos, políticos, económicos e incluso personales, y los marroquíes supieron apreciar este esfuerzo en su auténtica dimensión. En esos dos días recibí las mejores muestras de la hospitalidad marroquí, espléndida y generosa como pocas. No se escatimó ni el más mínimo gesto, ni un solo detalle que pudiera hacer mi estancia allí lo más agradable posible y contribuir a establecer unas relaciones cómodas y fluidas. Bien es verdad que cuando llegué al hotel donde me hospedaba en Rabat, me advirtieron que tomara algunas precauciones porque sin duda alguna habían instalado micrófonos en la habitación. Los servicios de seguridad desmontaron algunos, que ahora estarán de recuerdo en la sede del departamento correspondiente. No me preocupaba mucho, porque entre mi tendencia a hablar poco —menos aún por teléfono— y mi propensión a hablar bajo, los micrófonos no iban a captar grandes indiscreciones. Luego he pasado por el mismo trance en otras ocasiones, aunque aquélla fue la primera vez que me ocurría y lo recuerdo —he de decirlo como lo siento— con buen humor.

El Rey Hassan II me recibió en su palacio de Skhirat, a menos de una hora en automóvil de Rabat. Está rodeado de grandes dehesas cercadas donde se crían los caballos de la yeguada real. El Rey me recibió con gran amabilidad nada más entrar en el palacio y allí mismo celebramos nuestra primera reunión. Cuando lo conocí, estando yo en la oposición, fumaba sin parar, e iba escogiendo los cigarrillos de una mesa que tenía al lado de su sillón, con la superficie labrada en compartimentos en donde había cigarrillos de marcas muy variadas. Ahora ya no fumaba. Mantuvimos una larga conversación de carácter general en la que tratamos las relaciones entre España y Marruecos y además otros asuntos internacionales, en particular sobre Europa. Era evidente que el Rey no iba a introducir ningún elemento que pudiera inducir a fricciones, polémicas o malentendidos. El Rey Hassan II manifestó reiteradamente su deseo de mantener buenas relaciones con España, y de que se cumplieran los compromisos previamente adoptados por el Gobierno socialista.

La prensa, por su parte, mostró en aquellos días su rostro más amable. Todo fueron bienvenidas y gestos de buena voluntad. Lo mismo ocurrió en todas las entrevistas que celebré durante aquel primer viaje. Así sucedió durante la conversación con el Príncipe heredero, el actual Rey Mohamed VI, en la que celebré con quien era entonces Primer Ministro Abdellatif Filali y en otras varias entrevistas que mantuve con los presidentes de las Cámaras legislativas y con diversos dirigentes políticos.

Nadie aludió, ni siquiera por una vez ni de forma indirecta, a algún asunto que pudiera suscitar la menor diferencia. El Rey Hassan II ofreció un almuerzo en el patio del mismo palacio. El recinto era de una belleza extraordinaria, y la comida fue particularmente suntuosa. Asistieron los dos hijos del Rey, con los que tuve ocasión de conversar porque fueron mis vecinos más inmediatos en el almuerzo. Fue entonces cuando el Rey Hassan II me impuso, sin que los servicios de protocolo hubieran sido avisados antes, el Gran Cordón Guisan Alauita, la más alta condecoración marroquí.

El Príncipe heredero me recibió en el Estado Mayor marroquí, ya que en aquellos momentos era Jefe de las Fuerzas Armadas reales. Todavía se especulaba acerca de la posibilidad de que el auténtico sucesor fuera su hermano, del que se decía que tenía un carácter más enérgico, más parecido al de su padre el Rey Hassan II. El Primer Ministro nos obsequió con una cena espectacular en su casa, con el suelo alfombrado y las mesas instaladas en unas jaimas espléndidas. Evidentemente, Abdellatif Filali, excelente conocedor de España y antiguo embajador de Marruecos en nuestro país, había hecho todo lo que estaba en su mano para agradar al Presidente del Gobierno español.

Durante aquella visita se llegó a una serie de compromisos, por lo que no puede decirse que quedó en un simple gesto diplomático por parte de los dos países. Marruecos estaba interesado en aliviar el peso de la deuda externa y nosotros queríamos asegurarnos de que ese tema se trataría seriamente en el grupo de trabajo correspondiente. Se acordó una próxima visita del Príncipe heredero a España y se confirmaron algunos acuerdos previos de orden judicial y laboral. El Rey Hassan II hizo referencia a un acuerdo anterior para la conexión eléctrica entre España y Marruecos que, según lo que explicó, no se había terminado de cumplir, habiendo quedado sin realizar el tendido eléctrico que debía cruzar el Estrecho. Yo le aseguré que el asunto se resolvería en cuanto volviera a Madrid y así se hizo.

214 RETRATOS Y PERFILES

Hubo que resolver algunos problemas. Los vecinos y los pescadores de Tarifa y de la zona parecían estar convencidos de que el cable submarino iba a perjudicar a la pesca. Hubo manifestaciones, algunas bastante duras, y la Guardia Civil tuvo que proteger el tendido de la línea, pero al final de aquel mismo año la conexión estaba realizada y nosotros habíamos cumplido nuestro compromiso y acabado un asunto importante que el Gobierno anterior había dejado sin cerrar. Desde entonces la interconexión eléctrica entre España y Marruecos ha venido funcionando sin problemas, y en los últimos años se estaba estudiando la posibilidad de duplicar la capacidad de la línea, que se ha quedado corta con el tiempo. Por otra parte, los problemas de la inmigración no habían adquirido entonces la dimensión ni la gravedad que llegarían a tener algunos años después.

Hassan II, emir y príncipe de los creyentes, fue un Rey con poderes absolutos y una autoridad indiscutible, como rara vez tiene ningún monarca en la actualidad. También era un superviviente de varios ataques y atentados. Tenía una gran experiencia internacional, muy larga e intensa. Sabía cómo jugar sus cartas pero conocía a la perfección las reglas del juego y sabía los límites hasta donde podía llegar. También tenía como mano derecha a Driss Basri, un hombre implacable y con gran experiencia, buen conocedor, como el propio Monarca, de la naturaleza y las posibilidades de la política internacional.

Conocí al Rey Hassan II en Madrid, cuando me recibió en una visita que realizó a España siendo yo jefe de la oposición. Yo ya sabía bien que las relaciones de Marruecos con España han sido siempre unas relaciones complejas, más aún después de lo ocurrido con el Sahara. Mi abuelo había cubierto como periodista la Guerra de Marruecos, en los años veinte, y luego había sido embajador en Marruecos, con un Hassan II joven y llegado hacía poco tiempo al trono. En mi casa se vivían con intensidad los asuntos relacionados con el norte de África. Recuerdo con nitidez el impacto de la llamada Marcha Verde.

En aquella primera visita como Presidente del Gobierno en 1996 acudí a la célebre Mezquita de Casablanca, el templo monumental construido por el propio Rey Hassan II, y en esta misma ciudad celebré una reunión con algunos empresarios. De allí surgió una idea que luego dio lugar a una tradición. Todos los años he venido celebrando un almuerzo con empresarios de un país determinado, algunos de ellos con intereses en España y otros no, pero interesados en conocer de primera mano la situación española y las oportunidades que España ofrecía. En 1996, tanto los españoles como los marroquíes quisimos darle a la visita un carácter constructivo. Era evidente que estaba ante un monarca con experiencia más que suficiente para manejar con pericia el complejo mundo de las relaciones entre nuestros dos países. Tenía, como es natural, una visión determinada por los intereses marroquíes, que estaba en la obligación de defender. La política española, por su lado, presentaba aciertos y, como es natural, algunos errores. Había que ser prudentes.

Antes de la segunda visita que realicé a Marruecos en abril de 1998 se habían celebrado varias cumbres bilaterales que, en principio, garantizaron la continuidad y la estabilidad de las relaciones. Ahora bien, en esta ocasión nos mantuvieron alojados en la Casa Oficial de Huéspedes. El Rey me recibió en el palacio real de Rabat, en una terraza que daba a un patio donde estaba formada la Guardia Real. La acogida fue sumamente correcta, pero el tono había cambiado desde la primera visita. Hablamos de la cuestión del Sahara y el Rey dejó claro que su planteamiento se basaba en la soberanía marroquí, a lo que yo puntualicé que la posición española seguía siendo la misma de siempre y que era el Rey el que había aceptado el referéndum propuesto por el plan de paz de la ONU. Poco después de iniciada la reunión, el Rey intentó plantear como asunto prioritario de nuestra conversación el estatus de las ciudades de Ceuta y Melilla. Me dijo que quería abordar este tema y que quería hacerlo en ese mismo momento. Le contesté que, con todo el respeto que me merecía Su Majestad, no había ido a Marruecos a hablar de dos ciudades españolas. Podíamos hablar de la Unión Europea, ante la cual España siempre se ha sentido particularmente obligada con Marruecos. Existían muchos asuntos en las relaciones bilaterales en los que podíamos avanzar, debíamos intentar mejorar las relaciones económicas, fomentar la inversión española en Marruecos, procurar encontrar soluciones al problema de la inmigración.

El Rey insistió en que teníamos que hablar de Ceuta y de Melilla, y yo repetí que el asunto no estaba incluido en el marco de nuestra conversación. Recordó que había propuesto hacía unos años una célula de reflexión sobre Ceuta y sobre Melilla, pero yo comenté que sobre las ciudades españolas ya estaba todo reflexionado y no era necesario hacer ninguna consideración más. Después de volver a insistir una vez más, con una respuesta similar por mi parte, el Rey me dijo que Marruecos no iba a hacer la guerra a España por Ceuta y Melilla, pero que tendríamos ocasión de hablar del asunto. Le contesté que me daba por enterado de las intenciones de Marruecos y de la voluntad del Rey, y añadí que España estaba preparada para cualquier eventualidad. Si la eventualidad adquiría un rango más importante, le expliqué, ya habría tiempo de tratarla con mayor certeza y serenidad.

A partir de aquel momento, y con la tensión que se había producido, la conversación estaba prácticamente terminada, pero el Rey Hassan II, volviendo atrás, me preguntó si lo que yo quería decir era que si Marruecos se portaba bien con España, España trabajaría a favor de Marruecos en la Unión Europea. Aclaré que la cuestión pertinente no era la de si un país se portaba bien con el otro. Lo que yo estaba diciendo, como así subrayé, es que España y Marruecos pueden avanzar juntos en muchos campos y que la presencia de España en la Unión Europea puede ser muy útil para Marruecos. Esa acción podía tener una influencia importante para Marruecos, tanto desde el punto de vista económico y social como desde el punto de vista político. En los dos campos compartimos numerosos intereses, porque los dos países estamos interesados en la estabilidad y la prosperidad de nuestro vecino, y aunque nuestros objetivos no sean siempre los mismos, como es natural, tenemos un gran campo abierto a la colaboración, en particular en vista de los cambios que se avecinaban con el establecimiento de la moneda única. El Rey Hassan II me expuso que no tenía confianza en el nuevo sistema monetario. Estaba convencido de que no habría nunca moneda única. Desde mi perspectiva, apunté, la moneda única estaba destinada a ser una realidad, el mercado único se iba a afianzar y nos encaminábamos inevitablemente a una profundización de los Tratados de la Unión Europea. El Rey explicó que la historia de Europa es una historia de conflictos y divisiones, que Europa no podía dejar de ser un conjunto de naciones muy diversas y que en último término, por muy buenas que fueran las intenciones y por muy intenso que fuera el esfuerzo realizado, el proyecto no podría cuajar. Yo contesté que sabía que nos esperaban dificultades muy serias, pero que estaba seguro de que el proceso estaba definitivamente encarrilado en una dirección contraria a la que el Rey parecía suponer. Así terminó la conversación a la que asistió el embajador Jorge Dezcallar.

En aquel segundo viaje también tuve ocasión de entrevistarme con el Primer Ministro, con el ministro de Asuntos Exteriores, con representantes de las fuerzas parlamentarias y también con algunos empresarios. Todos, al cabo de unos minutos de conversación, plantearon la necesidad de hablar de Ceuta y de Melilla. El contraste con la primera visita no pudo ser más intenso. El Rey Hassan II no mantuvo una posición más beligerante sobre Ceuta y Melilla porque sabía que Marruecos no podía ganar una batalla frontal. Pero dispuso todos los medios de que disponía para darla, y si hubiese tenido alguna probabilidad de ganarla, la habría dado.

En 1998 asistí al funeral del Rey. La importancia internacional del monarca era bien evidente en la presencia de dignatarios extranjeros, tan numerosa que nuestro avión tuvo que esperar un buen rato para poder aterrizar en Rabat. Acompañé a los Reyes Don Juan Carlos y Doña Sofía a visitar al nuevo Monarca. La figura de Hassan II había sido tan determinante en la vida marroquí que los sentimientos se desbordaron. La lealtad que despertaba el Rey se manifestó en la gigantesca multitud que se agolpaba en las calles de Rabat, en un desorden como pocas veces he tenido ocasión de ver. Fueron momentos agobiantes, de auténtica presión física. Bill Clinton y Abdelaziz Buteflika estaban prácticamente pegados el uno al otro, y yo iba cogido, y casi en volandas, al Primer Ministro del Yemen, Abdel Kader Bajammal. Por fin llegamos al mausoleo donde estaba enterrado el Rey Mohamed V, mausoleo que he visitado siempre que he tenido ocasión de ir a Marruecos, donde descansa junto a su padre el Rey Hassan II.

Hassan II no era un interlocutor fácil y no se puede decir que fuera un amigo de España, pero era un hombre inteligente, con experiencia y muy consciente de las consecuencias de sus actos. Por eso, en varias ocasiones durante estos últimos años me he acordado de él.

# Muammar al-Gadafi

Gadafi se hizo con el poder en Libia el 1 de septiembre de 1969, con un golpe de Estado que derrocó al Rey Idriss. Gadafi había nacido en 1942. En 1967 ya había alcanzado el grado de capitán y tenía veintiocho años cuando llegó al poder. Yo tenía entonces dieciséis años y estaba en el colegio. Desde entonces terminé mis estudios, entré en la vida política, estuve en la oposición durante algunos años, presidí el Gobierno otros ocho y lo dejé voluntariamente. Por su parte, Gadafi nunca ha dejado de ser, desde hace treinta y cinco años, el líder máximo de su país. Ha cambiado de cargo y cada uno de los puestos que ha ocupado ha tenido una denominación distinta, pero Gadafi siempre ha ostentado la máxima autoridad y la máxima responsabilidad. No sé si se podrá hablar de un régimen político propiamente caracterizado como tal, pero una estancia en el poder tan prolongada ha creado una estructura en cuyo centro de gravedad se encuentra siempre Gadafi.

En estos años, Libia se ha convertido en un gran productor de petróleo y de gas, gracias al descubrimiento y a la explotación de recursos importantes que, por desgracia, no han beneficiado al conjunto de la población. Libia se vio aislada internacionalmente por sus vinculaciones con el terrorismo, que se hicieron patentes el 21 de diciembre de 1988, cuando se produjo el ataque de Lockerbie, en Escocia, contra el vuelo 103 de Pan Am en el que fueron asesinadas 270 personas.

Mi primer contacto con Gadafi se produjo con motivo

de la Cumbre Unión Europea-África celebrada en El Cairo en abril de 2000. Gadafi me había hecho llegar un recado exponiéndome su interés por reunirse conmigo. Gadafi es aficionado al espectáculo, tiene un poderoso sentido del teatro y gusta de crear a su alrededor una expectación que gradúa con efectos escenográficos bien estudiados y en los que tiene una larga experiencia. Así es como se había instalado, no en un hotel, ni en una residencia especial, sino en una jaima sumamente vistosa en las afueras de El Cairo. En aquel escenario, Gadafi administraba su tiempo, sus reuniones y sus citas con mucho cuidado y cierta sofisticación. Nosotros habíamos respondido que estábamos dispuestos a hablar con Gadafi pero no en cualquier condición y circunstancia.

Por fin nos entrevistamos en una sala próxima al salón de sesiones donde se celebraba la Conferencia. Debíamos hacer un cuadro notable. Gadafi iba ataviado con uno de esos trajes de inspiración un poco africana, de coloridos vistosos y atractivos que suele ponerse, y yo llevaba una muleta porque acababan de operarme del menisco. Gadafi se mostró afable, pero poco antes había pronunciado ante el pleno de la Cumbre un discurso de los que solía hacer de vez en cuando, una combinación de provocación e histrionismo que había suscitado las risas de una parte de los asistentes y el escándalo de la otra. Yo no quería contribuir a jalear aquellas actitudes y así se lo dije francamente. Gadafi, en cualquier caso, estuvo atento y cordial. Ambos estábamos interesados en las relaciones entre nuestros dos países, en particular en mejorar una relación económica que ya era relevante entonces por las importaciones españoles de gas y de petróleo y por las inversiones de nuestro país en Libia.

A partir de esa conversación se pusieron en marcha varias comisiones de estudio y de trabajo que han ido dando su fruto con el tiempo. Gadafi tenía interés en realizar una visita a España y a Bruselas, aunque yo le indiqué que tal vez fuera un proyecto prematuro. Poco después Romano Prodi aceptó una sugerencia parecida de Gadafi, llegó a invitarle a Bruselas y se vio obligado a retractarse porque en la Comisión Europea y en el Parlamento se suscitó una polémica muy intensa. No era el momento adecuado para que Gadafi viniera a España. Las relaciones se encontraban todavía en un punto de desarrollo incipiente. En 2000 aún no habían terminado las negociaciones sobre las indemnizaciones por las víctimas del atentado de Lockerbie. El año anterior habían sido entregados dos ciudadanos libios para que fueran juzgados en los Países Bajos por la justicia británica, según una fórmula que había permitido desbloquear el proceso después de muchos años de discusiones. Naciones Unidas suspendió las sanciones que pesaban sobre Libia, pero no las había levantado definitivamente. Se sabía que Libia mantenía programas de armamento de destrucción masiva, aunque Gadafi lo negaba.

Desde un punto de vista propiamente español teníamos, además de la posibilidad de fomentar las relaciones económicas, ciertos asuntos abiertos. Aunque Libia participa en algunos foros de diálogo mediterráneo, no se había integrado en el principal, el llamado Proceso de Barcelona. Para entonces, este foro tenía ya cinco años y había venido reuniendo a los países de ambos lados de la cuenca mediterránea. Los libios siempre habían justificado su ausencia con una razón que a mí me parece muy discutible, y es que el Proceso de Barcelona rompe la unidad africana que Libia aspira —según dice— a liderar. Además, Libia siempre ha sentido un intenso recelo hacia la Unión Europea, lo que le sirve a Gadafi para alimentar los argumentos anticolonialistas que ha utilizado para dar legitimidad a su régimen. En consecuencia, Libia no había querido alcanzar ningún acuerdo con la Unión Europea. Sin embargo, y teniendo en cuenta los avances realizados con Naciones Unidas, yo pensé que había llegado el momento de explorar, a partir de aquellos primeros contactos, la posibilidad de que España pudiera contribuir a alentar un proceso de normalización del régimen libio como el que habíamos intentado con Irán. Yo quería que Gadafi comprendiese que el terrorismo no le llevaría a ninguna parte.

Así es como arrancó un proceso que culminó con mi viaje a Trípoli en septiembre de 2003, realizado en unas condiciones algo especiales porque fue por aquellos días cuando se dio a conocer quién sería el candidato del Partido Popular a la Presidencia del Gobierno español. Por parte libia, les habría interesado que la visita tuviera lugar antes, pero yo había preferido esperar a ver cómo se desarrollaban los asuntos que habíamos empezado a tratar en El Cairo en 2000. Desde entonces, además, habían ocurrido algunos acontecimientos decisivos. El primero había sido el 11 de septiembre. El segundo, la intervención en Irak y el derrocamiento de Sadam Husein.

En cuanto al primero, en el año 2001 Gadafi tuvo la ocasión de demostrar que, por muy ideologizado que estuviera su discurso y su régimen, y por mucho que le apasione el aparato escenográfico, sigue siendo, por lo esencial, un hombre pragmático. De ahí su condena rotunda de los ataques del 11 de septiembre. Estoy convencido de que Gadafi se dio cuenta aquel mismo día de que el mundo había cambiado y de que, por lo tanto, también él tenía que cambiar. Si el régimen libio quería salir adelante y si su líder deseaba sobrevivir, había de realizar algún gesto inequívoco. No hay que olvidar, por otra parte, que Ronald Reagan ya había ordenado el bombardeo de la casa de Gadafi en 1986 y que en aquel ataque murió uno de sus hijos.

Entre el año 2000 y el 2003, y mientras se va desarrollando un proceso interno de reflexión interno en Libia, yo recibía periódicamente enviados especiales de Gadafi con los que trabajábamos en dos ámbitos, el de las relaciones bilaterales entre España y Libia y el de las relaciones del régimen libio con la Unión Europea y Estados Unidos. Realizamos un esfuerzo considerable para que Libia empezara a alejarse de cualquier colaboración con el terrorismo, con la vista puesta en una posible reinserción del país en la comunidad internacional. La administración norteamericana demostraba un gran escepticismo ante aquellas aproximaciones. La manteníamos informada de lo que hacíamos, yo hablé con el Presidente Bush en varias ocasiones y me insistió en que Gadafi tenía que dejar de intentar fabricar armas nucleares. Gadafi, por su parte, confiaba en nuestra capacidad de interlocución con Estados Unidos. En ese contexto, y con algunas visitas más de las que se supieron, nosotros seguimos adelante para ver hasta dónde se podía llegar en el abandono del terrorismo. A Gadafi le planteé con claridad la necesidad de terminar los programas de armamento nuclear.

La situación dio un nuevo giro cuando se produjo la intervención en Irak. Previamente, había tenido lugar el incidente del islote de Perejil, en el que Gadafi se ofreció a ejercer de mediador y llegó a enviar a Madrid a su ministro de Asuntos Exteriores. Como es natural, y teniendo en cuenta además algunos de los discursos de Gadafi sobre Ceuta, Melilla y las Islas Canarias, yo rechacé de raíz esa posible mediación. Yo ya conocía, por el propio Gadafi, la escasa consideración que le merecía Sadam Husein, con el que mantenía unas pésimas relaciones. Cuando los aliados intervinieron en Irak, Gadafi comprendió que el giro que se acababa de producir ya no tendría vuelta atrás. Se preguntaba, con razón, lo que sería de él a partir de ahí. Todavía no se había llegado a ningún acuerdo definitivo sobre las indemnizaciones a las víctimas del atentado de Lockerbie, pero Gadafi sabía que había llegado el momento de hacer público lo que hasta entonces se había desarrollado en segundo plano y con discreción. En consecuencia, los contactos entre el Gobierno español y Libia se intensificaron. Por mi parte, yo estaba más interesado aún que antes en que variara la actitud de Libia, un país importante en el norte de África. También se intensificaron los contactos con Estados Unidos, algo a lo que contribuyó España.

Como resultado de este largo proceso, Libia reconoció públicamente en diciembre de 2003 que estaba en posesión de armas de destrucción masiva, con armamento químico y biológico y procesos en marcha para la producción de armamento nuclear. En su momento había contado con la ayuda de científicos iraquíes y suministros por parte de Pakistán. Los críticos con la intervención en Irak deberían tener en cuenta estos hechos porque están ante uno de los primeros resultados de aquella acción. Queda por ver, como es natural, si un proceso que nosotros contribuimos a poner en marcha continúa dando frutos en función de la presión exterior y de las peculiaridades propias del régimen libio. El tiempo dirá si el giro fue meramente oportunista o si Libia supo aprovechar la oportunidad de consolidarse definitivamente como un interlocutor en la comunidad internacional. El pasado no es muy alentador. Gadafi es un dictador, ha tenido una influencia política negativa en algunas zonas de África y en su día utilizó el terror. Ahora algunas cosas han cambiado y desde entonces los signos han sido positivos. El propio Tony Blair visitó Trípoli en marzo de 2004.

Cuando yo viajé a Trípoli en septiembre de 2003, puse una condición muy sencilla. Consistía en que el programa previamente pactado se respetase en su integridad. El encuentro con Gadafi estaba previsto para las nueve de la noche del 17 de septiembre y yo no quería dilaciones ni retrasos. Por fortuna, todo se desarrolló según lo previsto y pudimos mantener una larga conversación durante una cena en la que a Gadafi y a mí nos sirvieron platos especiales, distintos de los que sirvieron al resto de los comensales. Resultó algo insólito. Después de la cena seguimos hablando hasta que a la una y media de la madrugada le dije a Gadafi que por mucho que estuviera disfrutando de su compañía, a aquellas horas yo solía estar ya durmiendo. Entonces me propuso que continuáramos la conversación al día siguiente, aunque para esa mañana estuviera previsto un acto estrictamente formal de despedida. Repetí mis condiciones, bien sencillas por otra parte, y acepté la propuesta de que celebráramos otro encuentro al día siguiente, a las once.

A la mañana siguiente, eran ya las once menos cuarto y todavía estábamos en el hotel conversando con una delegación del Gobierno libio. A las once menos cinco nos avisaron por teléfono de que tuviésemos la amabilidad de acudir a la residencia de Gadafi, un trayecto que salvamos a toda velocidad. A las once en punto estábamos en el recinto donde vive Gadafi. Nada más cruzar la puerta de entrada, los coches se pararon delante de la casa que sufrió el bombardeo ordenado por el Presidente Reagan. En la fachada de la casa está pintado un mural propagandístico, y resultó que todos los visitantes recibidos por Gadafi deben visitar la casa y firmar en un libro que está allí expuesto. En ese momento yo desconocía estos detalles, y cuando bajé del coche pregunté dónde estaba el Coronel. Me contestaron que el Coronel se encontraba en una jaima a donde acudiríamos andando, una vez que hubiéramos visitado la casa bombardeada y yo hubiera firmado en el libro. Yo contesté que no tenía la menor intención de entrar en ninguna casa que no fuera la residencia oficial del Coronel. También me negué a firmar en aquel libro que parecía una antología de citas contra el imperialismo occidental. Cuando por segunda vez dije que me negaría a entrar y a firmar nada, accedieron a conducirme a la jaima de Gadafi.

Allí me explicó sus teorías revolucionarias, sobre las que ha escrito largamente en su *Libro Verde* que me regaló, y me explicó que la propia decoración de la jaima se inspiraba en la estructura y los diversos niveles institucionales del régimen libio, la llamada *Yamahiriya*. Luego hablamos del proceso de reincorporación de Libia a la comunidad internacional y de la situación de Oriente Medio. Gadafi tiene una visión muy negativa de Israel, lo cual no sorprenderá a nadie. También habló de África, cuya unidad se propuso liderar en su día, y de Arabia Saudí, un país que le preocupa particularmente. Yo no comparto casi ninguna de sus ideas, pero tuve la impresión de estar ante un dirigente que había comprendido cuál era el rumbo que había tomado el mundo.

Antes de despedirnos, Gadafi me dijo que quería hacerme un regalo. Yo me quedé un poco sorprendido y más aún cuando, habiendo salido de la jaima revolucionaria, vi que traían un caballo magnífico, espléndidamente enjaezado. Gadafi me invitó entonces a dar un paseo a caballo, propuesta que yo decliné, tras de lo cual le pregunté si aquélla era su propia montura. Fue entonces cuando me dijo que ése era el regalo que me quería hacer. También me explicó que el caballo se llamaba *El Rayo del Líder*, con mayúsculas, he de suponer. Me regaló además tres trajes parecidos a los suyos. A los tres días de volver a Madrid, anunciaron la llegada de un vuelo fletado desde Trípoli para traer el famoso caballo, que ahora se encuentra en una dependencia de la Guardia Civil. Le agradecí el gesto, pero lo que me importa de verdad es que continúe la línea ya iniciada.

# Mohammad Jatamí

En 1979 yo empezaba a dar mis primeros pasos en la vida política y, como es natural, seguí muy atentamente la revolución que derrocó al Sha Reza Pahlevi e instauró una república islámica dirigida por el ayatolá Jomeini. El régimen del Sha era un régimen duro, con tintes sin duda alguna dictatoriales. Al mismo tiempo, constituía un bastión para la defensa de los intereses occidentales y hasta entonces había garantizado la estabilidad en una zona crucial tanto en el plano estratégico como en el plano económico. El terremoto que destronó al Sha llevó al poder a unos religiosos fundamentalistas e instauró un nuevo sistema político regido por la ley inspirada en los textos islámicos, la *sharia*. Fue uno de los acontecimientos más importantes de la segunda mitad del siglo XX, y una lección acerca de hasta qué punto los países occidentales habían perdido la perspectiva histórica y la conciencia de lo que son sus auténticos intereses. Ni se apoyó a un aliado ni se hizo el esfuerzo de buscar una alternativa democrática.

Muy pronto, nada más llegar los revolucionarios islámicos al poder, se pudo ver hacia dónde se dirigía aquel movimiento. La instauración de la *sharia* como norma fundamental de la vida pública y de la vida privada de los ciudadanos iraníes, la persecución de los disidentes y la toma de rehenes en la embajada de Estados Unidos demostraron que el nuevo régimen no iba a suponer una mejora con respecto al anterior. Además, al dejar caer al Sha como lo hicieron, los países occidentales, y en particular la Administración Carter, habían dado una muestra clamorosa de debilidad. Desde una perspectiva puramente europea, me pareció asombroso que el ayatolá Jomeini saliera en avión desde París para proclamar en Teherán la Revolución islámica. Los iraníes se merecían un régimen distinto al del Sha, pero nunca entendí por qué se facilitó el triunfo de la Revolución islámica, y mucho menos el alborozo con que fue acogida en algunos círculos.

Mohammad Jatamí había llegado a la Presidencia de Irán en 1997, casi veinte años después de instaurado el régimen islamista. Parecía estar dispuesto a introducir aires nuevos y reformadores. Como algunos otros personajes que han desempeñado un papel crucial en la reforma y la apertura de regímenes cerrados y autoritarios, tenía fuertes vinculaciones con el poder, de cuya élite formaba parte, pero también había dado muestras de una actitud más moderada y abierta. Contaba con el apoyo de una parte importante de los jóvenes y las mujeres, bastantes intelectuales y profesores, y también de una parte del empresariado iraní que veía en él una posibilidad para modernizar y liberalizar la economía de su país. Ésos fueron los sectores que le llevaron al poder en un régimen fuertemente controlado por los sucesores de Jomeini, en particular el ayatolá Alí Jamenei y el ex Presidente Akbar Hashemi Rafsanjani, vinculados a los ayatolás que conforman el núcleo más ortodoxo del régimen. Este núcleo está integrado en el Consejo de los Guardianes de la Revolución y en otro organismo presidido por el propio Rafsanjani, llamado el Consejo para el Discernimiento de lo Óptimo del Sistema, que se encarga de supervisar la ortodoxia religiosa de las medidas adoptadas por el Gobierno. Este nombre —dicho sea de paso— siempre me llamó la atención y alguna vez bromeé con mis compañeros de partido, sugiriendo que podíamos instaurar un órgano parecido.

Desde que Jatamí accedió a la Presidencia del Gobierno yo tenía interés en conocerlo. Quería que España tuviera unas relaciones más intensas con Irán, un país de gran importancia por su historia, su cultura, sus recursos petrolíferos y su situación en una de las zonas más conflictivas del mundo. Me interesaba comprobar, en la medida de lo posible, si la apertura que parecía prometer la llegada a la Presidencia de Jatamí tenía visos de convertirse en realidad. Estaba convencido de que no había que dejar pasar la oportunidad de explorar aquella posibilidad.

La ocasión de conocer a Muhammad Jatamí se presentó en la llamada Cumbre del Milenio que se celebró bajo el patrocinio de Naciones Unidas, en Nueva York, el 6 de septiembre de 2000. El encuentro tuvo un primer efecto positivo porque propició una intensificación de las relaciones entre nuestros dos países, hasta entonces muy escasas, en particular en el terreno económico. También tuve la oportunidad de comprobar de primera mano la actitud de Jatamí. Me habían llegado noticias de que el propio Jatamí tenía interés en invitarme a Teherán y decidí comprobarlo llevando preparadas unas fechas para el viaje. Si Jatamí estaba interesado en abrir una vía de relaciones con nosotros, tendría una ocasión para demostrarlo.

La Cumbre del Milenio de 2000 en Nueva York constituyó una celebración multitudinaria, que congregó a numerosos líderes políticos de todo el mundo. Recibimos una primera señal positiva de la actitud de Jatamí cuando comprobé que se presentaba a nuestra reunión con una delegación de primera fila, aunque también es verdad que aquella delegación tan numerosa, en la que evidentemente no reinaba una confianza absoluta, dificultaba una conversación que fuera más allá del intercambio de meras formalidades. En cualquier caso, Jatamí tuvo la amabilidad de decirme que quería invitarme a visitar Teherán, y yo aproveché la ocasión y le propuse una fecha muy concreta: los días 22 y 23 de octubre de ese mismo año. En un primer momento, Jatamí se mostró sorprendido, pero reaccionó con rapidez y manifestó en seguida su disposición a aceptar la fecha propuesta, con lo que los preparativos para el viaje se iniciaron allí mismo. Había quedado demostrado, primero, que los iraníes y en particular Jatamí tenían interés en abrir una vía de diálogo y, segundo, que yo estaba dispuesto a aprovechar cualquier posibilidad de iniciar e intensificar las relaciones. España ha mantenido tradicionalmente una buena relación con los países musulmanes, es uno de los grandes países europeos y su vocación atlántica es indiscutible. Todas esas razones me llevaban a pensar que España podía desempeñar un papel relevante en las relaciones que Europa y Estados Unidos mantenían con Irán.

La rapidez con que logramos dar un giro tan importante a una situación estancada suscitó instantáneamente un interés mutuo, una relación de cercanía. Le dije a Jatamí con franqueza que tenía mucho interés en hablar con él largo y tendido. Por supuesto que el programa oficial de la visita no debía verse menoscabado, pero le solicité que, dentro de lo complicadas que suelen ser las agendas de un viaje oficial, reservara algo de tiempo para que tuviéramos ocasión de conversar con algo más de libertad.

Irán es un país extremadamente difícil de conocer para un extranjero, por la naturaleza hermética del régimen que lo gobierna. Llegamos a Teherán el 21 de octubre, como estaba previsto, y nada más llegar al hotel escuchamos lo que no podía ser otra cosa que la explosión de unas bombas. Cuando pregunté qué había ocurrido, me dieron una explicación imprecisa acerca de una posible acción de un grupo clandestino, violento y radical. Al día siguiente, cuando volví a interesarme por lo ocurrido, nadie sabía nada del episodio.

Mantuve una primera conversación con Hassan Habibi, el vicepresidente del Gobierno presidido por Jatamí, encargado de los asuntos económicos. Era un hombre inteligente y excelentemente preparado, que abrió algunas oportunidades a las relaciones hispano-iraníes. También comprobé de primera mano las gigantescas dificultades a las que se enfrenta Irán. Prácticamente un 75 % de la población iraní tiene menos de treinta años. Para responder a la demanda, el país tiene que crear un millón de empleos anuales. Eso requiere la puesta en práctica de reformas sustanciales en una economía muy intervenida, y dependiente de los precios del petróleo, su principal fuente de riqueza. Teniendo en cuenta que Irán es un país aislado internacionalmente, la pregunta que yo me hacía era si el régimen de la Revolución islámica tenía alguna viabilidad.

Desde lo poco que se puede apreciar desde un coche oficial, pude comprobar algunas cosas. Las mujeres, por ejemplo, iban todas cubiertas con el velo negro, pero no era raro atisbar que debajo de aquella suerte de uniforme había quienes llevaban, como en todo el mundo, unos pantalones vaqueros o unas zapatillas deportivas. No era difícil deducir que en Irán existen dos vidas paralelas, la pública, en la que se ha impuesto el respeto a las reglas de vida dictadas por los fundamentalistas islámicos, y la privada, en la que la libertad es mucho mayor aunque, eso sí, con grandes precauciones y casi clandestina. Yo quería saber si el régimen, teniendo en cuenta su naturaleza, permitiría alguna apertura y alguna posibilidad de reforma. La dificultad residía en que los iraníes se muestran profundamente reservados y poco proclives a desvelar con franqueza el fondo de su pensamiento. La respuesta que pude obtener durante aquel viaje es que el régimen islámico es muy difícil de mantener, por muy poderosos que sean quienes lo sostienen.

Mantuve una reunión con Alí Jamenei y algunos representantes del clero islámico. Jamenei me recibió muy amablemente, nos sentamos y nada más iniciar la conversación pronunció un discurso de gran dureza en el que me explicó las razones por las que había que declarar la guerra a Israel y a Estados Unidos hasta su destrucción. El planteamiento era tan radical que yo no tuve más remedio que contestarle que si conocía la fecha del inicio de la guerra, le rogaba que me la dijera y que en cualquier caso, si se iniciaba un conflicto de esa naturaleza —que yo consideraba indeseable de todo punto— no debía caberle ninguna duda acerca de cuál sería nuestra posición. Así se inició una conversación que puso en evidencia, a pesar de la cortesía, unas discrepancias muy profundas.

Más tarde tuve ocasión de hablar largamente y a solas con Jatamí. Tal como me había asegurado, tuvo la deferencia de reservar un rato antes de la cena oficial. Yo le expliqué lo que había comprobado y le expuse mi impresión. Jatamí me aseguró que sus propósitos de reforma eran sinceros, me insistió en que Irán se sentía un país agredido por los países occidentales, me reiteró su deseo de mantener una buena relación con España y me aseguró su determinación de mejorar las relaciones con la Unión Europea y con Estados Unidos. Yo le expuse mi satisfacción por la disposición que me acababa de manifestar, pero también le manifesté lo que considero una regla básica en cualquier país moderno que tenga la intención de integrarse en la comunidad internacional. Una sociedad no puede estar sujeta a normas de origen religioso; las personas no tienen por qué verse obligadas a seguir unas determinadas creencias y se ha de respetar la separación del Estado y de la religión. Por supuesto que el Estado tiene la obligación de garantizar la libertad de un musulmán a la hora de practicar su religión, pero no puedo concebir un Estado que obligue a todos y cada uno de los ciudadanos a practicar las reglas emanadas de la religión musulmana. Al final, y para resumir, le pregunté cuándo me podría tomar una cerveza en un bar de Teherán. Jatamí me contestó que en mi casa era completamente libre de tomarme cuantas cervezas quisiera, a lo que le contesté que le agradecía aquella concesión, pero insistiendo por qué no tenía la libertad de tomarme esa misma cerveza en público. Estoy seguro, le dije, que no por ello sufrirían menoscabo las reglas que llevan a los musulmanes a abstenerse de beber alcohol.

Llegados a ese punto, Jatamí me contestó que no tenía una

respuesta para esa cuestión en aquel momento. Deduje que ésa es la realidad de la vida cotidiana en Irán, obligada a desarrollarse en unas condiciones extraordinariamente difíciles para muchas personas, con graves consecuencias en el posible desarrollo económico del país. De hecho, es muy posible que terminen por hacerlo inviable. Obviamente, Jatamí no ignoraba esta posibilidad. Me atrevo a pensar que también sabía que el régimen islámico no podría mantenerse si no iniciaba un profundo proceso de reformas. Otra cosa muy distinta es cómo podría iniciarse aquel proceso y en qué medida existía la voluntad de llevarlo a cabo. No está de más recordar, en cualquier caso, que a mediados de noviembre regresaron a Teherán los embajadores de la Unión Europea, que en diciembre de 2000 Irán empezó a romper su aislamiento con respecto a los países árabes, gracias a una Cumbre de la Organización de la Conferencia Islámica que tuvo lugar en Teherán, y que el propio Jatamí avanzó algunos gestos importantes dirigidos a la opinión pública norteamericana, que llevaron a Clinton a comentar el camino positivo emprendido por el régimen iraní.

Aproveché aquellos días para invitar a Jatamí a visitar Madrid, aunque algunas personas importantes del núcleo más cerrado del régimen iraní trataron de impedirlo. Tal vez habían sacado algunas conclusiones poco deseables, o quizá preferían que Jatamí no tuviera en aquellos momentos más contactos con nosotros. Sea lo que sea, Jatamí visitó Madrid en febrero de 2002. Su estancia estuvo señalada por algunas exigencias protocolarias que ya habían causado algún problema durante mi visita a Teherán. Entonces mi mujer había anunciado que se negaría a ponerse el velo que según el Islam deben llevar en público las mujeres y prefirió quedarse en Madrid a verse envuelta en un incidente de otro modo irremediable. Los iraníes no lo olvidaron nunca, y siempre que yo recibí después a alguna representación oficial iraní me hicieron saber su deseo de que mi esposa visitara Teherán. En la visita de Madrid, los iraníes requirieron que no se sirviera vino durante la cena protocolaria presidida por los Reyes en el Palacio Real, por lo que no se celebró la cena habitual y en su lugar se dio una recepción.

Más interesante fue una larga conversación durante un almuerzo en La Moncloa al que únicamente asistimos, como había solicitado él mismo, el propio Jatamí y yo. Jatamí me recordó, como ocurre siempre que se tiene ocasión de hablar con los iraníes, el terrible sufrimiento de sus compatriotas durante la guerra con Irak. No hay una sola familia iraní que no haya visto morir a un allegado durante esa guerra. Siempre hay que tener en cuenta esta experiencia para entender el Irán actual. Jatamí también estaba muy interesado en que le hablara de la Unión Europea. Jatamí es un hombre culto, refinado. Vivió en Hamburgo de joven, habla con fluidez inglés y alemán. También conoce España.

Había visitado Córdoba, que le había impresionado por su belleza. Córdoba evocó en él algo a lo que Jatamí, como muchos musulmanes, es muy sensible: el recuerdo de la España musulmana y la nostalgia de una edad dorada del Islam que floreció en nuestro país. Esa especial sensibilidad no se traduce, en el caso de Jatamí, en ningún proyecto de recuperar España para el Islam. Es una cuestión de sensibilidad histórica, respetable y, correctamente planteada, digna de agradecer. También proporciona a España una posibilidad interesante para el diálogo. Jatamí veía en España un país moderno y en más de un sentido ejemplar, que había hecho un gran esfuerzo de progreso y con una aptitud especial para entender el mundo islámico. Primero, por la antigua presencia islámica en nuestro país y, sobre eso, porque España no tiene una historia colonial en Oriente Medio. Este dato es muy relevante para quienes conceden una gran importancia al argumento anticolonialista y tienen, como tienen los iraníes, una larga memoria histórica.

Yo intenté ser lo más claro posible en mis intervenciones, que Jatamí siguió con interés y que en bastantes casos incluso apuntó por escrito. Jatamí me había explicado que querían establecer en Irán una democracia islámica y yo le expuse sinceramente, con todo el respeto hacia la soberanía de un gran país como es Irán, que la sola idea de una democracia islámica me parecía irrealizable. La democracia no admite adjetivos, sólo puede basarse en la garantía de la libertad de las personas. Por tanto una democracia islámica es un régimen insostenible. Jatamí me insistió en su voluntad de intentarlo, y yo volví a exponerle que mientras el Estado y la religión vayan unidos no es posible la democracia, por lo que el experimento estaba condenado a fracasar. Le expuse que en mi opinión era recomendable que revisaran su política en relación con el conflicto de Oriente Medio, y más en particular con Israel, y le sugerí que era imprescindible que los iraníes establecieran unos cauces de comunicación más intensos, dentro de lo posible, con Estados Unidos. También le hablé de los programas de armamento nuclear que ya por entonces estaba poniendo en marcha el régimen iraní y le expuse cómo eran percibidos como una seria amenaza por parte de numerosos países. Estando Irán en una zona estratégica tan relevante, aquello podía aumentar todavía más los problemas a los que se enfrentaría su país en un futuro próximo.

Para nuestros interlocutores occidentales, la cuestión de fondo venía a ser si Jatamí era un hombre fiable y si era capaz de impulsar una reforma del sistema de gobierno iraní, o debía ser considerado una pieza más del régimen instaurado por la Revolución islámica. Yo mantuve una posición abierta en este punto, no porque estuviera convencido de cuál era el fondo de la intención de Jatamí, sino porque pensaba que merecía la pena explorar esta vía, una vez realizado el contacto. De ahí derivaron algunos intercambios entre Irán y los países occidentales —en particular Estados Unidos— en los que España tuvo un papel decisivo. Particularmente importante era la cuestión de la lucha antiterrorista. Una dimensión del diálogo era saber hasta dónde podíamos llegar teniendo en cuenta, como le dije al propio Jatamí, que Irán formaba parte del llamado «Eje del Mal».

Durante la Presidencia española de la Unión Europea se aprobaron directivas de negociación para un acuerdo de comercio y cooperación y para establecer instrumentos de diálogo político y lucha contra el terrorismo, supeditados estos últimos uno a otro, de forma que fueran inseparables y simultáneos en cuanto a su entrada en vigor y su denuncia. En cuanto a nuestros intereses comunes con Estados Unidos, yo trabajé en algunos asuntos relacionados con la situación de Irán en la lucha antiterrorista y en particular para que Irán cumpliera sus obligaciones con respecto a los terroristas islámicos y Al Qaeda. La relación con Jatamí resultó fructífera con motivo de la crisis de Irak, porque se había tendido un puente que fue útil para solventar algunas cuestiones relevantes.

Fue una relación intensa y útil para nosotros. Me gustaría pensar que también lo fue para el pueblo iraní. Desde el primer momento, Jatamí me pareció un hombre inteligente y preparado. También observo con preocupación que el régimen no ha sido capaz de evolucionar hacia un mayor grado de libertad y respeto de los derechos humanos. Pero lo que resulta más preocupante es la insistencia de los gobernantes iraníes en continuar con programas nucleares que suscitan, como es natural, una profunda desconfianza en todo el mundo. Yo hice todo lo que estuvo en mi mano para evitar esta evolución. En cualquier caso, es una historia enigmática e inacabada, algunos de cuyos principales capítulos todavía están por escribir. Espero que no sean tan dolorosos y tan trágicos como algunos de los que han marcado la historia reciente de Irán.

# Carlos Menem

Carlos Saúl Menem es uno de los grandes protagonistas de unos años apasionantes en Iberoamérica, la década de los noventa. Menem llegó al poder en 1989, en tándem con una persona muy importante en el Partido Justicialista, buen amigo mío, Eduardo Duhalde. Lo hicieron en una situación extraordinariamente difícil. La economía argentina estaba prácticamente en descomposición, con una hiperinflación del 5.000 por ciento, una deuda exterior astronómica y una previsión de recesión del orden del 6 por ciento. Era un reto extraordinario, y por parte de Menem y de Duhalde, una demostración de coraje y de confianza en su país.

Carlos Menem ya era Presidente cuando visité por primera vez Argentina como jefe de la oposición. Nadie le negaba el valor, aunque por entonces suscitaba una expectación considerable. No se sabía si sería capaz de sacar a Argentina de la crisis económica en la que estaba sumida. El propio personaje presentaba unas circunstancias especiales, con su personalidad arrolladora, su afición a los grandes gestos, su optimismo, su simpatía y su imagen poco convencional, con aquellas patillas espectaculares que lucía. No procedía de Buenos Aires, sino de una provincia, la suya natal de La Rioja. Y sobre todo, sus ideas aperturistas y liberales, de las que había hecho bandera durante la campaña electoral, chocaban con la tradición proteccionista e intervencionista que siempre había caracterizado a su propio partido, el Justicialista o Peronista.

En ese primer viaje, el Presidente Menem me recibió en un despacho de la residencia oficial de Los Olivos en la que se notaba nada más entrar una cierta hiperactividad combinada con una dosis considerable de desorden. Era un despacho pequeño, no el que solía utilizar, pero en el que le gustaba recibir porque le resultaba más cómodo. Me invitó a sentarme y en cuanto lo hice se puso a explicarme que estaba leyendo un libro muy interesante. Le pregunté cuál era y me dijo el título: *El vuelo del halcón*. Es un libro del periodista español Graciano Palomo, el primero que se publicó sobre mí. Le agradecí el gesto, pero Menem insistió en que no era una mera cortesía, en que estaba leyendo el libro y me lo demostró citándome algunas informaciones que sólo podía conocer, efectivamente, de haberlo leído.

Habiendo entrado en confianza, le pregunté lo que tenía previsto hacer en Argentina, que era lo que todo el mundo quería saber. La respuesta me llamó mucho la atención porque enumeró cinco objetivos que eran todo un programa de gobierno. En primer lugar, me dijo casi con estas mismas palabras, Argentina había coqueteado con la idea de convertirse en el líder del Tercer Mundo y aquel proyecto se había acabado; Argentina pertenece al Primer Mundo y es ahí donde debía estar. Segundo, los argentinos «se habían fundido» su país y eso también debía variar: había que aplicar una nueva política económica y volver a hacer de Argentina un país próspero. Tercero, Argentina tenía malas relaciones con Estados Unidos y eso se había terminado; si en el mundo se quiere hacer algo importante, es imprescindible tener buenas relaciones con el vecino del Norte. Cuarto, Argentina iba a restablecer las relaciones con Europa porque Argentina es un país americano y europeo al mismo tiempo; en consecuencia, también aquí es necesario cambiar de actitud. Y por último, era imprescindible dar oportunidades de trabajo a la gente para que el país prosperara y saliera adelante.

Me impresionó la claridad de aquellos planteamientos, la rotundidad con que los expuso en unas cuantas frases y la capacidad de síntesis que demostraba. Desde aquel día yo pensé siempre que Carlos Menem sabía lo que quería y que sabía también cómo lo tenía que hacer.

El primer mandato de Menem, entre 1989 y 1995, fue un mandato brillante desde el punto de vista político y económico. Recibió grandes elogios dentro y fuera de Argentina. Para llevar a cabo su política reformista y de liberalización contó con un personaje muy conocido, su ministro de Economía Domingo Cavallo. Con él llevó a cabo un gran programa de desregulaciones, reducción del gasto público y privatizaciones en los que sin duda alguna tuvieron un papel importante los principios de lo que entonces se llamó el «consenso de Washington». Tal vez dejaron de establecerse, en algunas ocasiones, prioridades específicas. Por ejemplo, se privatizó buena parte del sector público, pero las privatizaciones, más que realizadas con el objeto de liberalizar la economía, se llevaron a cabo para reducir el peso excesivo del Estado. Se produjeron así algunos elementos de distorsión que tal vez se podían haber evitado, aunque en todo caso la economía argentina creció considerablemente y la inflación prácticamente se redujo a cero a lo largo de la década de los noventa.

La situación política tampoco era sencilla, por la complejidad del propio Estado argentino. La complicó aún más el hecho que Menem impulsara una reforma constitucional para presentarse a un segundo mandato en 1995. Ese mismo año vivió unas circunstancias personales trágicas con la muerte de su hijo, que llevaba su mismo nombre. Visité Argentina poco después y al exponerle mis condolencias, Menem no pudo dejar de emocionarse. Aquella tragedia le afectó muy profundamente.

Menem siempre ha sido un hombre de trato amable y afectuoso. En un segundo viaje que realicé a Argentina, un viaje oficial como Presidente del Gobierno español, la atmósfera de Los Olivos había cambiado considerablemente: todo estaba tranquilo y ordenado. Se habían recuperado y restaurado todas las estancias y los despachos. En una sala especial de cine que tiene la residencia, vimos un buen partido de fútbol, al que Menem es un gran aficionado.

Yo le había expuesto mi punto de vista acerca de las relaciones entre España y Argentina: Argentina es uno de los grandes países americanos y nuestros dos países debían cooperar con intensidad y en un marco de confianza mutua. Dio una cena oficial en el hotel Alvear, donde me hospedaba, y que es el centro de la vida social y cultural de Buenos Aires, al lado del barrio de La Recoleta. Al final, y para terminar el discurso que pronuncié, cité un tango famoso titulado *Mano a mano* que dice: «Si precisás una ayuda, si te hace falta un consejo, / acordate de este amigo que ha de jugarse el pellejo, / pa' ayudarte en lo que pueda, cuando llegue la ocasión.» En España me criticaron; allí me dieron una ovación cerrada. Yo no había querido hacer una simple declaración de intenciones. Ya para entonces habíamos trabajado juntos, sabíamos la dirección que íbamos a seguir y habíamos corroborado la intención de llevar a nuestros dos países a una nueva etapa de cooperación. Luego tuve ocasión de seguir demostrando que mi posición no era sólo sentimental ni retórica. Después de España, el país que más me ha ocupado y cuya evolución he seguido siempre más de cerca ha sido Argentina.

Menem y yo seguimos manteniendo una relación excelente, que se plasmaba en una colaboración fructífera en todas las visitas y las reuniones a las que asistimos, así como en las Cumbres Iberoamericanas. Recuerdo especialmente una, en Río de Janeiro, de Unión Europea-América Latina. Argentina, como muchos otros países de Iberoamérica, requiere voluntad de reformas y gobernantes que estén dispuestos a luchar por ellas. Hay que tener siempre presente que cuando se emprende la transición de una economía fuertemente intervenida o estatalizada, como lo eran muchas en Iberoamérica, a otras más abiertas y liberalizadas, es de importancia vital consolidar unas instituciones respetadas por todos. Ésa es una de las claves no sólo de la estabilidad de un país, sino también de su prosperidad y, al cabo, de su fortaleza.

La vida política argentina entró luego en una etapa difícil. Vino la alternancia, el Gobierno de Fernando De la Rúa, los años de crisis en los que se sucedían los presidentes. En esos momentos pude mostrar mi amistad y mi compromiso con Argentina. Siempre he sido muy consciente de la deuda que España tiene contraída con Argentina por haber acogido a tantos centenares de miles de españoles que encontraron allí oportunidades que su país no les ofrecía entonces. En momentos muy delicados para España, durante la posguerra y en pleno aislamiento, los argentinos nos proporcionaron una ayuda vital. Además, para un español Argentina resulta un país particularmente grato y cercano. Buenos Aires es de una belleza espectacular, una de las grandes ciudades del mundo, con una elegancia y al tiempo una vitalidad fuera de serie. Argentina, por su parte, es casi un continente, de grande como es la variedad y la monumentalidad de algunos de sus paisajes. Siempre me he sentido en casa allí.

# Álvaro Uribe

Una de las características más singulares del sistema político colombiano ha sido, hasta ahora, el carácter no reelegible de los presidentes. Por eso he tenido ocasión de conocer a varios presidentes de Colombia, con los que me une una buena amistad. Belisario Betancur, el primero; César Gaviria, que presidía Colombia cuando visité su país, siendo jefe de la oposición, invitado por Andrés Pastrana, que era alcalde de Bogotá; Ernesto Samper; el propio Andrés Pastrana, que me dio la oportunidad de conocer algunos de los paisajes más inolvidables de América, como son Cartagena de Indias y Sierra Nevada, donde nos vimos atrapados por una tromba de agua que duró más de tres horas.

Andrés Pastrana dio prueba de un coraje extraordinario y luchó incansablemente para conseguir la paz en su país. No lo consiguió por las circunstancias que le tocó vivir, pero nadie puede dejar de reconocer su valentía, su tesón y su esfuerzo. Puso en marcha el Plan Colombia, que comprometió a Estados Unidos en la lucha contra el narcotráfico y ofreció oportunidades de inversión y de empleo a sus compatriotas. Para la puesta en marcha del Plan Colombia, España fue una referencia inexcusable y desde aquí se le intentaron proporcionar todos los instrumentos de ayuda que estaban en nuestra mano. Pastrana me pidió también que incluyéramos en la lista europea de organizaciones terroristas a las FARC y a los paramilitares colombianos, lo cual hicimos con mucho gusto. Siento un gran aprecio por Andrés Pastrana, una gran persona y un excelente amigo, así como por Nora, su encantadora esposa.

Antes de dejar la Presidencia del Gobierno, en febrero de 2004, mi último viaje a Iberoamérica tuvo por destino Colombia. Surgió una oportunidad, como fue la inauguración del convento de Santo Domingo en Cartagena de Indias, uno de los centros de cooperación más importantes de España en América. Es un antiguo edificio de la época colonial, situado en el centro de Cartagena y restaurado con un cuidado y una meticulosidad dignos de admiración. Lo inauguramos Álvaro Uribe y yo, y luego participé con Mario Vargas Llosa en el Foro Democracia y Desarrollo en Iberoamérica, organizado por la Fundación Internacional para la Libertad.

Ávaro Uribe nos ofreció una cena en un recinto espléndido al aire libre y en el centro de Cartagena de Indias, estuve hospedado en la Casa de Huéspedes y luego disfrutamos unas jornadas de descanso. Nos embarcamos —siempre con las protecciones requeridas en Colombia— y visitamos algunas islas del Caribe colombiano, en particular la llamada isla del Tesoro, muy pequeña, con una única cabaña donde pasamos un día de navegación y de playa inolvidable. Álvaro Uribe es un buen deportista, en particular un gran nadador. Estuvimos nadando un buen rato, porque me desafió a nadar una hora con él, un reto que acepté con mucho gusto.

Quise que mi último viaje como Presidente tuviera Colombia como destino por reconocimiento a este gran país, de recursos inagotables, paisajes prodigiosos y una sociedad culta y generosa. Allí se habla el mejor castellano del mundo, y recuerdo con cariño que en varias ocasiones visité el Instituto Caro y Cuervo, dedicado al estudio de la lengua española y al que con toda justicia se le concedió el Premio Príncipe de Asturias de Comunicación y Humanidades en 1999. Pastrana reconoció nuestro apoyo al Instituto Caro y Cuervo condecorándome en el II Congreso Internacional de la Lengua Española celebrado en Valladolid. También quise volver a visitar Colombia para mostrar mi apoyo a la cooperación española allí y, finalmente, por el propio Álvaro Uribe.

Había recibido a Álvaro Uribe en España poco antes de su toma de posesión como Presidente en 2002. Colombia, siendo como es un país admirable por tantas razones, presenta también una peculiar combinación de factores que le ha llevado a problemas de difícil solución: está presente la plaga del terrorismo, con varias bandas, lo que empeora la situación; una parte del país está controlada por los terroristas; el narcotráfico es muy importante y está a su vez conectado con el terrorismo. La lucha contra ese conjunto de problemas es de una extraordinaria dificultad y todos los presidentes que se han enfrentado a él han pasado por momentos sumamente complicados. El propio Andrés Pastrana fue secuestrado; algunos familiares de su mujer Nora fueron asesinados brutalmente, y miles de colombianos han sido víctimas de la violencia, el chantaje, los secuestros y el terror.

Álvaro Uribe llegó a la Presidencia decidido a combatir este estado de cosas con la máxima determinación. Uribe tiene carácter de luchador, una idea clara de lo que hay que hacer, y el deseo de recuperar para las instituciones el apoyo y la confianza del pueblo colombiano. Lo recibí en La Moncloa, me expuso sus ideas y yo le hice algunas sugerencias. Siempre he pensado que ante la gravedad de las dificultades a las que se enfrenta Colombia, lo fundamental era que el Estado fuese más fuerte que los que lo desafiaban. Mientras los terroristas tuviesen la sensación de que tenían enfrente a un Estado débil, que podían desafiarlo, golpearlo impunemente e incluso ganarle la partida, era imposible que se produjesen avances serios. Por tanto el Estado debía ser reforzado y reinstaurado allí donde había dejado de existir. Debía ganar terreno a sus enemigos. También era imprescindible que se cumpliesen firmemente los compromisos a los que se llegara con Estados Unidos y con Europa. Para todo eso Colombia contaría siempre con el apoyo español, aun sabiendo que el país se enfrentaba a una tarea larga y dificultosa. Algunos europeos, por ejemplo, tienen una idea un poco particular de los terroristas colombianos, a los que consideran poco menos que luchadores románticos. Nos costó mucho convencerlos de que nos encontrábamos ante bandas de criminales organizadas para destruir cualquier posible convivencia pacífica y en libertad.

En todo momento mi Gobierno manifestó su apoyo a la acción emprendida por Álvaro Uribe. Así se lo expliqué en Colombia en distintas ocasiones, y muy especialmente durante la última visita oficial en Cartagena de Indias.

El coraje, la determinación y el valor personal de Álvaro Uribe son excepcionales. Ha sobrevivido a varios ataques y atentados, en uno de los cuales los terroristas hicieron estallar una carga de dinamita al paso de su coche en una calle de la ciudad de Barranquilla. En las muchas horas que he pasado con él le he visto atender todo tipo de situaciones. He sido testigo de la atención permanente que la urgencia de los problemas requería de él. El Presidente de Colombia no tiene ni un minuto de descanso, está constantemente pendiente de las múltiples operaciones que están realizando siempre el Ejército y las Fuerzas de Seguridad.

La firmeza de su actitud, en unos momentos en que Iberoamérica padece problemas tan serios como son la debilidad institucional y el retorno a políticas populistas, es muy importante. La democracia ha de garantizar la libertad y la seguridad de los ciudadanos y para ello necesita instituciones fuertes y creíbles. Después del 11 de septiembre, cuando el terrorismo pasó a ser el principal enemigo de la libertad en el mundo, la lucha de los colombianos y la determinación de Álvaro Uribe cobraron un valor ejemplar para todos. En Bogotá, en febrero de 2005, participé en el Segundo Congreso Internacional de Víctimas del Terrorismo. Ya nadie puede llamarse a engaño. Todos los terrorismos son iguales. No hay heroicidad, ni épica, ni romanticismo alguno en el recurso a la violencia contra personas inocentes. Las leyendas de jóvenes rebeldes que emprenden el camino de la violencia para lograr la justicia o la igualdad son siempre falsas. No hay ningún ideal que justifique el terror. Al contrario, cualquier causa que se invoque para justificar atrocidades como las que tanto han sufrido los colombianos está automáticamente descalificada.

Uribe sabía que mi Gobierno estaba pendiente en todo momento de lo que ocurría en Colombia. En 2002 asistí a la reunión del G-8 celebrada en Kananaskis, Canadá. Se trataron buena parte de los grandes problemas del mundo, pero había una zona de la que los líderes allí presentes parecían haberse olvidado, como era Iberoamérica. Yo no estaba dispuesto a que se pasase por alto una parte tan importante del mundo, y pedí que se hablara de la región y, más concretamente, que se realizara un gesto especial de apoyo a Colombia. Más tarde, cuando Uribe vino a Madrid me agradeció el gesto del que le había hablado Bush.

Con Álvaro Uribe mantengo una relación personal muy fluida. Con motivo de la presentación de mi libro anterior tuve la oportunidad de visitarlo en el Palacio de Nariño, en Bogotá. En esos días se estaba desarrollando una fuerte polémica en Colombia acerca de una posible reforma constitucional que permitiese la reelección del Presidente. Existían diversas opiniones al respecto. Había quien afirmaba que lo mejor era seguir como hasta ahí, porque los presidentes sólo deben ocupar el poder durante un mandato. Había quien afirmaba que la reelección era positiva, pero el Presidente que la pusiese en marcha no debía presentarse a ella. Y había, finalmente, quien estaba de acuerdo con la reelección y con que se pudiese presentar el Presidente que la patrocinara.

Yo siempre he sido partidario de que el Presidente se pudiera presentar a un segundo mandato. Es una posición coherente con lo que yo mismo he hecho en mi país, y además estoy convencido de que la posibilidad de un segundo mandato es conveniente para la estabilidad de las instituciones, un asunto crucial en la política iberoamericana. Cuatro años de mandato es muy poco tiempo para poner en marcha una política consistente. Más aún en Colombia, donde lo que se necesita precisamente es tiempo para proporcionar continuidad a las políticas. Como sabe que no puede ser reelegido, cada nuevo Presidente tiene la tentación de poner en marcha nuevas acciones de la forma más rápida posible, lo cual no siempre resulta positivo para el encauzamiento de los problemas. No puedo entrar a discutir aspectos precisos de la política colombiana, pero estoy convencido de que la continuidad de la acción de Álvaro Uribe es una garantía para Colombia. Los colombianos decidirán, como les corresponde, pero estas medidas, que han sabido recuperar la confianza de los colombianos en su país, me parecen dignas de ser apoyadas y así lo hicimos siempre con toda rotundidad.

Sería muy positivo para Iberoamérica que otros países de la zona siguiesen, cada uno en su circunstancia, el ejemplo de firmeza y de claridad democrática que ha demostrado Álvaro Uribe.

# Ernesto Zedillo

Conocí a Ernesto Zedillo en su toma de posesión como Presidente de México en 1994, siendo yo jefe de la oposición. Zedillo llegó a la Presidencia de la República en unas condiciones sumamente especiales. Su antecesor, Carlos Salinas de Gortari, había designado como candidato al Secretario General del Partido Revolucionario Institucional (PRI), Luis Donaldo Colosio. Colosio fue asesinado durante un mitin en Tijuana, en marzo de 1994, y fue entonces cuando Zedillo resultó elegido como candidato de su partido a la Presidencia.

Yo había visitado México en ocasiones anteriores, siendo Presidente de la República Carlos Salinas de Gortari. Siempre me había atraído intensamente. El final del discurso de toma de posesión de Zedillo, con el grito tradicional y tan profundamente americano de «¡Qué viva México!», no me defraudó.

Poco después de llegar a la Presidencia, Ernesto Zedillo se encontró con dos problemas gravísimos. Uno fue la crisis financiera que sacudió el país, el llamado *tequilazo* que estuvo a punto de provocar la quiebra del Estado mexicano y provocó una recesión económica muy peligrosa para toda la región. El segundo fue la aparición a la luz pública de la herencia de su antecesor en el cargo, una herencia que no iba a dejar de tener consecuencias políticas.

Zedillo es un reconocido y prestigioso economista, así como un político consumado. Supo hacer frente a estas dos circunstancias, y muy en particular a la crisis financiera, con una gran brillantez. Su actuación corroboró lo que siempre había pensado de él: Ernesto Zedillo es una persona muy bien preparada, capaz y competente.

Nuestra relación resultó fácil y fluida desde el principio. Había una excelente sintonía de carácter personal y además Ernesto Zedillo tenía una visión muy cercana a la mía acerca de lo que deben ser las relaciones entre México y España. Cuando fui por primera vez a México como Presidente del Gobierno, en el banquete oficial Zedillo pronunció un discurso extraordinario, con un fuerte compromiso hacia España y una propuesta concreta y articulada de colaboración de nuestros dos países, tanto en los asuntos americanos como en una dimensión global.

Esa disposición dio lugar a una relación bilateral estrecha, que siempre funcionó muy bien, en unos márgenes de gran confianza. Resultó particularmente importante para nosotros la colaboración en la lucha antiterrorista, sobre todo en cuanto a la presencia de miembros de la banda terrorista ETA en México. Ernesto Zedillo asumió unos compromisos claros y puso en marcha una política insólita hasta entonces, como fueron las expulsiones de terroristas. También se intensificó la colaboración de la policía española con la mexicana, así como la de nuestros respectivos ministerios de Asuntos Exteriores. Ernesto Zedillo sabía que México podía servir de refugio a los terroristas y no estaba dispuesto a tolerarlo. No iba a aceptar que España, que él considera una gran nación, pudiera correr el riesgo de disgregarse bajo la presión de unos terroristas que hubieran encontrado en México un refugio que para él equivalía a complicidad. Durante las visitas que realizaron a México algunas autoridades del Gobierno vasco, así como miembros del Partido Nacionalista, se expresó con una contundencia que acalló cualquier duda. Finalmente, dio el paso que nunca había dado ningún Presidente de México, que fueron las expulsiones directas de personas vinculadas con el terrorismo. Los españoles siempre tendremos que estar agradecidos a Ernesto Zedillo por estas decisiones valientes y de resultados tan positivos para nuestro país.

Zedillo contribuyó también a impulsar la colaboración en otro terreno no menos importante. Nunca hasta su mandato hubo una colaboración económica tan intensa entre México y España. Por su formación de economista y por su carácter prudente y disciplinado, Zedillo transmitía confianza en la economía mexicana. Sabía ganarse la confianza de los líderes económicos y políticos internacionales. Por otra parte, las reformas de liberalización que nosotros estábamos llevando a cabo en España iban en la misma dirección que las emprendidas por Zedillo en México. Las medidas adoptadas por Zedillo condujeron a México a varios años de prosperidad y de progreso como pocas veces había conocido en su historia.

Otro aspecto de las relaciones al que dimos un impulso considerable fue la posición de España y de México en Iberoamérica. Como ya he dicho, Zedillo era decididamente partidario de una actuación conjunta de nuestros dos países. Así fue como se llegó en 1999 a la creación de la Secretaría de Cooperación Iberoamericana. Convinimos en que la desempeñara un mexicano, el embajador Jorge Alberto Lozoya, y que luego se transformaría en una Secretaría General permanente. Por su parte, el Gobierno español se encargaría de proporcionar la sede. Así se puso en marcha una institución nueva, con programas importantes y un papel relevante en las relaciones iberoamericanas.

Con Ernesto Zedillo establecimos la costumbre, que luego continuó con su sucesor Vicente Fox, de que al comienzo de cada Cumbre Iberoamericana se celebrara un almuerzo en el que el Rey de España invitaba al Presidente de México y al Presidente del Gobierno español. Cambiábamos impresiones y reforzábamos la colaboración entre nuestros países, objetivo compartido por ambos.

México había alcanzado un acuerdo para establecer una

zona de libre comercio con Estados Unidos y Canadá, la llamada zona NAFTA por el nombre del Tratado, y su interés estratégico era, a partir de ahí, conseguir otro gran acuerdo político y económico con la Unión Europea. Zedillo comprendió cuáles eran los intereses estratégicos de su país y trabajó intensamente para conseguirlos. Yo también puse un considerable empeño en sacar adelante el acuerdo, que quedó zanjado definitivamente en la Cumbre de Lisboa, durante el semestre en el que Portugal presidía la Unión Europea. Habíamos tenido algunos problemas con ciertos productos españoles y Zedillo tuvo la tentación de aplazar la firma del acuerdo. Le dije que no lo hiciera porque en la Unión Europea cualquier aplazamiento corre el riesgo de eternizarse y cuando llega la oportunidad no hay que dejarla pasar. Zedillo me hizo caso y México logró otro gran objetivo estratégico.

En las distintas visitas que he realizado a México, siempre he mantenido una relación excelente con Ernesto Zedillo y con su esposa. Participamos juntos en numerosas cumbres iberoamericanas, aunque recuerdo muy especialmente la Cumbre de La Habana en 1999. Zedillo expresó rotundamente su compromiso con la exigencia de democracia y libertad en Cuba. Intervino durante un almuerzo en el Havana Club con un discurso muy brillante en el que dejó bien clara su posición en contra del régimen de Fidel Castro. Yo no era demasiado partidario de que todos diésemos nuestra opinión sobre el régimen cubano, porque tenderíamos a reforzar el papel de resistente que tanto le gusta interpretar a Fidel Castro, pero las palabras de Zedillo fueron tan rotundas que no podían ser malinterpretadas por nadie. En la clausura, volvió a intervenir con una claridad que sorprendió a mucha gente, en vista de las relaciones de cercanía que siempre han mantenido México y Cuba.

En 2000 coincidimos en el Foro Económico de Davos, tras lo cual Zedillo iba a iniciar una visita oficial a España. Antes le invité a pasar unos días en Doñana. En Davos se encontraba también Andrés Pastrana, y con la intención de que nos acompañara, le pregunté a Zedillo si tenía algún inconveniente en que Pastrana se sumara a nosotros, a lo que no puso ninguna objeción. Zedillo nos invitó a hacer el viaje en el avión oficial de la Presidencia de México y pasamos unos días muy agradables en Doñana.

Ernesto Zedillo es un excelente deportista y siente una gran afición por el ciclismo. En aquella ocasión me trajo de regalo una *mountain bike*. A mí me gusta mucho el deporte, pero no hago ciclismo. Aun así, Zedillo insistió para que nos diéramos un paseo por Madrid en bicicleta. Era algo un poco complicado, entre otras cosas por razones de seguridad, pero insistió tanto que una mañana acabamos saliendo temprano para dar una vuelta por la Casa de Campo. Por supuesto corría mucho más rápido que yo, que no estoy acostumbrado a subir en bicicleta. La sorpresa llegó después, cuando me enteré de que la Casa de Campo había sido cerrada para que Zedillo y yo pudiésemos hacer deporte. El paseo tuvo lugar entre las ocho y las nueve de la mañana y espero no haber causado demasiados trastornos a quienes tienen por costumbre pasar por allí a esa hora.

Ernesto Zedillo fue el primer presidente del PRI que dio paso a un jefe de Estado de otro partido político y reconoció la victoria de la oposición después de setenta años sin alternancia en el poder. Zedillo demostró su apego a la transparencia y su lealtad institucional. Fue un ejemplo de honradez y pudo decir con merecida satisfacción que México había «completado su viaje hacia la democracia». Vicente Fox, candidato del Partido de Acción Nacional (PAN), llegó al poder en circunstancias difíciles, sin mayoría parlamentaria. Fue el otro gran protagonista de unos hechos que normalizaron la circunstancia política mexicana.

Durante las visitas que realicé a México en todos estos años tuve la oportunidad de conocer y tratar a algunas personas, especialmente a Octavio Paz, un escritor al que admiro por sus ensayos pero también, y quizá aún más, por su poesía, que me parece extraordinariamente hermosa. Octavio Paz era además un gran observador de la actualidad internacional. Ernesto Zedillo organizó una cena memorable con él en Los Pinos, la residencia oficial del Presidente. También entré en contacto con el círculo de la revista *Vuelta*, ahora organizado en torno a Enrique Krauze. Son personas abiertas, reformistas y liberales con los que siempre he mantenido una excelente relación. Alguna vez fui a almorzar a los estudios de Televisa con el legendario Emilio Azcárraga. En una ocasión, él mismo me enseñó las instalaciones y en otra me quedé asombrado con el realismo de unos decorados para una producción ambientada en Guanajuato. Trabé una excelente amistad con un gran periodista, Jacobo Zabludowski, que trabajaba entonces en Televisa y era un gran aficionado a las cosas de España. La colonia española de México fue y sigue siendo excepcional por su dinamismo, su dedicación y su capacidad de iniciativa empresarial, por ejemplo en la creación del Grupo Modelo, que desde hace muchos años dirige mi buen amigo el leonés Antonino Fernández.

En 2002 tuve el honor de poder rendir un tributo de admiración y de gratitud a Ernesto Zedillo y a Mario Vargas Llosa en un acto celebrado en la Casa de América, en Madrid, durante el cual entregué al primero el Premio Tribuna Americana y al segundo el Premio Ateneo Americano. Fue un honor contribuir al reconocimiento público de estos dos grandes amigos de España. Ahora los dos competimos en nuestras respectivas universidades, yo en Georgetown y Zedillo en la Universidad de Yale, donde dirige un centro de estudios económicos. En la última reunión de Davos, Zedillo tuvo la amabilidad de acudir a una conferencia que yo daba. Discrepamos acerca de cuál de las dos universidades es mejor que la otra, pero eso no nos ha impedido seguir siendo amigos.

# Fidel Castro

Siempre me he sentido muy próximo a las cosas de Cuba. Como español, he participado de esa relación especial, hecha de identificación y afecto, que une a España con Cuba. Pocos países habrán marcado tanto la historia sentimental de los españoles. A pesar de la lejanía y del tiempo transcurrido desde su independencia, los españoles solemos sentir lo que ocurre allí como algo próximo y que nos toca de cerca, como le podía afectar a un compatriota. Además, mi familia vivió en La Habana durante casi diez años; en los años veinte del siglo pasado, mi padre estudió en el famoso Colegio Belén, en La Habana, y desde muy pequeño oí hablar en casa, con un amago de nostalgia, de lo hermosa que era la ciudad, lo hospitalarios que habían sido los cubanos, la amabilidad de la vida en Cuba. Cuba, por tanto, forma parte de mi historia como español y de la historia de mi vida familiar y personal.

Por otra parte, Cuba siempre ha sido muy importante por haber sido el único país de cultura española en el que se ha instalado duraderamente un régimen comunista, la dictadura de Castro. He tenido la fortuna de no haber sido nunca marxista, ni comunista, ni socialista. Jamás he tenido la tentación de coquetear con ninguna forma de utopismo revolucionario. Nunca he adornado las paredes de mi casa con carteles de Castro ni del Che Guevara. No le tengo ni le he tenido nunca la menor simpatía al régimen de Castro. Me parece una dictadura inaceptable. Es cierto que Castro se ha ganado su puesto en la historia, pero no es un puesto envidiable. Será recordado como un dictador cruel e inhumano, que perjudicó los intereses de Cuba e impidió a muchos hacer de su tierra lo que debería ser, uno de los países más bellos y más dinámicos del mundo. Como todavía no está escrito el último capítulo de esta historia, probablemente nos queda por asistir a alguna escena que empeorará aún más el penoso juicio que merece Castro en la triste historia del totalitarismo.

Mientras yo ocupé la Presidencia del Gobierno español, siempre tuve un especial cuidado en que Castro no pudiera nunca utilizar sus relaciones personales conmigo ni las relaciones que mantiene con España, en beneficio propio o en pro de la perpetuación del régimen cubano. Era una línea de conducta que me había trazado desde antes de llegar al poder. En cambio, quería manifestar un compromiso claro y sin ambigüedad alguna con las libertades y la democracia en Cuba. Siempre fui consciente de que ese compromiso con la democracia y la libertad iba a ser más intenso de lo que lo había sido el de los gobiernos socialistas anteriores. Por alguna razón que nunca he conseguido entender, los gobiernos socialistas siempre han sido muy tibios a la hora de condenar a Castro. Yo sabía, por tanto, que la nueva posición del Gobierno español traería aparejados problemas. Otra cosa muy distinta es que esa nueva posición pudiese servir de pretexto para una ruptura de las relaciones entre España y Cuba, y le proporcionase a Castro un balón de oxígeno adicional con un nuevo enemigo exterior contra el que dirigir sus quejas, sus diatribas y su demagogia.

Mi primer encuentro con Castro tuvo lugar en Santiago de Chile, con motivo de la Cumbre Iberoamericana de 13 y 14 de noviembre de 1996. En los almuerzos de estas cumbres se acostumbra a sortear el orden en que los participantes están colocados en las mesas, y el destino quiso colocarnos juntos a Castro y a mí. Ya había expectación ante nuestro encuentro antes; ahora era mucho mayor. Allí tuvimos una primera conversación, sumamente animada, ante la expectación de los vecinos de mesa y del resto de los asistentes. Fue en esa primera conversación cuando le dije que le tocaba «mover ficha». Habíamos estado hablando de las transiciones de regímenes dictatoriales a otros abiertos y democráticos, así como de las reformas que era necesario emprender para conseguir un objetivo como el que se había logrado en muchos otros países, como en las naciones europeas sometidas a la influencia soviética. Había llegado, le dije entonces, la hora de los hechos, porque estaba convencido de que las conversaciones interminables, el intercambio de mensajes y de emisarios o la organización de planes de trabajo y de jornadas de estudio no iban a producir jamás el menor efecto. Si Castro quería que la actitud de España o la de Europa variasen, le tocaba hacer un gesto, es decir, «mover ficha». A partir de ahí la conversación derivó hacia un intercambio de opiniones muy vivo, que Castro interrumpió en un momento elogiando la corbata que yo llevaba puesta. Le contesté que no podía decir lo mismo de la suya, a pesar de lo cual me quité la mía y se la regalé, ante lo cual él hizo lo propio con la suya. Yo quise que constara, ante todos los asistentes, que Castro salía ganando, y mucho, con aquel intercambio.

En aquellos momentos, Castro estaba llevando a cabo una política clásica de provocación. Retiró el plácet al embajador de España cuando ya estaba concedido y yo comprendí que buscaba un conflicto, tal vez una ruptura. Decidí que la actitud más recomendable era tomarnos las cosas con tranquilidad, entre otras razones porque en España los socialistas y los comunistas siempre se han mostrado activos, por no decir beligerantes, en todo lo que concierne al régimen de Castro. Dejé transcurrir bastante tiempo sin que tuviéramos un embajador de España en La Habana y Castro acabó entendiendo que yo no le iba a hacer el favor de mantener una polémica en el ruedo público con el Presidente del Gobierno español como interlocutor, como si un régimen como el de Castro pudiera medirse con una Monarquía parlamentaria y democrática como la española. Tras de algunas conversaciones telefónicas, acabamos arreglando personalmente el problema del embajador y se restauró como es debido la representación diplomática de España en Cuba. Fue, de hecho, la ocasión para una de las intervenciones parlamentarias en las que más me he divertido, cuando un diputado socialista quiso ponerme contra las cuerdas y me preguntó cuándo iba a haber un nuevo embajador de España en La Habana. Me levanté del escaño y le contesté con una sola palabra: «Mañana.» Así fue. Al día siguiente se nombró al nuevo embajador.

Aquello no quería decir que yo hubiera variado mi posición con respecto al régimen de Castro. La mejor prueba de ello es que fue España quien promovió la posición común de la Unión Europea ante Cuba, una actitud considerablemente más exigente que la que antes mantenían nuestros socios europeos en el terreno de las libertades y los derechos humanos en la isla. Aun así, y tal vez porque yo había mantenido una posición discreta en cuanto a las declaraciones, algunas personas y una parte de la opinión pública se sintieron inquietas ante lo que pensaron que era un cambio de posición favorable a Castro. Un día me llamó Mario Vargas Llosa y me manifestó su deseo de verme lo antes posible. Lo cité inmediatamente y se presentó en La Moncloa acompañado de Guillermo Cabrera Infante. Querían manifestarme su preocupación ante lo que consideraban, o temían, fuera un nuevo rumbo de la política del Gobierno español con respecto al régimen de Castro. Los tranquilicé, asegurándoles que tal cambio no existía y que no se iba a producir mientras yo estuviese en la Presidencia del Gobierno.

También por entonces se produjo una polémica intensa acerca de un posible viaje de los Reyes a Cuba, un viaje que yo siempre desaconsejé porque estaba seguro de que sería utilizado por el régimen de Castro para su provecho. Siempre he recordado el viaje del Papa a Cuba en enero de 1998. Las visitas del

Papa a países con regímenes dictatoriales han sido con frecuencia decisivas para mejorar la situación y abrir el camino a la democracia. No entro en la dimensión puramente espiritual y moral del viaje, porque los tiempos de la Iglesia no son los de la política, y estoy convencido de que la estancia del Papa allí ayudó a muchas personas que en Cuba más que en ningún otro sitio están necesitadas de consuelo y de solidaridad. Aun así creo que, en el caso de Cuba, la presencia del Papa en La Habana, con aquella misa celebrada delante de un retrato gigantesco del Che Guevara, proporcionó a Castro tiempo y margen de maniobra.

Mantuve un nuevo encuentro con Castro en Oporto, durante la Cumbre Iberoamericana celebrada allí los días 17 y 18 de octubre de 1998. Previamente habíamos acordado un desayuno de trabajo, durante el cual estuvimos hablando de las relaciones entre nuestros dos países. Cualquier reunión con Castro produce una excitación mediática muy notable, que nunca me dejó de sorprender por mucho que supiera que buena parte de los periodistas que cubrían mis viajes sentían simpatía por Castro. Ahora bien, lo que nos encontramos a la salida de aquel desayuno desbordaba cualquier expectativa, incluso la del más exaltado nostálgico del Muro de Berlín. Ocurría que mientras nosotros estábamos reunidos, y sin que nadie nos hubiera informado de ello, había llegado la noticia de que el juez Baltasar Garzón había ordenado la detención de Augusto Pinochet en Londres. Ante las preguntas de los periodistas yo manifesté, como era cierto, que no tenía noticia alguna del asunto. Castro, en cambio, reaccionó afirmando que la noticia forzosamente tenía que ser un infundio porque Pinochet había ayudado a los ingleses en la Guerra de las Malvinas y, por tanto, Gran Bretaña no encarcelaría nunca a un antiguo aliado. Ésa es la idea que tiene Castro de cómo funciona la justicia en un país libre.

Durante el desayuno, Castro me había informado de que se disponía a visitar Extremadura, como yo ya sabía previamente. Añadió que deseaba volver a hablar conmigo, a lo que le contesté que no tenía prevista ninguna visita a Extremadura en los días siguientes a la Cumbre. Entonces debió de decidir que era mejor sincerarse y me dijo que lo que le interesaba no era la visita a Extremadura, ni las relaciones con el Presidente de esta Comunidad Autónoma. Lo que quería era reunirse conmigo. Ante eso, accedí a recibirle en La Moncloa, con una condición. La visita duraría exactamente dos horas, de seis a ocho de la tarde del día 20 de octubre. Siempre me han asombrado las personas que expresan la satisfacción, el placer o incluso el gozo que les ha producido disfrutar de seis, siete u ocho horas seguidas de conversación con Castro. Confieso que la idea de hablar seis o siete horas seguidas con Castro me produce desazón y una sensación anticipada de profundo aburrimiento. Más interesantes me parecen las medidas de presión y, en la medida de lo posible, someter a Castro a una agenda concreta. Por eso especifiqué con tanta precisión las circunstancias de la entrevista. Castro tenía que darse cuenta de que había un marco trazado de antemano y que nos íbamos a atener a él.

En esa conversación yo también me franqueé con él con respecto a un asunto que en la propaganda castrista siempre ha tenido gran importancia, el embargo contra Cuba. Si estuviera en mis manos, le dije, levantaba el embargo contra Cuba mañana mismo, o al cabo de muy poco tiempo, y acababa con el régimen en tres meses. Castro me contestó, literalmente, que él «necesitaba el embargo para esta generación y la siguiente». Ésas fueron sus palabras. Me pareció asombrosa la crueldad y la hipocresía de ese doble discurso de quien manifiestamente está utilizando a su pueblo como moneda de chantaje para denunciar a supuestos enemigos extranjeros y perpetuarse en el poder. Es evidente que el embargo es una de sus bazas para continuar en el poder y para perpetuar el régimen en el futuro. En mi opinión, y como me corroboró él mismo, el embargo es uno de los grandes aliados con los que ha contado Castro. El problema consiste en que el embargo no depende de España, sino de la política norteamericana. España, por su parte, tiene la obligación de impulsar una política como la que adoptó en el marco de la Unión Europea, con unas posiciones comunes y dentro de las posibilidades de nuestro país. Cuando salimos de la conversación que celebramos en el despacho oficial de La Moncloa, nos encontramos con mi hijo José María, al que Fidel Castro, una vez hechas las presentaciones, dijo: «Estás saludando al demonio.»

La celebración de la Cumbre Iberoamericana en La Habana en 1999 había suscitado reticencias ante las cuales yo me mantuve firme en la opinión de que había que cumplir las reglas que conforman las relaciones de la comunidad iberoamericana, con independencia de los regímenes que gobiernan los países. Según esas reglas, Cuba debía ejercer de anfitriona de la siguiente cumbre y así fue como ocurrió. Aquella posición llamó la atención en La Habana, como también había llamado la atención mi oposición a la Ley Helms-Burtons, votada bajo el segundo mandato de Clinton, que castiga a las empresas no norteamericanas que quieren hacer negocios en Cuba. En muy buena medida, Cuba se ha acabado convirtiendo para Estados Unidos en un problema de política interna. Ahora bien, comprender este hecho no quiere decir que tengamos que asumir todas sus consecuencias. España tiene la obligación de mantener una política propia, o consensuada con todos sus socios de la Unión Europea, como lo ha venido haciendo desde entonces.

Con ocasión de la Cumbre en La Habana tuve la ocasión de visitar la casa en la que había vivido mi familia, y de la que tanto había oído hablar. También me habían buscado los artículos que mi abuelo había escrito en el *Diario de la Marina* y en *El País*, los dos periódicos que dirigió cuando vivió allí. La casa en la que residió mi familia está cerca de la universidad, y cuando la visitamos estaba dividida en varios apartamentos. El estado era lamentable, tanto que las personas que se habían

ocupado de preparar la visita ya me habían avisado antes y
—afortunadamente— pudimos llevarles algunos objetos de primera necesidad, como jabón, que no habían utilizado desde hacía mucho tiempo, ropa interior y pasta de dientes. La gente que vivía en aquella ruina no tenía nada. No sólo carecía de las cosas que hacen agradable la vida. Carecía de lo mínimo imprescindible para sobrevivir con dignidad. Eso sí, durante la visita no se separó de mí ni un solo instante el comisario político de la casa. Eso nunca falta en la Cuba de Castro.

Los Reyes asistieron a aquella Cumbre en La Habana, lo que no constituía la visita de Estado que Castro hubiera deseado. En consecuencia, tuvimos ocasión de comprobar hasta dónde es capaz de llegar Castro cuando los acontecimientos no se desarrollan según sus deseos. Desde varios meses antes había puesto en marcha una operación que consistía en advertir a los habitantes de La Habana que cuando los Reyes de España visitaran la ciudad no quería ver a nadie en la calle. Quien no cumpliese el programa debería atenerse a las consecuencias. Efectivamente, cuando visitamos a pie el centro histórico de La Habana, no había ni una alma por las calles. En cada puerta se había situado un policía o un comisario. Con un poco de suerte se veía al fondo de alguna de las viviendas a los más valientes, arracimados, con las cabezas asomando por el quicio de una puerta. El mensaje de Castro era meridianamente claro: si yo quería ver a alguien, debía ir a Cuba como él quería.

Hubo una persona que tuvo la habilidad extraordinaria de saltarse la prohibición. En la comitiva, la Reina se había adelantado y en el mismo momento en que yo pasaba por delante de un portal salió una señora que insistió, haciendo muchos aspavientos, en que no iba a dejar de ver a la Reina de España. Yo escuché cómo el hombre destacado en la misma puerta le dijo que si se acercaba a nosotros la mataba. Entonces llamé a la Reina, que se acercó, se hizo cargo al instante de la situación y expresó su deseo de visitar la vivienda de aquella señora que con tanta amabilidad se lo estaba ofreciendo. Ya no hubo forma de parar la escena que se desarrolló a continuación. La comitiva se acercó a la puerta y la señora nos invitó a pasar. Sin dejar un solo instante de hacer elogios muy sonoros y elocuentes de Castro, de su régimen y de la extraordinaria calidad de los servicios públicos que ofrecía al pueblo cubano, la señora nos enseñó el piso entero. Era un desastre, una casa devastada tras una guerra. Las paredes estaban desconchadas; la nevera, que databa de los años cincuenta, estaba vacía; no había muebles, ni lámparas, y en vez de una cama, en una esquina se tambaleaba un catre miserable. Ésos eran los frutos de cuarenta años de Revolución socialista, que aquella señora cubana supo mostrarnos con tanta inteligencia.

Más tarde el régimen de Castro endureció sus posiciones, pero solamente cuando Castro encarceló a setenta disidentes y fusiló a tres personas, en junio de 2003, una parte de la izquierda europea fue capaz de reaccionar. Bien es verdad que esa misma izquierda que no había encontrado nada condenable en tantos años se apresuró a festejar la liberación de Raúl Rivero en noviembre de 2004 como un gran gesto de Castro. Poco antes la mayoría parlamentaria que apoya al Gobierno socialista había votado en contra de un gesto de solidaridad con los presos políticos cubanos. No logro comprender la fascinación que ejerce Castro, ni consigo comprender que todavía haya personas que crean de buena fe que la revolución castrista ha tenido algún efecto positivo para Cuba.

En los años en que ocupé la Presidencia del Gobierno me reuní en varias ocasiones con numerosos miembros de la oposición cubana. La última vez lo hice en Miami, en septiembre de 2003. La oposición cubana cuenta con personas muy destacadas, algunas de ellas instaladas en Madrid desde hace muchos años, como Carlos Alberto Montaner. La variedad de las posiciones no desmerece, al contrario, la extraordinaria calidad y el valor de unas personas que no olvidan su país, ni sus raíces, ni su vinculación con su patria. Son personas admirables y en muchos casos ejemplares por su lealtad y su constancia. Nuestro Gobierno apoyó activamente el Proyecto Varela, porque constituía una posible transición hacia la democracia. Recibí a su promotor, Oswaldo Payá, en La Moncloa en diciembre de 2003, e hicimos todo lo que estuvo en nuestras manos para que Payá recibiera el Premio Sajarov, con el que el Parlamento Europeo reconoció su extraordinario esfuerzo a favor de los derechos humanos. También le ayudamos para que fuera recibido en Washington y por el Papa en el Vaticano. En la medida de lo posible, hemos intentado ayudar siempre a los disidentes perseguidos, encarcelados, humillados y torturados durante los más de cuarenta años que Castro lleva imponiendo su dictadura al pueblo cubano. También lo hemos hecho y lo seguimos haciendo desde FAES, que sigue muy pendiente de los asuntos relacionados con la libertad en Cuba. Cuando llegue el momento, los españoles tendremos la obligación de apoyar la democratización de Cuba. Sin ella, la Transición española seguirá estando, en una parte al menos, incompleta.

# La Cumbre de las Azores

Nos reunimos en las islas Azores el 16 de marzo de 2003, en un momento crítico previo a la intervención norteamericana y británica en Irak. Era necesario plasmar en una reunión de líderes políticos nuestra posición común ante la crisis de Irak. En el Consejo de Seguridad de la ONU se estaba produciendo una situación que requería una respuesta. Sadam Husein estaba incumpliendo la Resolución 1441 que había sido votada por unanimidad en el Consejo de Seguridad en el mes de noviembre de 2002 y le obligaba a permitir la inspección de sus instalaciones de armamento. Junto con Estados Unidos y Gran Bretaña, habíamos promovido la presentación de una nueva resolución para intentar encontrar un punto de acuerdo acerca de la posición que la comunidad internacional debía adoptar ante este incumplimiento. Este intento de llegar a un acuerdo estaba siendo bloqueado por algunos miembros del Consejo, en particular Francia, Alemania, Rusia y China. Si el bloqueo continuaba y no se tomaba ninguna determinación, la situación entraría en una fase de estancamiento. Sadam Husein demostraría que se podía incumplir impunemente la legalidad internacional, las medidas de presión serían inútiles y la ONU quedaría convertida en una institución sin la menor utilidad.

La primera propuesta, realizada por iniciativa del Presidente Bush, sugería que celebráramos la reunión en las islas Bermudas. Respondí que siempre acudiría con mucho gusto a una reunión en la que estuvieran presentes Bush y Blair, pero que las islas Bermudas no me parecían el lugar más conveniente. Me contestaron que las islas Bermudas habían sido el escenario tradicional de algunas reuniones de líderes atlánticos, y yo dije que conocía y respetaba esa tradición, pero que en España el solo nombre de esas islas iba asociado a una prenda de vestir que no era precisamente la más adecuada para la gravedad del momento en que nos encontrábamos.

Como notaron que no iba a dar marcha atrás, me sugirieron que realizara una propuesta. No había mejor sitio que las islas Azores, que tenían una tradición de reuniones atlánticas. Me insinuaron que las islas Azores planteaban algunos problemas de desplazamiento para el Presidente de Estados Unidos, a lo que contesté que yo, por mi parte, estaba dispuesto a acudir a cualquier sitio que no fuera las islas Bermudas. George Bush acabó aceptando viajar hasta las Azores, aunque eso le supuso algunas horas más de vuelo. Evidentemente, quedaba por resolver el problema de que las islas Azores fueran territorio portugués, por lo que me comprometí a hablar con José Manuel Durão Barroso, entonces Primer Ministro de Portugal.

Llamé a Durão y le expuse la situación. Pidió unos momentos, consultó con el Presidente de la República, que —creo saber— no era partidario de que el Primer Ministro asistiese a la reunión, y a pesar de todo accedió a nuestra petición. Además de ejercer de anfitrión, José Manuel Durão Barroso asistió a todos los debates y las reuniones.

La elección de las islas Azores no fue un hecho arbitrario ni caprichoso. Las islas Azores representan la tradición y la vocación atlántica no sólo de España, sino también de Portugal y del conjunto de la península Ibérica. Fue una elección consciente y meditada, destinada a expresar con la máxima claridad la voluntad de compromiso atlántico de España. Siempre he creído en la España atlántica. La historia y, me atrevería a escribir, la naturaleza de España son indisociables del Atlántico. La contribución más importante de España a la historia del mundo es el descubrimiento de América. ¿Cómo se puede llegar a concebir una España sin la dimensión atlántica? Uno de los defectos de la política española a lo largo del siglo XX ha sido justamente estar ausentes en los capítulos más importantes de definición de la política atlántica.

El vínculo atlántico tiene como objetivo preferente Estados Unidos, pero debería ampliarse, por interés de todos, al conjunto de América. Lo mismo puede decirse de Europa. Europa sobrevivió a los totalitarismos gracias al vínculo atlántico y seguirá existiendo si éste se mantiene. No hay nada más equivocado que una política que tienda a debilitar el pacto atlántico o a elaborar una construcción europea contrapuesta a Estados Unidos. Europa no es capaz de garantizar su propia seguridad; vive un declive demográfico serio que va a incrementar los riesgos que corre; es vulnerable por su situación geográfica y se encuentra inmersa en un proceso de ampliación institucional que está resultando un éxito, pero que también aumenta las incertidumbres. En este panorama, el lazo atlántico es fundamental. Además Europa debe competir económicamente con Estados Unidos, y si no lo consigue, se quedará atrás.

Por su parte, España presenta riesgos adicionales: el terrorismo internacional, el derivado de situaciones de inestabilidad en el norte de África y el terrorismo nacionalista y las derivas secesionistas. Frente a estos tres riesgos, el fortalecimiento de la relación atlántica resulta vital. En cuanto a la lucha contra el terrorismo, nuestro compromiso con Estados Unidos ha sido extraordinariamente útil. También lo es ante cualquier riesgo de inestabilidad en el norte de África, porque España posee una capacidad defensiva limitada y Europa, por sí sola, no puede intervenir en estas situaciones. Así lo puso de manifiesto lo ocurrido en el islote de Perejil. Lo importante en la crisis de Perejil no fue la propia crisis, que España hubiera podido resolver por sí sola en cualquier momento. Lo relevante fue cómo se manifestaron las actitudes que cada uno adoptaría a partir de ahí.

La reunión de las Azores tuvo lugar en la base militar de Lajes. Primero repasamos la situación y constatamos que estábamos en los momentos finales de una situación irreversible. Si las Naciones Unidas no desbloqueaban la situación creada a partir de nuestra disposición a presentar una nueva resolución, y dado que Sadam Husein no iba a tomar las medidas que demostraran su voluntad de permitir las inspecciones de la ONU, habría llegado el momento de actuar. La Resolución 1441 y las anteriores votadas en el Consejo de Seguridad nos ofrecían la base suficiente para una intervención en Irak. Ése fue el contenido de la reunión, en un ambiente en el que, como siempre, Bush mantenía un optimismo considerable y yo, por mi parte, intentaba que nos colocáramos siempre en la peor de las situaciones, por previsión y para ahorrarnos posteriores disgustos. Fue una reunión breve, en la que estuvimos acompañados por nuestros respectivos equipos.

Inmediatamente después, comparecimos ante la prensa y trasladamos a la opinión pública internacional nuestra opinión, nuestra perspectiva y los compromisos que habíamos adquirido. Tal y como hicimos público en la llamada Declaración de la Cumbre del Atlántico: «Durante doce años la comunidad internacional ha tratado de persuadir [a Sadam Husein] de desarmarse y, en consecuencia, evitar un conflicto militar, más recientemente mediante la aprobación unánime de la Resolución 1441. La responsabilidad es suya. Si Sadam Husein rehúsa, incluso ahora, cooperar plenamente con las Naciones Unidas, provocará las graves consecuencias previstas en la Resolución 1441 y las resoluciones anteriores.»

Finalmente, cenamos juntos, aunque Blair tuvo que irse antes de terminar. Fue una cena algo más distendida, después de unos momentos muy graves en los que decidimos hacer cumplir la legalidad internacional frente a un régimen que había provocado dos guerras, que había oprimido y masacrado a su propio pueblo y que se negaba a demostrar que no estaba en posesión de armas ilegales y susceptibles de ser utilizadas en actos de terrorismo. España, en esa ocasión, estuvo donde tenía que estar y con los que tenía que estar.

También quisimos plasmar ante la opinión pública nuestro compromiso con la defensa y la extensión de la libertad y la democracia, que es lo que significa el compromiso atlántico. La decisión que allí se adoptó representó una oportunidad para la pacificación y la democratización —palabras en buena medida sinónimas— de Oriente Medio. Asumimos la necesidad de hacer respetar la legalidad internacional y también la de eliminar riesgos. Ésas eran las grandes líneas de la política española en aquellos momentos.

Ya he dicho que la elección de las islas Azores representaba nuestro compromiso atlántico. La elección conllevaba también un mensaje de hondo calado político. España es una gran nación, capaz de grandes esfuerzos y con una historia extraordinaria. Ahora bien, presenta también algunos problemas importantes, que parecen resurgir periódicamente en su historia y que en el momento en que escribo estas líneas han vuelto a hacerse presentes. Los españoles suelen llegar tarde a sus citas con la historia. El llegar tarde a las citas con la historia supone que cuando se intenta solventar los problemas se interviene tarde y, casi siempre, mal. La consecuencia de este proceso es que el país sufre un desgaste mayor del que habría sufrido si hubiera reaccionado a tiempo.

Resulta evidente que España llegó tarde a la cita europea. España se incorporó a la Comunidad en 1986, cuando las instituciones europeas habían echado a andar en 1957. España también llegó tarde a la cita de la Alianza Atlántica, creada a finales de los años cuarenta, mientras que España no se incorporó a ella hasta los años ochenta, y en medio de grandes problemas. El único momento en el que España llegó a tiempo, aunque no sin apuros y porque nos lo habíamos propuesto como una cuestión prioritaria, fue a la adopción del euro.

En las Azores se plasmó un objetivo que ha sido el rumbo de toda mi carrera política: España está por fin donde tiene que estar, con las dos democracias más importantes, y se reconcilia con su naturaleza atlántica. España asume sus responsabilidades, defiende unos valores universales como son la libertad, la democracia y el respeto a la ley y cumple la que debe ser la ambición de todos los españoles: estar entre los grandes países del mundo.

Desde hacía casi doscientos años, España había estado ausente de la política mundial. Después del siglo XVIII España se eclipsó del escenario internacional, y fue expulsada de cualquier participación en la toma de decisiones tras el Congreso de Viena en 1815. A partir de ahí, España no fue más que un satélite de las potencias extranjeras, en especial de Francia. Los españoles estuvieron ausentes de los grandes acontecimientos que se produjeron en el mundo: las dos guerras mundiales, la fundación de las Naciones Unidas, la fundación de la Alianza Atlántica, la de las grandes instituciones financieras. Esa ausencia del escenario internacional fue marcando el carácter de los españoles y los indujo a refugiarse en la neutralidad, una tendencia que predominó a lo largo de todo el siglo XX, alimentada por la crisis interna que se manifestó en una República calamitosa, una Guerra Civil terrible y una dictadura interminable.

Muchos españoles acabaron por sentirse cómodos con esta situación de abstención y apartamiento. Incluso cuando España se fue reincorporando poco a poco al escenario internacional, con la entrada en la ONU, el acuerdo con los norteamericanos y luego el ingreso en la OTAN y en la Unión Europea, los españoles no asumimos nunca un papel de primera fila. Como ya he dicho en alguna ocasión, España estuvo en las Azores porque no pudo participar en el desembarco de Normandía, que es donde debíamos haber estado.

Nuestra presencia en las islas Azores tuvo por tanto dos vertientes. Por una parte, fue un paso más en una larga línea de decisiones políticas que van integrando España en el escenario internacional. Por otra parte, también supuso un cambio sustancial. Por primera vez en mucho tiempo, los españoles nos vimos en la primera línea de responsabilidades. Los españoles estábamos acostumbrados a que fueran otros los que tomasen las decisiones y asumiesen los riesgos. No teníamos una voz propia en las reuniones internacionales. La reunión de las Azores dio un vuelco a esta situación, hasta tal punto que muchos españoles llegaron a sentir vértigo. Se preguntaron por qué España tenía que estar ahí y cuáles iban a ser las consecuencias de ese compromiso.

Es conveniente aclarar que España estaba comprometiendo un apoyo político, no una contribución militar. Nosotros no enviamos tropas para derrocar el régimen de Sadam Husein. Aportamos, como Francia, la posibilidad de usar nuestro espacio aéreo y un apoyo logístico. Tampoco a Gran Bretaña se le solicitó una contribución militar, aunque Gran Bretaña sí aportó fuerzas militares, como la gran nación que quiere seguir siendo. Bush nunca pidió que intervinieran tropas españolas. Ya habría tiempo, añadió, de contribuir con fuerzas de estabilización y de pacificación. Las tropas y el personal español llegaron a Irak con ese objetivo, una vez derrocado Sadam Husein.

Ahora bien, la aportación política que realizó España en las Azores bastó para cambiar la posición de España en el mundo. España era decisiva dada la situación de Estados Unidos en el Consejo de Seguridad. Con aquel gesto lográbamos variar una posición de siglos y situarnos en el centro mismo de la toma de decisiones. También estábamos marcando el camino para otros países, en Europa y en América, que luego participaron en la coalición en defensa de la legalidad internacional.

Además de asumir nuestras responsabilidades internacionales, estábamos trabajando por cumplir la ambición de que España volviera a estar entre los grandes países del mundo. No es una ambición fácil, ni se consigue de la noche a la mañana, pero sí se puede lograr si se saben aprovechar las oportunidades que las circunstancias van deparando. Como en la vida individual, en la vida política se pueden aprovechar o perder las oportunidades que van surgiendo. Bien es verdad que cuando existe una línea de actuación clara, resulta más fácil aprovechar las oportunidades. En las Azores pudimos demostrar que estábamos dispuestos a aprovechar las oportunidades que se nos presentaran.

Después de la intervención en Irak celebramos unas elecciones municipales en las que puse todo mi empeño en participar lo más activamente posible. El partido ganador de esas elecciones fue el Partido Popular. Tuvimos más concejales y más alcaldes que ninguna otra formación política e incluso recuperamos una Comunidad Autónoma que habíamos perdido, como es Baleares. En Ceuta y en Melilla sacamos más del sesenta por ciento de los votos, lo que demostró que allí los votantes sabían muy bien el porqué de nuestra presencia en las islas Azores.

Más tarde España se ha retirado de la coalición sellada en las Azores. Ha vuelto a perder la oportunidad de permanecer entre los grandes países del mundo y ha vuelto a fallar a su cita con la historia. Si se quisiera resumir el cambio ocurrido en un titular periodístico, podría ser el siguiente: «Nosotros colocamos a España entre Estados Unidos y Gran Bretaña y quienes han venido después la han colocado entre Castro y Chávez.» No sé qué beneficios podrá sacar nuestro país de esta nueva situación.

Las consecuencias de haber renunciado a nuestro puesto son la pérdida de la ambición, la pérdida de una gran oportunidad y volver a ser considerados como los españoles lo fuimos durante los últimos doscientos años. Hoy España, por desgracia, es mucho más vulnerable. Ha aceptado serlo de forma voluntaria. De forma inconcebible, ha renunciado a la política que mejor garantiza su seguridad y su estabilidad. Hace unos meses, un político europeo en activo me dijo algo que me dolió profundamente. «Hoy todo el mundo sabe —afirmó— que aquella ambición de España era sólo una ambición de Aznar, porque después de lo ocurrido España ha vuelto al lugar secundario al que nos tiene acostumbrados.» Aquellas palabras venían de un amigo y no podían ser un insulto, pero restallaron dentro de mí como un latigazo porque comprendí que me estaba expresando la opinión predominante de los dirigentes de Europa y del mundo.

Frente a eso, la presencia de España en las Azores significó una gran ambición, una gran oportunidad y una causa justa. ¿Qué habría pasado de no haberse intervenido en Irak? La democracia en Europa y en el mundo occidental habría sufrido un golpe brutal; la gran potencia democrática del mundo habría mostrado su debilidad; las Naciones Unidas habrían entrado en crisis, porque habría quedado demostrado que no se respetan sus resoluciones y Sadam Husein estaría condicionando en este momento toda la vida de Oriente Medio; cualquier posibilidad de transformar la zona sería inconcebible. En consecuencia, las ventajas para el terrorismo y para los Estados que han apoyado el terrorismo serían mucho mayores. Libia, por ejemplo, nunca habría rectificado de posición. La inseguridad del mundo sería considerablemente mayor.

Gracias a aquella intervención, ahora los iraquíes han empezado a construir una democracia y por primera vez en muchos años pueden concebir una vida en libertad. Muchos de los que se opusieron a la decisión tomada en las islas Azores pensaban que los iraquíes no estaban preparados para la democracia. Los terroristas, por su parte, han hecho todo lo posible para impedirla. Agradezco a los soldados españoles su comportamiento y su determinación para contribuir a la reconstrucción y a la instauración de una democracia en Irak. Lamento las condiciones en las que tuvieron que salir de allí. Los soldados españoles merecen más respeto y así debemos reconocerlo.

La participación de los iraquíes en las elecciones del 30

de enero de 2004 demuestra que ningún pueblo es indiferente a la llamada de la libertad. Sin la decisión adoptada en las islas Azores por Estados Unidos, Gran Bretaña y España, esas elecciones no habrían tenido lugar nunca.

# George W. Bush

En la historia de Estados Unidos sólo ha habido dos presidentes nacidos en Texas, Lyndon B. Johnson y Dwight D. Eisenhower. George W. Bush nació en el estado de Connecticut, de una familia del este. Fue su padre quien se trasladó a Texas. Ahora bien, es tan tejano o más que sus dos antecesores.

Su abuelo fue congresista, su padre fue Presidente de Estados Unidos, su hermano es gobernador de Florida. La historia de la familia Bush es la historia de una voluntad de compromiso público. Eso, como la identificación con Texas, también imprime carácter.

Es republicano, lo cual es un inconveniente para todos los que viven encapsulados en el universo de lo políticamente correcto. Su amor a Texas tampoco le ayuda en esto; más bien resulta un defecto porque son muchos los europeos que preferirían ver en la Casa Blanca a un pura raza de la élite aristocrática de la Costa Este. Por si fuera poco, Bush dice lo que piensa.

Así se explica la imagen negativa de Bush, sobre todo en Europa. Bien es verdad que también la tuvo Ronald Reagan. Reagan era el actor secundario y fracasado, una suerte de vendedor ambulante que no sabía lo que estaba diciendo y cuyo único objetivo era figurar en el plató de la Casa Blanca.

Después de la caída del Muro de Berlín, el colapso del comunismo y la prosperidad que ha alcanzado la sociedad norteamericana, lo que poca gente se atreve ya a negar es que Ronald Reagan fue uno de los grandes presidentes de la historia de

Estados Unidos. A Bush también se le reconocerá su talla, como se le ha reconocido a Reagan al cabo del tiempo.

Bush es hombre de carácter: determinado, con capacidad y voluntad de liderazgo, orgulloso de Texas, la tierra que siente como propia, y del espíritu americano. Se suele reír de sí mismo con sorna, y estando orgulloso de su familia, sabe lo mucho que ha tenido que luchar para estar a la altura de lo que se le exigía. Presume de no ser una persona con glamour pero posee una cualidad mucho más valiosa: es de una naturalidad sorprendente, casi aplastante. Estoy convencido de que ésa es una de las razones de su éxito. Muchos norteamericanos se sienten identificados con él.

Da una importancia primordial a sus compromisos y al cumplimiento de la palabra dada, tanto en la relación política como en la personal. Cuando dice de alguien que es una buena persona —y ése es el mayor elogio que Bush puede hacer de alguien— suele referirse a su lealtad y su capacidad para atenerse a los compromisos que ha asumido.

Tiene la suerte de tener a su lado a Laura Bush, una mujer extraordinaria. Laura Bush rebosa sensatez, sentido común y una claridad de ideas admirable. Es una mujer moderna, con una carrera propia, un carácter independiente y unas ideas muy claras. Su papel ha sido determinante en la vida de su marido, que contribuyó a cambiar de modo decisivo. También es un ejemplo de discreción y de simpatía. Posee un altísimo sentido del deber y no me extrañaría que en más de una ocasión haya servido de ejemplo a su esposo.

Bush posee unas profundas creencias religiosas y unas convicciones personales fuertemente arraigadas. No las disimula, y aunque no las exhibe, las expone con franqueza y —se nota— con sinceridad. Es un hombre creyente en una América creyente.

Los valores en los que cree Bush están encarnados en la nación norteamericana y la base de todos ellos es la libertad. Todos los hombres aspiran a la libertad y siempre acaban conquistándola, por muchos obstáculos que tengan que superar. De la libertad solamente se pueden derivar beneficios, para los individuos y para los pueblos. Está convencido de que todos los pueblos del mundo tienen derecho a disfrutar de la libertad y piensa que la obligación de Estados Unidos es expandir la democracia en el mundo. No entiende a la gente que piensa que sólo algunos pueblos en el mundo tienen derecho a la libertad mientras que otros están condenados a gobiernos autoritarios, a la dictadura y a la miseria.

Fue Kissinger quien me dijo por primera vez que me iba a llevar muy bien con Bush. El mejor signo fue su decisión de iniciar su primer viaje presidencial a Europa visitando España, en junio de 2001. Casi nadie entendió entonces el porqué de aquel gesto. Bush me dio la respuesta a aquella incógnita en Quintos de Mora.

Allí se sintió como en su rancho de Crawford y encontró lo que venía buscando: una reunión distendida y amistosa conmigo. Me habló de España y de la importancia que tiene España en Estados Unidos. Me demostró que conoce muy bien la herencia hispana. Me habló de las necesidades de Europa y de lo que España podía aportar, desde su posición de país atlántico con una gran influencia en toda América. También hablamos largamente de lo que es el liderazgo político, y también en esto coincidimos ampliamente. Bush estaba al tanto de la política que el Gobierno del Partido Popular había estado llevando a cabo en España, y deseaba que todo el mundo supiera claramente que consideraba a nuestro país un aliado y un amigo muy especial. Me demostró que estaba convencido de que íbamos a poder trabajar juntos en muchos campos.

Hacía un día espléndido, estuvimos charlando en el porche de la casa y luego almorzamos en torno a una gran mesa redonda, con Colin Powell y Condoleezza Rice, entre otros. Durante la comida, Bush llevó todo el peso de la conversación por parte de nuestros interlocutores norteamericanos. Estableció con claridad cuáles iban a ser las prioridades de su política y el sentido de las decisiones que iba a tomar. En ningún caso requirió la ayuda de sus colaboradores para ninguno de los asuntos que tratamos. Hablamos de la cuestión europea y yo expuse mis convicciones atlánticas. También hablamos de Oriente Medio y de Rusia, ya que Bush iba a tener una primera reunión con Vladímir Putin poco después. Bush conocía muy bien los estragos del terrorismo en España y me aseguró que iba a realizar una declaración pública, con un compromiso inequívoco de apoyo a la lucha antiterrorista.

Volvimos a La Moncloa, le enseñé todo el recinto y finalmente celebramos una rueda de prensa en la que Bush, como me había adelantado, realizó una defensa rotunda de la política antiterrorista del Gobierno español. Aquella declaración selló un compromiso firme de Estados Unidos con España. A partir de ahí empezaron a darse pasos muy importantes en la profundización de las relaciones entre España y Estados Unidos.

Bush tuvo que demostrar su capacidad de liderazgo en unos momentos únicos en la historia de Estados Unidos, como fueron los ataques del 11 de septiembre. Respondió a un ataque dirigido al corazón del país, realizado por un enemigo nuevo, como es el terrorismo, y con una estrategia inédita: romper la cohesión moral de una sociedad mediante el terror indiscriminado. Bush comprendió cuál debía ser su reacción en esos momentos cruciales y estuvo a la altura de las circunstancias. Los ataques del 11 de septiembre han marcado la historia de Estados Unidos y la historia del mundo. En cuanto a Bush, revelaron la auténtica dimensión de un hombre y su capacidad de liderazgo.

Inmediatamente después del 11 de septiembre hablé con él y le advertí de cómo las manifestaciones de solidaridad que estaba recibiendo probablemente se desvanecerían en cuanto hubiera que asumir responsabilidades. Por eso mismo, le expliqué, no iba a visitarle en aquel momento sino más tarde, cuando la situación se hubiera despejado un poco y hubiera llegado la hora de las decisiones y los hechos. En noviembre me llamó para recordarme que le había prometido que alguna vez iría a verle a Estados Unidos y ese mismo mes, noviembre de 2001, visité Washington. Para entonces ya habíamos realizado en España numerosas actuaciones policiales que resultaron sumamente útiles para los norteamericanos.

Fue mi primera visita a la Casa Blanca con Bush de Presidente. Visité también Nueva York. Acudí a la Zona Cero con Rudolph Giuliani y pude contemplar los restos del World Trade Center. Por muy impresionantes que fueran las fotografías y las imágenes de televisión, no lograban transmitir la auténtica dimensión de la destrucción causada por el ataque terrorista. Allí habían quedado sepultadas tres mil personas asesinadas por estar en su puesto de trabajo a las nueve de la mañana. Nadie que haya visto aquel testimonio de la barbarie podrá olvidarlo nunca.

Volví a ver a Bush en Camp David, en mayo de 2002. Camp David es una base militar en una región montañosa y cubierta de bosques. Hay zonas comunes previstas para las reuniones y las comidas, y bungalows aislados para los invitados. Es un recinto tranquilo, sumamente agradable, bien preparado para que el Presidente y sus invitados puedan pasar unos días concentrados en los asuntos que tengan que tratar. Nosotros volvimos a hablar de los temas que nos interesaban a ambos: la relación atlántica, la lucha antiterrorista, el compromiso de los países libres a favor de la democracia. Esta vez se nos unieron, además de los mencionados antes, Dick Cheney y Andrew Cards, el jefe de Gabinete del Presidente.

El salón donde Bush recibía a sus invitados tenía una gran chimenea y estaba decorado con fotos de sus amigos. Le hice observar que yo no aparecía, y me contestó que allí sólo estaban las fotos de los que habían pasado por Camp David. Al poco tiempo tuve la ocasión de ver a Blair y me dijo de parte de Bush que «ya estaba colocado en la pared del salón de Camp David».

En diciembre de 2002 nos volvimos a ver en Washington. Yo estaba alojado en Blair House, la residencia de los invitados del Presidente de Estados Unidos, enfrente de la Casa Blanca, una mansión muy americana, nada pretenciosa pero extremadamente acogedora y cómoda. Habíamos cerrado la fecha de esta reunión en Camp David, con el compromiso de que la dedicaríamos íntegra a hablar de América, sobre todo de Iberoamérica. Cuando nos volvimos a ver en el mes de diciembre, el mundo entero estaba pendiente de la crisis iraquí y tuvimos que dedicar una parte de nuestro tiempo a Irak. Ahora bien, todo el almuerzo estuvo dedicado a repasar la situación de Iberoamérica, país por país. Bush demostró un conocimiento excelente de cada uno de ellos. Me dijo algo que me llamó mucho la atención, y es que los asuntos iberoamericanos sólo nos importaban a él y a mí.

Cuando Argentina entró en crisis ese mismo mes, Bush siguió la situación con una atención que a mí, francamente, me sorprendió. Nunca esperé que se preocupara tanto de la situación de Argentina. Había gente dispuesta a que Argentina se perdiese para el mundo, y otros no estábamos dispuestos a que ocurriera eso. Bush, como yo, fue de los segundos, de los que se empeñaron en ayudar a los argentinos a salir de la crisis. Los dos teníamos que ser prudentes, pero las muchas conversaciones que mantuvimos sobre la crisis argentina denotaron un conocimiento profundo de la situación y una voluntad de compromiso importante.

También hablamos mucho de Lula da Silva, el Presidente de Brasil. Al principio, Lula era una incógnita que despertaba recelos considerables. Yo procuré desde el primer momento trabar una relación lo más intensa y lo más sólida con él, y también hablé en muchas ocasiones con Bush sobre la necesidad de que estableciese una buena relación con Lula y acerca de la importancia que Lula pudiera trabajar con tranquilidad en su proyecto. Me consta que Bush se esforzó especialmente en ello. Bush me llamó después de su primera entrevista con Lula para contarme cómo había resultado la conversación y me dijo, bromeando, que casi le había tratado mejor de lo que me trataba a mí, lo que —añadió— era la mejor prueba de que lo había tratado como yo quería que lo hiciera.

Intervine otra vez después de que Chile no apoyara la posición de Estados Unidos en el Consejo de Seguridad de la ONU, cuando la crisis de Irak. Estaba pendiente la ratificación del Tratado de Libre Comercio entre Estados Unidos y Chile, y cundía el temor de que la actitud de Chile acarrease alguna respuesta en un asunto que en rigor no tenía nada que ver con lo ocurrido en el Consejo de Seguridad. Yo realicé alguna gestión en favor de Chile, para que no hubiera más problemas de los que había habido, como efectivamente ocurrió.

Bush siempre ha estado muy pendiente de la situación de Cuba, y se ha sentido muy comprometido en relación con Colombia. Los dos respaldamos la posición de Álvaro Uribe frente al terrorismo. En distintas ocasiones, Hugo Chávez me pidió que mediara ante la Casa Blanca, pero cada vez acababa haciendo algún movimiento que imposibilitaba la gestión.

Una de las razones por las que Bush es tan sensible a las cosas de España y a los asuntos iberoamericanos es su identificación con Texas, un Estado de hondas raíces hispanas. Entiende el español y se esfuerza por hablarlo. Sabe que los dos países que tienen influencia en América son Estados Unidos y España. Lo mejor que podemos hacer es trabajar conjuntamente. Bush entiende muy bien el papel relevante que una Iberoamérica integrada en la Alianza Atlántica podría tener en la estabilidad del mundo democrático. Desde esta perspectiva, me siento orgulloso de haber sido el primer Presidente de Gobierno español —antes lo había hecho el Rey— en haber sido invitado a hablar ante el pleno del Congreso norteamericano.

Tiempo después volvimos a vernos en el rancho Crawford. El propio Bush considera Crawford su casa. Es un lugar muy hermoso, un rancho no muy extenso, cruzado por un río caudaloso; cuando llueve, eso sí. Al lado del edificio principal se levanta un pabellón para invitados. Me lo enseñó con auténtico placer, porque se nota que allí se siente cómodo, y además de pasear hicimos algún recorrido en coche. Bush invita a Crawford a los que considera sus amigos. En Crawford está en confianza, aunque el Bush de todos los días no se distingue mucho del que aparece ante el público. En las ruedas de prensa, en los discursos y en los debates, Bush tiene los mismos gestos, las mismas inflexiones de voz, la misma mirada que cuando está en confianza. Incluso hace las mismas bromas.

En estos meses, y en particular a lo largo de 2003, hablamos con tanta frecuencia que acabamos instalando un teléfono especial en La Moncloa, sólo para hablar con la Casa Blanca. Ahora, como no suenan los teléfonos, probablemente ya lo habrán retirado. Recuerdo muy vivamente que Bush me llamó para contarme con gran detalle cómo había tomado la decisión de intervenir en Irak, su conversación con Rumsfeld y con el general Tommy Franks. En una ocasión, cuando llevábamos cuarenta minutos de conversación, le recordé que él estaba al mando de toda la operación y me contestó que lo que tenía que decidir ya lo había decidido y que ahora prefería hablar un rato conmigo.

En septiembre de 2003, con ocasión de una cumbre de las Naciones Unidas en Nueva York, me recibió antes de recibir a Chirac y a Schröder. El gesto era inequívoco, pero también tenía una razón de orden práctico. Quería conocer mi opinión acerca de la nueva situación internacional a la que podría dar lugar la posguerra iraquí. Mi opinión era bien sencilla: la situación había variado mucho, pero las posiciones de antes de la guerra no iban a variar en absoluto. El esfuerzo por instaurar una democracia en Irak recaería sobre los propios iraquíes y sobre los miembros de la coalición que había intervenido en Irak.

Cuando asistí a esta cumbre ya habíamos resuelto en España el asunto de la sucesión. Le hablé largamente de Mariano Rajoy, y le aseguré que era un gran candidato y, si ganaba las elecciones, un gran Presidente de Gobierno. Escuchó con atención, pero no lograba disimular que mi retirada de la vida política no le gustaba. Me lo dijo con sinceridad, aunque también con delicadeza, porque Bush sabe valorar el peso de determinadas decisiones.

En enero de 2004 me organizó una cena de despedida en Washington de las que sólo se dan a un amigo. La celebramos en un pequeño salón de la Casa Blanca, con la presencia, prácticamente, de todo su Gobierno. También asistió Ana, mi mujer, y nuestro hijo José María. Al terminar la cena, un coro de soldados norteamericanos con uniforme de gala entonó unas canciones populares americanas y españolas. Después de la cena, las dos familias subimos al primer piso, al Salón del Protocolo del Tratado de 1998, el mismo en el que ya había estado con Clinton. Contamos con un invitado muy especial, mi hijo José María. Le pregunté a Bush si tenía algún inconveniente en que se quedara con nosotros y él me preguntó si se parecía a mí. Cuando le contesté que sí, no puso el menor inconveniente. La conversación duró más de dos horas, y si para mí fue una muestra de confianza, para mi hijo fue una experiencia inolvidable. A una hora excepcional para Bush, cerca de la medianoche, dimos por finalizado el encuentro.

Me llamó inmediatamente después de los atentados del 11 de marzo y luego después de las elecciones del 14. Por mi parte, seguí la campaña electoral norteamericana con mucha atención, y en cierto sentido participé en ella. Cuando me recibió en la Casa Blanca en noviembre de 2004, pasadas las elecciones, me saludó diciendo que la victoria había sido un triunfo de los dos, suyo y mío. Me alegré mucho de que Bush fuera reelegido, porque esa victoria demuestra la fuerza que tienen las convicciones. Bush había tomado una posición de firmeza, clara e inequívoca, derivada de sus ideas y sus principios. El electorado norteamericano respaldó su liderazgo en defensa de la libertad. Como comparto estos principios y estas ideas, me alegro doblemente. Creo firmemente que Bush es un gran Presidente, uno de los grandes presidentes de la historia de Estados Unidos.

Ha sido una relación intensa y provechosa. Lo ha sido en el terreno personal, pero estoy convencido de que lo fue sobre todo para España. Nunca España gozó de tanto prestigio en Estados Unidos y nunca se escuchó con tanto respeto nuestra voz como en esos años.

# Tony Blair

Cuando nosotros llegamos al Gobierno en España, en Gran Bretaña gobernaba John Major, líder del Partido Conservador. Major había sustituido a Margaret Thatcher después de que el propio Partido Conservador decidiera el relevo de la Primera Ministra. Era un desafío extraordinario y Major supo ganarse, como suele decirse, las espuelas. Superó las siguientes elecciones de 1992, con lo que cuando terminó su mandato en 1997, los conservadores llevaban gobernando Gran Bretaña dieciséis años. Después de tanto tiempo en el Gobierno, el Partido Conservador llegó a las elecciones agotado y dividido. Era muy difícil evitar el cambio, y tal vez el relevo resultase incluso recomendable. A la jefatura del Partido Laborista había llegado un líder joven que parecía dispuesto a derrotar los viejos demonios del laborismo, renovar su mensaje y ofrecer un horizonte nuevo a su país. Este hombre se llamaba Tony Blair y no había olvidado los profundos errores cometidos durante los últimos años de Gobierno laborista, cuando Gran Bretaña pasó por momentos traumáticos. Blair se había dado cuenta de que la sociedad británica no deseaba el retorno al poder de la vieja izquierda ideológica, sindicalizada y radicalizada que había llevado a Gran Bretaña a una situación desastrosa en los años setenta. Sin eso, no se comprende la renovación del laborismo puesta en práctica por Blair, aunque el cambio no tendría lugar sin enfrentamientos. El ala radical del laborismo se mantenía viva. Aún lo está.

Conocí a Tony Blair con motivo de una visita que realicé al Reino Unido para celebrar una reunión con John Major. Le recibí como líder de la oposición en la Embajada de España en Londres. Durante una media hora, conversamos de las relaciones entre nuestros dos países y de las cuestiones europeas. Yo me dirigí a él en todo momento como si estuviera hablando al futuro Primer Ministro del Reino Unido, porque estaba convencido de que llegaría a serlo pronto. Blair, por su parte, me mostró su disposición para mejorar las relaciones con el Gobierno español siempre que alcanzara el poder.

Tony Blair llegó al Gobierno siendo el líder del laborismo, que es el nombre del socialismo británico, y sabiendo que el socialismo había fracasado. No sólo había fracasado el socialismo real, como quedó demostrado en 1989. También habían fracasado las fórmulas socialdemócratas, las más clásicas —como se demostró en Gran Bretaña—, y las aparentemente más innovadoras, como se había demostrado en España. Un líder que pretendía renovar la izquierda y que procedía de la propia izquierda, como Blair, debía hacer frente al fracaso histórico del socialismo, al fracaso práctico de la socialdemocracia y a la necesidad de mantener una nueva actitud y un nuevo discurso en un mundo en el que el Muro de Berlín se había desplomado, el comunismo había desaparecido, la globalización era un hecho sin vuelta atrás y empezaban a surgir problemas completamente nuevos. La única respuesta inteligente a estos desafíos por parte de la izquierda ha sido, por lo que yo conozco, la que dio Tony Blair.

Blair la llamó la «tercera vía». Yo le dije muchas veces que aquel nombre no era más que un disfraz inteligente para disimular el fracaso del socialismo. Ahora bien, desde un punto de vista práctico la «tercera vía» era también una forma de recuperar el poder. Las sociedades modernas se gobiernan desde el centro. Eso requiere la elaboración de un discurso específico, y también un realismo —o, si se quiere, un pragmatismo— considerable. En el Partido Popular, nosotros también realizamos nuestro viaje al centro porque, como Blair desde el nuevo laborismo, nosotros también perseguíamos la modernización de nuestro país. Con respecto al Partido Laborista de Tony Blair, nosotros tuvimos una ventaja y un inconveniente. La ventaja era que nosotros no teníamos que reconstruir nada. Cuando los democristianos decían que ellos eran la «tercera vía», la vía intermedia entre capitalismo y socialismo, yo les recordaba que nosotros no teníamos ninguna necesidad de ser tercera vía de nada, porque eran nuestras ideas, y no las del socialismo, las que habían triunfado. Nosotros ya estábamos en el centro ideológico, aunque tardamos todavía algún tiempo en ocupar el centro político. El inconveniente consistía en que para recorrer ese camino Blair tenía un aliado, que era nada menos que Bill Clinton, y nosotros, en cambio, estuvimos siempre solos, nos abrimos paso por nuestra cuenta hasta el Partido Popular Europeo y una vez allí, ya respaldados por el electorado, intentamos influir en los demás partidos políticos y en las políticas comunes de los miembros de la Unión.

Desde el primer momento en que nos conocimos, surgió entre Blair y yo una relación de simpatía y de consideración mutua. Blair es un hombre abierto, cordial y muy simpático. Nacimos en el mismo año, 1953; teníamos una trayectoria política paralela y compartíamos una característica: cada uno en nuestro ámbito, éramos los jóvenes, los renovadores europeos. Éramos una generación que llegaba de nuevas al Gobierno y traía actitudes y disposiciones inéditas, muy diferentes de las conocidas tradicionalmente en Europa, y alejadas del temperamento propio del grupo de Kohl y de Chirac. También traíamos nuevas ideas, y una actitud idéntica: no había que dar la espalda y mucho menos huir de las realidades del mundo abierto tras el colapso del socialismo, la gran ola democratizadora que lo siguió y la globalización de la economía mundial. Éramos partidarios de la apertura, de la liberalización, de los procesos de reforma, de la flexibilización. Estábamos convencidos de que los países no progresan con hermosos discursos, sino con hechos y con decisiones que devuelvan a las personas la iniciativa y la capacidad de invención y de creación. Considerábamos la situación mucho más como una oportunidad que como un problema, y además teníamos un concepto similar de Europa. Rechazábamos la idea de una Europa federal en las que las naciones perdieran peso, y en cambio estábamos convencidos de que Europa posee por naturaleza una dimensión atlántica, que es la defensa de los valores democráticos y de la libertad en alianza con Estados Unidos y los países americanos. Era natural que Blair, un hombre moderno, valiente, capaz de mirar al futuro de frente, respetara el legado de Margaret Thatcher.

Yo, por mi parte, compartía con Blair la idea de una Europa atlántica; siempre he sido sensible a la historia de mi país, que me enseña que fue durante mucho tiempo uno de los grandes países europeos, y siento un profundo respeto hacia los sistemas políticos anglosajones. Los países anglosajones son los más fuertes y los más prósperos del mundo porque poseen las instituciones más sólidas y más estables, saben asumir el principio de responsabilidad y articulan con inteligencia la defensa de sus intereses. Cuando han padecido la tentación de la debilidad, los países anglosajones la han superado. Son países serios. Yo quería que España saliese también de una vez de esa depresión autocomplaciente y tenía la ambición de que volviese a estar, como estuvo durante muchos siglos, entre los grandes países del mundo.

Tony Blair visitó España por primera vez en julio de 1997, durante la Cumbre de la OTAN. Acababa de ser elegido Primer Ministro y le había llamado la atención que yo tuviese tanto interés en reunir a la OTAN en Madrid, que manifestase mi interés de que España participase en la estructura de mandos de la Organización Atlántica, así como las decisiones económicas y sociales que habíamos tomado. Nuestros respectivos gabinetes ya habían empezado a colaborar y a los dos nos interesaba profundizar la relación a fin de conseguir un mayor margen de maniobra en la Unión Europea, una posición un poco independiente de lo que tradicionalmente ha sido el gran eje de poder de la Unión, que es la relación de Francia con Alemania.

En el primer semestre de 1998, el Reino Unido presidió la Unión Europea. Blair, en representación de un país que no forma parte de la moneda única, tuvo que presidir la reunión en la que se discutió el nombramiento del nuevo Presidente del Banco Central Europeo, un cargo que acabó ocupando Wim Duisenberg después de una negociación poco brillante. Blair lo hizo muy bien, teniendo en cuenta la peculiar posición de su Gobierno en aquel asunto. Luego Blair se esforzó siempre por ayudar a España en la lucha contra el terrorismo.

Visité Checquers por primera vez en abril de 1999. Checquers es la residencia de campo de los primeros ministros británicos. Está situada en un paisaje espléndido, en plena campiña inglesa, aunque está muy cerca de Londres, a hora y media en coche. El Ejército británico se encarga de cuidarla con esmero. La atmósfera y el ambiente difícilmente pueden ser más ingleses. La propia casa guarda el recuerdo de un episodio dramático de la historia británica, ya que Winston Churchill pasó en Checquers mucho tiempo durante la Segunda Guerra Mundial y allí, en el comedor principal de la primera planta de la casa, se tomaron decisiones cruciales que determinaron el curso de la guerra.

Como buen anfitrión, Blair me enseñó la casa hasta que llegamos al comedor, la sala de guerra de Churchill. En una de las paredes de esta sala están expuestos los retratos, dibujados, de todos los primeros ministros del Reino Unido durante el siglo XX. Cuando nos paramos delante, Blair se dispuso a explicarme quién era cada uno de ellos. Yo le agradecí la amabilidad, pero le dije que quizá fuera más entretenido que se los explicara yo, para que luego él pudiera puntualizar lo que creyera conveniente. La sugerencia le divirtió, repasamos los nombres de la historia inglesa y al final le dije que, en mi opinión, allí había tres personajes dignos de pasar a la historia. Por orden cronológico, el primero era Lloyd George, el segundo Winston Churchill y el tercero Margaret Thatcher. Blair me miró, se sonrió y me dijo que como yo era una persona reservada y prudente me diría en confianza algo que me explicó mientras proseguíamos la visita. Cenamos en el comedor que está junto al despacho que utiliza el Primer Ministro, que da a la explanada que se extiende delante de la casa, con la campiña al fondo. Después subimos al salón situado en la segunda planta, sobre cuya chimenea se encuentra la espada de Oliver Cromwell. En ese salón estuvimos un buen rato hablando de lo que habían sido las relaciones de nuestros dos países a lo largo de la historia, de cómo dos grandes potencias atlánticas se habían enfrentado tantas veces, y también de las aspiraciones que cada uno de nosotros teníamos para nuestro país.

España pasó por momentos muy difíciles en el siglo XIX y en el XX, en buena medida por el aislamiento en que se encontró. España debería ser lo bastante ambiciosa para volver a recuperar su posición entre los grandes del mundo, y para eso necesita una clara posición atlantista. La historia de España no se explica sin el Atlántico. El hecho más importante de la historia de España, después de su demostrada voluntad de seguir perteneciendo a la Europa cristiana, es América. Por tanto, y en mi opinión, si España quiere volver a ser un país con protagonismo y capacidad de influencia, habrá de revisar algunos de sus planteamientos políticos que han sustentado su acción exterior durante los dos últimos siglos y diseñar un planteamiento más audaz.

El caso del Reino Unido es muy distinto, porque en esos mismos dos siglos ha conocido algunos de sus momentos más brillantes. Ahora bien, cuando el Imperio británico desapareció después de la Segunda Guerra Mundial, Gran Bretaña no se ensimismó. Al contrario, comprendió que la alianza atlántica era la clave para seguir teniendo una posición de influencia en el mundo. En otras palabras, España no podría competir con Gran Bretaña en cuanto al atlantismo, porque el atlantismo ha formado parte de la historia reciente de Gran Bretaña, pero si nosotros somos ambiciosos y audaces, tendremos que hacer una política atlántica de gran intensidad e introducir las reformas que esta política requiera, porque ahí está la clave de la posición española.

Nuestros dos países habían sido adversarios persistentes y contumaces. ¿Podía haber sido distinta la relación entre España y Gran Bretaña? ¿Seríamos capaces de fundar una alianza sólida y duradera? ¿Podríamos superar la desconfianza para mantener una actitud de lealtad y confianza mutuas? ¿Históricamente, tiene esta voluntad justificación y sentido? ¿Hasta qué punto los problemas a los que nos enfrentábamos y los intereses a veces divergentes de nuestros dos países iban a obstaculizar esa tarea? ¿Cómo iba a acoger Gran Bretaña, socio principal de la alianza atlántica, la ambición nueva de un país como España? ¿Iban a contar más los factores comunes o predominarían los que nos separaban? ¿Cómo teníamos que enfrentarnos al problema de Gibraltar? ¿Hasta qué punto estábamos dispuestos a esforzarnos por conseguir el éxito?

A partir de estas conversaciones empezó a fraguar una voluntad decidida de explorar las posibilidades que se nos habían abierto. La sola presencia mía en Checquers demostraba de por sí la voluntad de proporcionar continuidad al proceso, ya que era la segunda vez que se reunían en privado un Presidente del Gobierno español y un Primer Ministro británico. La primera había ocurrido el año anterior, con ocasión de la primera visita de Tony Blair a Doñana. Dado que no se celebraban cumbres bilaterales entre España y Gran Bretaña, instauramos la costumbre de que los primeros ministros de los dos países se reunieran todos los años, con la ventaja de que estos encuentros no iban acompañados de las formalidades que rodean inevitablemente las cumbres gubernamentales. Habíamos llegado al convencimiento y al acuerdo de que era posible dar un nuevo sentido histórico a las relaciones entre Gran Bretaña y España.

Sobre la relación puramente personal de simpatía mutua, y sobre esta reflexión de carácter histórico, también había otra cuestión, la de los intereses. Debíamos comprobar que había suficientes intereses mutuos como para que la relación avanzara como la estábamos madurando. Sabíamos, claro está, que había divergencias y sobre todo que en las relaciones entre España y Gran Bretaña siempre está pendiente el asunto de Gibraltar. Pero se trataba de confirmar si se podía enfocar el conjunto de las relaciones en una nueva atmósfera de confianza. Así es como fraguó lo que acabó llamándose la Declaración de Checquers, que manifiesta el compromiso de España y del Reino Unido con una política reformista en el plano económico y en el plano social. También es el núcleo de una política con voluntad europeísta.

Europa, en su conjunto, es una zona económica fuertemente intervenida, que corre el riesgo de ir anquilosándose cada vez más y por tanto de quedarse atrás en un mundo en el que la globalización ha abierto oportunidades para todo el que esté dispuesto a aprovecharlas. Si Europa quiere volver a ser algo en el mundo, tiene que ser importante económicamente. Precisamente, el éxito de las economías española y británica estaba demostrando que son los países más flexibles y más abiertos los que más riqueza generan, los que más progresan, los que alcanzan mayor prosperidad. Blair y yo estábamos convencidos de que teníamos que salvaguardar los márgenes de soberanía que cada uno de nuestros países tiene sobre los elementos fundamentales de nuestras economías y, al mismo tiempo, adelantar nuestra propia propuesta para la transformación de Europa. En eso consistió la Declaración de Checquers.

Una vez acordada la Declaración, llamé a António Guterres, que iba a presidir el Consejo Europeo, y le sugerí que sería interesante proporcionar un contenido económico a la Presidencia portuguesa de la Unión Europea. Guterres es un hombre abierto y reformista, y entendió bien el sentido de lo que le estaba planteando. Éste es el origen de la Agenda de Lisboa, adoptada por la Unión Europea en el año 2000 y que se proponía convertir Europa en la zona económica más dinámica del mundo desde ahí al año 2010. En los noventa, Europa creció un solo año por encima del 3 por ciento, mientras que Estados Unidos sólo un año dejó de crecer por debajo de ese mismo 3 por ciento. En los últimos tiempos, la diferencia entre Estados Unidos y Europa, lejos de reducirse, ha aumentado. Teniendo en cuenta que Europa tiene una capacidad defensiva limitada, que presenta una unidad política compleja e imprecisa, y que además va perdiendo posiciones en la economía, nuestra posición en el mundo está destinada a ser cada vez más frágil y más precaria. La Agenda de Lisboa indicaba nuestra voluntad de empezar a poner los cimientos de una nueva posición para Europa. Luego llegaron las tradicionales limitaciones socialdemócratas, y aunque el núcleo de la propuesta siguió siendo profundamente aperturista, liberal y reformador, se añadieron los llamados capítulos sociales que siempre hay que aceptar para llegar a un consenso razonable en el Consejo Europeo. Lo importante es que se había dado un paso en la dirección adecuada, aunque luego, por desgracia, esa oportunidad se perdió.

Hablando de Gibraltar, le pregunté con insistencia si estaba dispuesto a alcanzar un acuerdo aceptable, y dejó bien claro en repetidas ocasiones que sí lo estaba y que iba a utilizar todo el margen de maniobra de que dispusiera para cambiar la situación. Por primera vez se llegó a un principio de acuerdo en el que se hacía una referencia explícita a la soberanía compartida, lo cual implicaba un cambio sustancial y profundo. Ahora bien, no quedaba claro que la soberanía compartida sólo era un paso temporal antes de llegar a la plena soberanía española. Ése fue el punto más importante de desacuerdo. Por desgracia, la historia no nos dejó avanzar más, aunque si España fuera más fuerte, no hay duda de que la solución sería más fácil. Ahora que estamos en tiempos de cesión permanente y de rendición preventiva, tengo la impresión de que las autoridades británicas están favorablemente sorprendidas de que el Gobierno de Rodríguez Zapatero les haya aceptado todas sus pretensiones.

Como ya he dicho, Tony Blair era amigo personal de Bill Clinton y comparte con él un carácter abierto y una simpatía arrolladora. Eso no le impidió reafirmar la especial relación de su país con Estados Unidos cuando George W. Bush llegó a la Presidencia. Para Blair, los intereses nacionales de Gran Bretaña están muy por encima de cualquier interés partidista. Después del 11 de septiembre, se intensificó la colaboración en temas de terrorismo, proliferación nuclear y armamento de destrucción masiva. Durante la crisis de Irak, Blair tuvo especial empeño en mantener la alianza con Estados Unidos, convencido de que la ruptura del vínculo atlántico era, para su país y para Europa, un suicidio aplazado. Blair y yo hicimos todo lo que humanamente pudimos para conseguir una segunda resolución de la ONU. Blair le daba mucha importancia a esta segunda resolución mientras que Bush se mostraba escéptico. Al final, no lo logramos.

Los dos estuvimos en contacto permanente, tanto en la ONU como bilateralmente y por medio de la Casa Blanca. Fue el primer firmante, después de que yo la hubiera escrito, de la Carta de los Ocho. He sido testigo personal de la valentía, de la convicción y de la honradez con que Blair afrontó aquellos momentos difíciles. Haber compartido con él una situación tan dramática fortaleció aún más las relaciones y estableció entre nosotros una solidaridad especial.

Entre el 9 y el 12 de abril de 1998 invitamos a Tony Blair y a su esposa Cherie a pasar la Semana Santa a Doñana. Primero fuimos nosotros con Cherie Blair, al encontrarse su marido retenido en Gran Bretaña a causa de la negociación de los acuerdos sobre Irlanda del Norte. Habíamos elegido Doñana porque yo tenía interés en que conociera un lugar tan hermoso, sabiendo que le iba a gustar, y también porque, como buen inglés, Tony Blair siente auténtica veneración por el sol y allí podría pasarse al aire libre todo el tiempo que quisiera. Suele decir que su ideal sería vivir en Gran Bretaña con el clima español, algo un poco complicado. No tuvimos mucha suerte porque aquella Semana Santa, como a veces ocurre, sopló un viento del norte frío y poco apacible, y aunque en Doñana no se notaba tanto porque los días eran muy soleados, no hacía precisamente calor. Aquello no nos impidió dar grandes paseos. Le enseñé el parque, la playa y las dunas, en particular la Duna de los Poetas, que no es la mayor pero sí la más bonita de Doñana, por lo menos en mi opinión. Blair estaba encantado y manifestó una gran curiosidad por conocer mis opiniones, en particular acerca de la situación en Iberoamérica. No había ido nunca a Iberoamérica y no conocía demasiado bien ni los problemas ni a las personas adecuadas. Le sugerí que visitara lo antes posible países como México, Chile, Brasil y Argentina, como luego hizo. Desde Doñana se marcharon a Córdoba, donde vive un guitarrista amigo de Blair desde la juventud.

Cuando Tony Blair volvió a visitar España nos quedamos en Quintos de Mora, en Toledo. Vinieron, además de Tony y Cherie Blair, su hijo Leo, que se había adueñado de las habitaciones privadas de Downing Street y de Checquers. Blair estaba feliz, absolutamente feliz, con su niño. Me contó que cuando supieron que Cherie estaba embarazada, fue él el que estuvo a punto de desmayarse. Pasamos unos días agradables y nuestra familia volvió a acudir a Checquers en varias ocasiones. Una tarde estuvimos viendo el partido Manchester-Real Madrid, que terminó cuatro a tres a favor del Manchester. El Real Madrid ganó la eliminatoria y tuvo la generosidad de perder el partido. Durante todo el partido fue ganando el Real Madrid hasta el final, cuando el entrenador sacó a Beckham, que metió dos goles. Arafat me llamó por teléfono y me quedé sin ver tres de los siete goles del partido. Antes los dos habíamos hablado con Bush, que al enterarse que teníamos partido de fútbol se declaró neutral. Fue un breve remanso de tranquilidad en unos meses muy difíciles, en septiembre de 2003, poco antes de la intervención en Irak. También firmamos juntos un documento, una suerte de segunda declaración de Checquers que a causa de la gravedad del momento pasó algo desapercibida.

Blair me dijo una vez que me echaría de menos cuando yo dejase el Gobierno. Fue una colaboración apasionante, sorprendente para todo el mundo, incluidos nosotros, y que abrió un horizonte nuevo a nuestros dos países. En mi opinión, habría que seguir explorándolo con la vista puesta en la grandeza de la nación española, en una Europa capaz de progresar e influir en el mundo y en la dimensión atlántica y americana de nuestro país. La tarea no había hecho más que empezar.

Tony Blair y su esposa Cherie nos han recibido luego en noviembre de 2004. Afortunadamente, mi retirada de la política no ha interrumpido la amistad forjada en todos esos años. Admiro en Tony Blair, además de su valentía y su capacidad política, un idealismo juvenil que no ha perdido nunca y le ha permitido comprometerse en causas tan fundamentales para todos como la lucha por la libertad contra el terrorismo y la democracia en Irak y en los países árabes. Es un gran luchador, incansable y tenaz, un digno sucesor del legado de algunos de sus predecesores.

# 19 de abril de 1995

Aquel día me levanté temprano, como suelo hacer cualquier otro día. El coche ya me estaba esperando en el garaje. Olvidé algo en casa y tuve que volver a subir. Ana me había dicho minutos antes que debíamos tener cuidado, que a todos se nos olvidan las cosas demasiado pronto y que nosotros no debíamos olvidar lo que le había ocurrido a Gregorio Ordóñez. Como la vi preocupada, le dije que estuviera tranquila. Yo viajaba entonces en un Audi, un coche nuevo con un blindaje especial que Francisco Álvarez Cascos se había empeñado en que adquiriéramos algunos meses antes. Francisco Álvarez Cascos era el Secretario General del partido y se encargaba de las cuestiones internas. Quería que yo me desplazara en un nuevo coche, mejor preparado. Yo me había negado porque los coches blindados son muy caros y durante algunos meses rechacé la propuesta, cada vez más insistente, hasta que un día Francisco Álvarez Cascos me anunció que aquélla iba a ser probablemente la única ocasión en que no iba a respetar una decisión mía, porque el coche ya estaba encargado. La intervención de Francisco Álvarez Cascos resultó decisiva. Una de las razones por las que salí con vida del atentado es precisamente la solidez del blindaje del coche. Si el atentado hubiera ocurrido con el coche anterior, las consecuencias de la explosión para quienes lo sufrimos habrían sido mucho más graves.

Una semana antes, exactamente el Miércoles Santo, me encontraba de visita en Israel con mi mujer Ana. Unos días antes de este viaje, había recibido la visita de Jaime Mayor Oreja. Le habían llegado algunas noticias de una persona del entorno de Ajuria Enea, cercana al lehendakari José Antonio Ardanza. Según esta persona, se estaba preparando un atentado muy serio contra una personalidad relevante del Partido Popular, y nos recomendaba que extremásemos las precauciones. Jaime Mayor Oreja me proporcionó los detalles de aquella conversación, que por lo fundamental se ceñían a aquella advertencia y a aquel consejo. Después del asesinato de Gregorio Ordóñez, yo me había acostumbrado a pensar que estábamos constantemente en peligro y quizá por esa razón, en aquel momento, no pensé en mí mismo, sino en algunas personas de la dirección del Partido Popular y muy especialmente en Jaime, que había sucedido a Gregorio Ordóñez como candidato a la alcaldía de San Sebastián.

Le dije que, en primer lugar, extremara la prudencia y tomara todas las precauciones que fueran necesarias. Además, sería conveniente que visitara al ministro del Interior, le informara de todo lo que me había comunicado a mí y luego me llamara. Efectivamente, Jaime Mayor Oreja llamó al ministro del Interior, Juan Alberto Belloch, que también ocupaba la cartera de Justicia. El ministro lo recibió, Jaime Mayor Oreja le transmitió lo que le habían contado y Belloch lo desechó de raíz, argumentando que la información no tenía ningún fundamento, que no era consistente con lo que se sabía en aquel momento, y que no era necesario tomar ningún tipo de medidas adicionales respecto a ningún miembro del Partido Popular. Jaime insistió en que la veracidad de la fuente de la información no le ofrecía ninguna duda y le instó a que se tomara el asunto con la máxima seriedad. Belloch volvió a descartar la información y la necesidad de tomar medidas especiales. De hecho, no se adoptó ninguna.

Salí de casa, aproximadamente, a las ocho y media de la mañana. Me senté, como siempre, en la parte trasera del coche.

El itinerario variaba de un día para otro, aunque dada la configuración de la calle no teníamos muchas oportunidades para cambiarlo. Yo aprovechaba el trayecto hasta Génova para hojear la prensa, que cuando subía al coche solía estar ya colocada en la parte izquierda del asiento de atrás. Eso es lo que estaba haciendo justamente cuando el coche, habiendo salido del garaje, cogió el primer viraje para incorporarse a Arturo Soria y luego volvió a girar a la derecha para entrar en la calle José Silva. Llevábamos recorridos unos cuantos metros de esta calle cuando de pronto vimos un fogonazo y escuchamos una detonación brutal, como si el mundo hubiera reventado.

La explosión me envió al suelo de la parte izquierda del coche, de rodillas, incrustado detrás del respaldo del conductor, con el cuerpo inclinado sobre el asiento de atrás. No sé lo que ocurrió entre el instante en que escuché la explosión y el momento en que me di cuenta de dónde me encontraba. Noté un olor muy intenso, casi mareante, a explosivo, y una sensación de escozor muy fuerte en la cara. Todavía encogido, me palpé el cuerpo para comprobar que estaba entero, levanté la cabeza y vi que el conductor seguía en su asiento. Era el conductor que me acompañaba desde hacía muchos años, Estanislao Cumplido de la Cruz, *Estanis*, y no le tocaba trabajar ese día aunque había sustituido a un compañero que por razones familiares no pudo acudir al trabajo esa mañana. «Estanis, ¿estás ahí?», le pregunté. «Sí», me contestó. «¿Estás bien?» Me volvió a contestar que sí, y me preguntó cómo estaba yo. «Creo que bien. ¿Cómo están los demás?» Estanis me contestó que no lo sabía. «Ahora miramos», añadió. Entonces yo le pregunté si la explosión procedía de nuestro coche o de alguna bomba colocada en la calle. Me dijo que había sido un coche que había explotado a nuestro paso.

Para entonces yo ya me había incorporado y veía a través de la ventanilla a los policías que venían escoltándonos detrás, en su coche, y ahora nos rodeaban pistola en mano. Había una gran humareda y varios focos de fuego, porque los coches de alrededor, todos los que no estaban carbonizados, estaban ardiendo. Les grité que estuvieran tranquilos, que estaba bien y en seguida le dije a Estanis: «Quiero salir por la puerta.» Traté de abrirla y no lo conseguí, aunque seguí intentándolo porque se me había metido en la cabeza que no me iban a obligar a salir de mi coche por otro sitio que no fuera mi puerta. Lo que ocurría es que había resultado muy dañada por la explosión, y, como supe después, de las cinco capas de blindaje cuatro habían sido destruidas y la última se había doblado, por lo que la puerta estaba desencajada y resultaba imposible de abrir. Me resigné a saltar al asiento delantero y salí por delante, por la puerta del conductor. Les pregunté a los policías si estaban bien. Me dijeron que sí, y añadieron: «Presidente, nos han cazado.» «Ya me he dado cuenta —les contesté—. Ahora guarden ustedes las pistolas porque los que han hecho esto ya no están aquí.»

Enfrente vi una maternidad, la clínica Belén, y fue en ese momento cuando me di cuenta de verdad del estado en el que estaba el coche y por lo que acabábamos de pasar. Seguía sintiendo un escozor muy intenso en la cara, y era debido a que tenía pequeños cortes, probablemente debidos a astillas de cristal o de metal. Pero por lo demás me sentía bien, tranquilo y sereno. Decidí en seguida lo que había que hacer. Ya estábamos yendo hacia la clínica y lo primero que hice fue buscar un teléfono. Llamé a mi casa, pero no había línea. Entonces llamé a mi despacho y hablé con Milagros, una de mis secretarias que luego iría a trabajar conmigo a La Moncloa. Le dije que se sentara, que estuviera tranquila y que escuchara bien lo que tenía que decirle. «He tenido un atentado, pero estoy vivo, estoy bien. Llama al Secretario General para que lo sepa, que sepa que estoy en la clínica Belén, en la calle José Silva, y que ponga en marcha lo que sea necesario.» Volví a llamar a Ana, mi esposa, y esta vez sí conseguí hablar con ella. Ana se encontraba con una amiga que vivía en el piso de arriba y que al oír la explosión había bajado a casa, convencida de que se trataba de un atentado contra mi vida. Ana sólo conseguía decir «Jose, Jose, Jose, Jose...» y yo insistí en que se tranquilizara, en que estaba bien. Mi hijo mayor había salido de casa y escuchó la explosión. Mi hija, en cambio, se enteró por la radio del autobús que la llevaba al colegio. Oyó la noticia hasta que el conductor se dio cuenta de lo que estaba ocurriendo y la apagó.

Ana se sobrepuso y se ocupó de que los niños volvieran a casa y estuvieran tranquilos. Francisco Álvarez Cascos tomó las medidas necesarias en el partido. Yo estaba bien, y me dije a mí mismo que lo que tenía que hacer era manifestarlo, primero para que mi familia estuviera tranquila y segundo para que el partido y el conjunto de la sociedad española mantuvieran la calma. Verdad es que yo pensaba que estaba bien sólo porque me sentía bien, ya que para entonces todavía no me habían hecho ningún análisis y no se podía afirmar con seguridad que no tuviera alguna lesión interna. En la sala donde me encontraba había un espejo, me miré y me quedé sorprendido al ver que tenía el pelo blanco, aunque inmediatamente comprendí que estaba cubierto de polvo y de ceniza, además de chamuscado. En la clínica Belén nos atendieron con una profesionalidad extraordinaria y sin escatimar el menor esfuerzo. Los médicos, las enfermeras, todo el personal se puso a nuestra disposición. Siempre les estaré agradecido por la amabilidad y el calor con que nos atendieron. Ese mismo día nació allí una niña que luego apadriné, Ana Cristina, por la que siento un afecto muy especial. Me curaron las pequeñas heridas que tenía en la cara, me lavé, me arreglé la ropa y, como me encontraba bien y no notaba nada especial, hablé con una persona del partido para que me mandaran un coche.

Ya había llegado a la clínica una ambulancia del Samur y cuando me disponía a salir a la calle se me plantó delante un médico que había llegado con la ambulancia, un hombre alto y corpulento que me dijo que no me podía ir sin someterme a una revisión. Yo le contesté que me iría en cuanto llegara el coche que estaba en camino para recogerme, pero él insistió en que si me quería ir tendría que ser pasando por encima de él. Como no podía pelearme con aquel médico, mucho más fuerte que yo, le contesté que pensaba dirigirme a la clínica Ruber, pero que iría en mi coche. El médico accedió, con la condición de que la ambulancia del Samur fuera siguiéndome todo el trayecto, sin perderme de vista un solo instante. Para entonces ya habían tenido tiempo de acudir a la clínica Belén Francisco Álvarez Cascos, Miguel Ángel Rodríguez y algunas otras personas. Llegué a la clínica Ruber, me ingresaron y empezaron las revisiones que los médicos consideraron oportunas. Fue entonces cuando noté un bajón muy fuerte. Pero lo importante es que los análisis y las pruebas confirmaron que no padecía ninguna lesión interna. A partir de ahí empezaron a acercarse a la clínica numerosos amigos, y sé que hubo gente que se quedó en la puerta muchas horas, e incluso algunas personas que pasaron aquella noche en la calle Juan Bravo.

Del Gobierno llamó por teléfono el Presidente Felipe González, que no acudió a la clínica. Se acercó a visitarme Juan Alberto Belloch, aunque no pude verlo porque cuando llegó estaban realizándome unas pruebas. La ministra de Sanidad María Ángeles Amador telefoneó para interesarse por mí y para poner su departamento a nuestra disposición. Excepto estas tres personas, nadie más del Gobierno se presentó en la clínica Ruber ni llamó por teléfono.

Juan Carlos Rodríguez Ibarra demostró una sensibilidad muy particular. En una declaración pública no hizo la menor referencia a las víctimas, ni al peligro que habían corrido quienes me acompañaban y quienes estaban cerca de la explosión, tampoco a mi mujer ni a mis hijos. Declaró en cambio que esperaba que yo no utilizara el atentado políticamente. Por fortuna, hubo muchas muestras de solidaridad y de afecto. La Casa

Real tenía mucho interés en que acudiera al Palacio de la Zarzuela cuanto antes, pero los médicos me obligaron a permanecer en la clínica hasta el día siguiente. Esa misma tarde acudí
al Palacio de la Zarzuela. El Rey ya había llamado el día anterior y la Reina también había hablado con Ana.

Al cabo del tiempo, empezamos a enterarnos de numerosos datos que hasta entonces desconocíamos. Con la detención
de algunos de los miembros del comando, supimos que habían
intentado asesinarme en tres o cuatro ocasiones utilizando un
mando a distancia para detonar la carga explosiva. Los inhibidores de frecuencia que llevaba en mi coche habían funcionado y habían neutralizado la señal. Eso había ocurrido antes
del viaje a Israel. También nos enteramos de que durante dos
meses habían estado preparando el atentado para llevarlo a cabo
manualmente, un método menos preciso que el del mando a
distancia, pero más seguro. Habían estado probando varias fórmulas, habían tendido más de cien metros de cable por la calle y me habían estado esperando el lunes y el martes de Pascua, pero yo estaba fuera de Madrid. Aprovecharon la primera
ocasión, que se presentó en la mañana del miércoles 19 de abril,
para intentarlo otra vez.

Cuando volví a casa, me interesé por los heridos y por
los daños. El atentado no había conseguido su objetivo, pero
causó serios destrozos en la zona. Quedaron destruidos o afectados más de quince vehículos, varias personas que circulaban por la zona resultaron heridos, como Juan Ramón de
Hoyos, un hombre joven que estuvo a punto de morir carbonizado en su coche, José Carlos Sancho, que presentaba heridas en todo el cuerpo y tuvo problemas con un ojo, o Roberto García Viejo, con la cara quemada y un tímpano roto. Por
desgracia, el atentado mató a una persona, Margarita González Mansilla, una señora mayor que quedó sepultada bajo los
escombros de su casa, que se vino abajo con la onda expansiva.
Su marido Agustín Mansilla López resultó herido de grave

dad aunque logró salvar la vida. Eso es lo que consiguieron los terroristas, asesinar a una mujer mayor y dejar viudo a su marido de 74 años.

Al día siguiente, cuando salí de casa para el despacho, el Ministerio del Interior nos había asignado de escolta un coche especial, rodeado de motoristas. Todo eso desapareció inmediatamente después.

Guardo de aquel día un recuerdo de serenidad. Me preocupaba sobre todo transmitir esa serenidad a los demás, comunicar mi solidaridad a quienes habían resultado heridos o perjudicados y mi gratitud hacia quienes me habían atendido con tanta diligencia. Era evidente que había vuelto a nacer, y también lo era que los terroristas habían intentado cercenar la posibilidad de una alternativa política en España. Ya sabíamos que la ofensiva contra el Partido Popular iba a ser brutal. Había empezado con el asesinato de Gregorio Ordóñez, y cuando intentaron asesinarme, nos dijeron con claridad que iban a intentar acabar con nosotros. A lo largo de mi vida política el terrorismo ha intentado impedir que llegara al Gobierno y al final, cuando me había despedido y ya no me presentaba como candidato, volvió a hacerse presente para impedir que mi partido continuase en el Gobierno.

Después del atentado del 19 de abril, comprendí lo afortunado que era en comparación con otras víctimas del terrorismo. Siempre me había sentido muy próximo a las víctimas, pero a partir de ese día la cercanía fue mayor, por la experiencia, y sobre todo por haber salido con vida del ataque. He conocido a mucha gente que no ha tenido la misma suerte que yo, que ha quedado herida para siempre, o que ha perdido a un miembro de su familia, a su marido, a su hermano, a su madre. He conocido a niños que han perdido a su padre sin ser conscientes todavía de la tragedia que habían padecido.

Lo que más me ha dolido de la vida pública es el silencio y el desprecio que han rodeado a las víctimas del terrorismo.

Había que superar la vergüenza que había caído sobre estos españoles que, además de haber padecido la violencia terrorista, tenían que vivir con la indiferencia y soportar los insultos de los asesinos, que se paseaban con toda libertad por la calle. Era imprescindible recompensar en la medida de lo posible a las víctimas, tanto en lo económico como en lo moral, y otorgarles la importancia crucial que tienen en la lucha contra el terror. Las víctimas del terrorismo son el testimonio vivo de aquello que los terroristas quieren destruir, y si se quiere de verdad luchar contra el terrorismo, si se quiere fortalecer el lazo moral que el terrorismo busca destruir, las víctimas deben ser puestas en el lugar central que les corresponde. Ésta era una posición personal previa al atentado, que salió reforzada el 19 de abril. Siempre he hablado en los mismos términos del terrorismo y de la necesidad de presentarle batalla en todos los campos, sin más límite que la ley. Desde un punto de vista personal, el atentado intensificó mi cercanía a las víctimas del terrorismo.

Luego, mientras tuve el honor de ser Presidente del Gobierno, cuando asistía a las manifestaciones contra el terrorismo, no lo hice con las víctimas porque mi responsabilidad era otra. Ahora bien, el 11 de junio de 2004 recibí en mi despacho de la Fundación FAES a la Junta Directiva de la Asociación Víctimas del Terrorismo y tuve el privilegio de ser nombrado socio de honor de la Asociación en un acto que celebramos allí mismo, del que me siento orgulloso y del que nadie supo nada por expreso deseo mío.

Después del 19 de abril de 1995 quise recuperar lo más rápidamente posible la normalidad. Volví a trabajar en cuanto Ana me dejó hacerlo, y aunque no he olvidado nada de lo ocurrido, nunca he querido convertir aquellos hechos en un elemento determinante de mi carrera política. Doy gracias a Dios por habernos salvado la vida a mí y a quienes iban conmigo. Siempre he recordado con tristeza a Margarita González Mansilla, tan cruelmente asesinada. Pensar en las personas que han muerto o que han sufrido porque los terroristas quisieron impedir nuestro proyecto político ha sido y sigue siendo, día tras día, el trance más amargo de mi vida.

# Gregorio Ordóñez

Gregorio Ordóñez fue un vasco cabal, un donostiarra ejerciente y un español por los cuatro costados. Él mismo se sentía profundamente español, profundamente vasco y profundamente guipuzcoano. También le gustaba hacer alarde de ello.

Alianza Popular en el País Vasco siempre había sido un partido pequeño. Había crecido a la intemperie. Antes, el terror había hecho estragos en las filas de UCD. Sus principales dirigentes habían sido asesinados y otros muchos habían tenido que huir. UCD había desaparecido de hecho. Nuestro partido, por su parte, nunca tuvo el menor resguardo, ni siquiera institucional, hasta que llegamos al Gobierno en 1996. En 1980 estuvo a punto de no presentarse a las elecciones, aunque terminó haciéndolo y obtuvo dos diputados. En el año 1984, Jaime Mayor Oreja advirtió que era necesario reorganizar en profundidad el partido y empezó a dar forma a lo que llamó la Coalición Popular del País Vasco, que consiguió siete diputados. Luego se hizo cargo del proyecto Julen Guimón, con buena voluntad aunque con unos resultados poco halagüeños. En 1986 volvimos a tener dos diputados. El Partido Popular en el País Vasco estaba entonces al borde de la extinción y, además de ser pocos, manteníamos discrepancias muy serias entre nosotros.

En la segunda mitad de los años ochenta se empezó a incorporar al Partido Popular una nueva generación de gente joven, como Eugenio Damboriena, Álvaro Moraga y Elena Azpiroz. En Guipúzcoa destacaron Gregorio Ordóñez y José

Eugenio Azpiroz, que en seguida pasaron a ser candidatos en las elecciones. El partido los acogió con alegría, porque era necesaria una renovación muy profunda y porque se trataba de personas procedentes del propio País Vasco, pero también con algo de desconfianza, porque era evidente que aquel grupo no iba a dejar las cosas como estaban. Habían venido para cambiarlas y no tenían miedo. Era gente joven, desacomplejada, valiente, con convicciones profundas. Actuaban a cara descubierta, con plena conciencia de los riesgos que estaban corriendo, pero sabedores también de que tenían que transmitir un mensaje muy claro si de verdad querían que los escucharan y los respetaran.

En aquel grupo, Gregorio destacaba por su carácter enérgico, vitalista y extrovertido. Con su sentido del compromiso y con convicciones muy arraigadas acerca de su deber, a veces resultaba una persona difícil, nada dócil y alérgico a los arreglos poco transparentes. Le gustaba hacer las cosas a su manera, sin interferencias de nadie. Aunque era muy capaz de llegar a acuerdos y compromisos, requería su propio territorio para actuar como él consideraba que debía hacerlo. Se enfrentó a algunos problemas en la Alianza Popular de entonces, e incluso estuvo al borde de que se le abriese un expediente disciplinario. Decía lo que pensaba, no sólo dentro del partido, sino también ante la opinión pública en el País Vasco, en el Parlamento Vasco y en Madrid, cuando acudía a las reuniones nacionales del partido. A su alrededor, y gracias a aquella energía, a su simpatía natural y a su coraje, fue cuajando un equipo de gente joven del cual Gregorio era el líder natural. Gregorio se convirtió pronto en uno de los políticos más populares de San Sebastián y abrió un espacio hasta entonces inconcebible para nosotros. En 1994, el Partido Popular ganó las elecciones europeas en el municipio de San Sebastián y en 1995 fue el partido más votado, aunque lo fue después de la tragedia y de que para entonces Jaime Mayor Oreja hubiera tenido que sustituir a Gregorio como candidato a la alcaldía.

Yo tenía una buena relación con Gregorio, al que, por otro lado, era difícil resistirse una vez que él había tomado la decisión de considerarte amigo suyo. Siendo Alberto Ruiz Gallardón Secretario General de Alianza Popular, le pregunté acerca de aquellos muchachos nuevos, que ya andaban haciendo ruido y a los que no conocía. Evidentemente, valía la pena conocerlos. Pronto destacaron en las reuniones del partido, y allí fue donde empezó nuestra amistad. Cuando visité el País Vasco siendo ya Presidente del Partido Popular, ratifiqué mi confianza expresa en Gregorio Ordóñez. Abrimos una nueva etapa en el partido, con Jaime Mayor Oreja a la cabeza, y decidí abrir la campaña electoral del año 1995 en San Sebastián. Estuvimos repartiendo propaganda por las calles, en particular por Pasajes de San Juan. Entramos a tomar un café en un bar y en cuanto cruzamos la puerta, la mitad de las personas que allí estaban nos dieron la espalda. Cuando quise pagar, la señora que estaba al cargo de la barra no me dirigió la palabra. Apuntó la cantidad en un papel. Dejamos el dinero, le dimos las gracias y nos fuimos. También paseamos por San Sebastián, porque a Gregorio Ordóñez le gustaba estar en la calle, escuchar a la gente, acudir a los centros de trabajo, a los cafés, a los talleres. Yo ya sabía que el País Vasco iba a ser uno de los principales compromisos de mi vida política. Un compromiso tan exigente como el de Gregorio Ordóñez me reafirmó en esa decisión.

En 1993, el 19 de enero iniciamos la campaña electoral en San Sebastián. En las Juntas Directivas del Partido, Gregorio Ordóñez solía insistir en que al País Vasco sólo debía acudir el Presidente. Tenía un gran interés en que yo visitase la ciudad antes de las elecciones municipales de 1995. Gregorio era por entonces concejal de Urbanismo y antes lo había sido de Turismo. Por la mañana estuvimos en ADEGI, la asociación de empresarios guipuzcoanos, con los representantes de la siderurgia, una industria vasca y española. Almorzamos en el restaurante Rekondo, en el monte Igueldo. Luego estuvimos paseando por la playa de la Concha, y no había calle, edificio, ni rincón sobre los que Gregorio no tuviera algo que contar y algo que decir. Era incansable.

Por la tarde tuvo lugar la presentación de su candidatura a la alcaldía de San Sebastián en el hotel María Cristina. Gregorio había querido que fuera un acto sencillo, pero no pudo evitar que se llenara el salón y a él se le desbordara su cariño por su ciudad, un afecto que siempre encontraba palabras sencillas y justas. No guardó silencio sobre un comunicado hecho público por los batasunos en el que calificaban mi visita de provocación y nos amenazaban una vez más. Me dio varias veces las gracias por acudir y terminó diciendo: «El año que viene, cuando vengas aquí, vendrás como Presidente del Gobierno y yo te recibiré como alcalde de San Sebastián.»

Después volvimos a dar un paseo. Estaba empeñado en que asistiese a la tamborrada y no dejaba de preguntarme si acudiría. «Que me quedo, hombre, que me quedo», le decía yo, aunque Gregorio, como siempre, siguió insistiendo. Por fin asistimos a la tamborrada. Lo vivimos todo con la intensidad con la que Gregorio vivía siempre las cosas y estuvimos cenando con María San Gil en un restaurante en el que también se encontraba Enrique Múgica, con su madre. Al salir tuvimos algún enfrentamiento con algunos individuos de Herri Batasuna, pero Gregorio estaba contento, radiante y de verdad agradecido de que yo hubiera visitado San Sebastián.

Gregorio estaba casado con una gran mujer, Ana Iríbar, con la que tenía un hijo pequeño, de muy pocos meses, Javi. Después de enterrarle, fuimos a su casa para estar con Ana y con el niño, con el que yo estuve un rato en el salón. Ana y Gregorio vivían en una casa de apenas ochenta metros cuadrados, muy modesta. Se habían mudado hacía algunos meses, la estaban poniendo y algunas bombillas ni siquiera tenían todavía una pantalla. Delante de las ventanas del salón se levantaba uno de esos pasos elevados que hay en San Sebastián. Ana y Gregorio no vivían en un piso en la playa de la Concha, no se podían permitir ningún lujo.

A Gregorio Ordóñez lo asesinaron el 23 de enero de 1995, cuatro días después de que estuviéramos juntos en San Sebastián. Fue un golpe terrible para el Partido Popular. Era el primero de los nuestros que caía después del exterminio de UCD y del acoso a Alianza Popular. Lo asesinaron de una forma particularmente bestial y cruel. Fue un tajo profundo, doloroso como pocas veces en la historia del partido. Nos dimos cuenta inmediatamente de que acababa de empezar el proyecto de aniquilación del Partido Popular y de que se iba a hacer cualquier cosa con tal de evitar que llegásemos al poder. Estaba claro que a partir de ese punto la batalla no tendría cuartel, y fue entonces cuando hablé con Jaime Mayor Oreja de la necesidad de que se presentase como candidato a la alcaldía de San Sebastián. Fueron momentos decisivos, porque no nos podíamos permitir sentirnos hundidos por el asesinato de un hombre a quien los suyos habían llegado a querer con auténtica veneración y que fuera del partido era admirado por su valentía.

Cogimos un avión y desde Bilbao fuimos en coche a San Sebastián, donde se había instalado la capilla ardiente en el Ayuntamiento. Allí le impuse la insignia de oro del Partido Popular, y estuve rezándole largamente, con Ana. Por allí pasó todo el partido, con dolor, con solidaridad y con firmeza. Cuando nos dirigíamos a enterrar a Gregorio Ordóñez al cementerio de Polloe, la gente de Batasuna había salido a la calle y contemplaban el paso de la comitiva con unas miradas de odio infinito. No les bastaba con asesinar a una persona. También había que manifestar el aborrecimiento que llevaban dentro. Llegué a pensar que el país estaba enfermo, enfermo de odio y de resentimiento.

Ofició el funeral el obispo José María Setién. Estuvo frío y distante, como siempre. En la homilía, Setién no habló de Gregorio. Ni siquiera llegó a pronunciar su nombre. Cuando llegó el momento de la Eucaristía, la mayor parte de los asistentes no quisieron recibir la comunión de manos del obispo de San Sebastián y Setién estuvo esperando a que alguien se le acercara mientras otros sacerdotes impartían el sacramento. Más tarde algunos párrocos del País Vasco llegaron a la crueldad de negarse a celebrar un funeral en memoria de Gregorio Ordóñez en el aniversario de su asesinato.

Antes del funeral recorrimos en manifestación las calles de San Sebastián. Fue una manifestación especial, con varias dimensiones. En el centro de la calle estábamos los que formábamos parte de la manifestación, muy concurrida y silenciosa. También había gente que pasaba, al parecer indiferente a lo que había ocurrido, como si aquello fuera completamente normal. También acudieron los mismos que habían ido a presenciar el entierro para mostrarnos su odio e intentar humillarnos. Fue una manifestación muy distinta a la que siguió al asesinato de Miguel Ángel Blanco. Después del martirio de Miguel Ángel, los mismos que nos provocaban tras el asesinato de Gregorio estaban escondidos y acobardados. Entonces estaban desafiantes. Para colmo, algunas personas ayudaron poco, como el alcalde de San Sebastián, que se empeñó en que la manifestación se limitase a un significado estrictamente municipal. No quería que el Partido Popular la encabezase y pretendía que yo fuese detrás de la representación de la alcaldía, a lo que me negué.

Supimos por aquel entonces que Gregorio estaba llevando a cabo una investigación sobre la Policía Municipal de San Sebastián. A mí me había dicho que tenía que darme alguna información. Probablemente había llegado a descubrir algún dato grave y serio, pero no tuvo tiempo de comunicármelo. Debía de haber empezado a aclarar lo que probablemente fuera alguna posible vinculación entre los terroristas y determinados miembros de la Policía Municipal, quizá con algunas ramificaciones más complejas y aún más turbias. Sin duda fue aquello lo que provocó que sobre él arreciaran las amenazas, incluidas las amenazas telefónicas algunos días antes del asesinato. El terrorismo no es ciego y a Gregorio lo asesinaron porque fue quien reconstruyó el Partido Popular en el País Vasco y no podían soportar que hablara a la gente en su lenguaje, que fuera bien acogido allí donde llegara, que tuviera siempre una palabra de amabilidad para todo el mundo, incluso para quien no pensaba como él. No aguantaron que fuera el político más querido de San Sebastián, que trabajara desde las seis de la mañana hasta bien entrada la noche y que pensara más en San Sebastián que en sí mismo e incluso que en su propia familia. Y por supuesto, no aguantaron que Gregorio tuviese el valor de decir que no estaba dispuesto a callarse, que se enfrentara a los asesinos y les dijera en voz bien alta, para que todo el mundo lo oyera, que ellos eran los que sobraban en el País Vasco.

Yo me juré a mí mismo hacer todo lo necesario para que los asesinos de Gregorio Ordóñez fueran detenidos y me alegra poder decir que ahora llevan ya varios años en la cárcel. Hubo que suplir el hueco que había abierto su asesinato y acudió a cumplir con ese deber, con su generosidad, su coraje y capacidad de servicio, Jaime Mayor Oreja. Es evidente, de todos modos, que los asesinos habían abierto una herida que no se cerraría nunca, por la personalidad de Gregorio y por la forma en que lo asesinaron.

El asesinato tuvo varias consecuencias. Algunas personas, reiteradamente amenazadas, se vieron obligadas a abandonar Guipúzcoa porque la situación era insostenible para ellas. También llevó a gente más joven a dar un paso adelante. María San Gil, que llevaba mucho tiempo trabajando con Gregorio, dio el mejor ejemplo de lo que significa ser una persona valiente y estar dispuesta a asumir una responsabilidad decisiva. Hoy es Presidenta del Partido Popular del País Vasco. María conocía muy bien a Gregorio y estaba almorzando con él cuando lo asesinaron. Ha contado cómo se dio cuenta de que iban a por él, cómo le pusieron la pistola en la nuca y cómo ella gritó para intentar evitarlo, sin conseguirlo. Es una mujer de un temple excepcional. Estoy convencido de que con su determinación y su arrojo realizará una contribución ejemplar a la reconstrucción del espíritu cívico y la restauración de la libertad en el País Vasco. Ése es, en buena medida, el legado de Gregorio: un grupo de gente como María San Gil, dispuestos a plantar cara al terror y a luchar por la libertad y por España.

He seguido tratando a su mujer Ana Iríbar, que demostró su categoría en aquel trance tan difícil, y he visto crecer a su hijo Javi, que es para mí el vivo testimonio de una exigencia personal. He mantenido el contacto con su madre, Consuelo Fenollar, alcaldesa de Terrateig, y he colaborado con su hermana Consuelo, dos ejemplos de serenidad y valentía. He cuidado en todo lo posible la Fundación Gregorio Ordóñez, dedicada a recordar a las víctimas del terrorismo. El recuerdo de Gregorio Ordóñez me obliga y me obligará siempre porque siendo yo Presidente del Partido Popular fue el primero en ser asesinado por defender las ideas que yo quería representar.

La semana en que escribo estas líneas he recordado a Gregorio, con inmensa tristeza, en un acto celebrado en el Kursaal de San Sebastián en el décimo aniversario de su asesinato. En estos momentos en el que el desafío del separatismo ha alcanzado una virulencia renovada, la decisión y el coraje que caracterizaron a Gregorio Ordóñez son más necesarios que nunca. He podido abrazar otra vez a Ana Iríbar, a Consuelo Ordóñez y a Maite Pagazaurtundua, entre otras muchas personas valientes y honradas. Me ha impresionado el espléndido vídeo de Antxón Surrusolo sobre Gregorio Ordóñez y volver a verle decir las mismas cosas que decía entonces, y que ahora mismo muy pocos se atreven todavía a decir. Por lo menos, el aniversario no ha pasado inadvertido. Es un gesto que se debería repetir con todas las víctimas del terrorismo.

# Miguel Ángel Blanco

En la lucha contra el terrorismo en España, el asesinato de Miguel Ángel Blanco marca un antes y un después. Señala el punto culminante de lo que se podría llamar la rebelión popular contra el terrorismo, y también marca, por desgracia, la frustración de aquel gran paso adelante. Mucha gente permanece leal al espíritu surgido en aquellos días, y eso tanto en el aspecto político como en el moral e incluso en el sentimental, pero debemos reconocer que la posibilidad que allí se apuntó no cuajó. Hubo quien intentó frustrarlo desde el primer momento, y hubo quien no quiso, o no supo, o tal vez no pudo, proporcionar a aquel movimiento la continuidad que estaba llamado a tener y que sin duda alguna merecía.

El 10 de julio de 1997 a las seis de la tarde me encontraba en el Salón de Columnas del Palacio de La Moncloa, con el director de *La Voz de Galicia*, que me estaba entrevistando. En un momento dado se acercó mi ayudante y me pasó un papel con la información de que Miguel Ángel Blanco había sido secuestrado y que los secuestradores exigían el desplazamiento de todos los presos etarras en el plazo de cuarenta y ocho horas. Era un jueves, por lo que el plazo expiraba el sábado. Le comenté al director de *La Voz de Galicia* lo que acababa de saber y abreviamos en lo posible la entrevista, aunque la terminamos.

Yo conocía a Miguel Ángel Blanco de algunas reuniones de nuestro partido. Era, como Gregorio Ordóñez, uno de esos jóvenes concejales del Partido Popular, aquel grupo admirable de personas buenas y valientes como el propio Gregorio, Leopoldo Barreda, Carmelo Barrio, María San Gil, Santi Abascal, Arancha Quiroga y Borja Semper, entre otros. Sabía que Miguel Ángel vivía en Ermua y sabía muy bien lo que significaba Ermua en el País Vasco, por ser una ciudad que había recibido a muchos de sus habitantes del resto de España, en particular de Galicia. Luego del secuestro supe algo más de su vida, de su trabajo de contable y como jefe de recursos humanos en una empresa de Eibar, así como de sus aficiones musicales y su participación en un grupo. El día que lo mataron iban a tocar en un barrio de Ermua. En septiembre se iba a casar con su novia Mari Mar. Lo que yo sabía antes era que Miguel Ángel Blanco era un muchacho normal, de una familia de gente recta y honrada, que quiere hacer su vida normalmente y vivir en un país decente. También sabía que, probablemente por eso mismo, le venían siguiendo desde hacía tiempo, como a muchos otros concejales y representantes del Partido Popular en el País Vasco.

El secuestro, la tortura y el asesinato de Miguel Ángel Blanco fue la respuesta de los terroristas a la liberación de José Ortega Lara. La liberación de Ortega Lara, ocurrida el 1 de julio de 1997, precedió en once días al secuestro de Miguel Ángel Blanco y constituyó un gran éxito de las Fuerzas de Seguridad. También fue una inmensa alegría porque Ortega Lara llevaba 532 días encerrado. Había demostrado una capacidad de resistencia propiamente sobrehumana. Sabíamos que la decisión de los etarras era dejarle morir de hambre. Con Ortega Lara, los terroristas no quisieron tomar ningún riesgo. Ni apostaron por un rescate, ni buscaron una rentabilidad política. Decidieron que Ortega Lara se muriese de hambre en el agujero donde lo habían encerrado.

Fue Jaime Mayor Oreja quien me comunicó que había una pista que nos podría conducir a la liberación de José Ortega Lara. Las Fuerzas de Seguridad venían siguiendo esta pista, que presentaba bastantes elementos de verosimilitud, desde hacía seis meses de vigilancia y de observación constantes. El 1 de julio Jaime Mayor Oreja me informó de que aquella misma noche se iba a intervenir. El juez Baltasar Garzón se desplazaría a Mondragón para dirigir la operación. Ocuparon la nave industrial que habían estado vigilando y empezó un rastreo que duró toda la noche, hasta las seis de la mañana. A esa hora, Baltasar Garzón estaba a punto de dar la orden de retirada. Jaime Mayor Oreja me llamó para informarme de lo que estaba ocurriendo y yo le dije que «por amor de Dios» siguieran buscando aunque fuera sólo media hora más. Me basaba en las informaciones que nos habían suministrado, fruto de un gran trabajo y sumamente fiables.

Un cuarto de hora después volvió a llamarme para darme la mejor de las noticias. Los etarras que habían sido sometidos a vigilancia aquellos meses estuvieron presentes durante el registro de la nave industrial toda la noche. Ya de mañana, uno de ellos se colocó al lado de una máquina. Al poco rato se vino abajo y confesó que Ortega Lara estaba justamente debajo de la máquina que estaba a su lado. Se retiró la máquina, que pesaba varias toneladas, y debajo, efectivamente, disimulado con un mecanismo hidráulico muy complejo, estaba el zulo inmundo donde tenían secuestrado a Ortega Lara. Cuando entraron a liberarle, Ortega Lara creyó que venían a matarlo.

La liberación de Ortega Lara produjo una inmensa alegría en España, pero también produjo una impresión difícil de olvidar el aspecto que presentaba Ortega Lara después de 532 días de secuestro. Era la imagen misma del exterminio, la representación más cruel de lo que el terror está dispuesto a hacer. Afortunadamente, Ortega Lara, que demostró una capacidad de resistencia fuera de serie, sobrevivió a aquel martirio y se fue recuperando poco a poco con la ayuda de su mujer Domitila y su familia, que demostraron un temple y una dignidad ejemplares durante aquellos meses interminables y luego se volcaron para ayudarle. Siempre los vuelvo a ver con placer.

ETA no podía dejar pasar ese golpe sin respuesta y secuestró pocos días después a Miguel Ángel Blanco. Sin duda alguna, ya tenían hecho el trabajo previo de información y no les debió de resultar demasiado difícil proceder al secuestro. Esa misma tarde hablé con el Rey, como es natural, y luego con el ministro del Interior. A Jaime Mayor Oreja le di dos instrucciones bien claras. En primer lugar, íbamos a hacer todo lo que estuviera en nuestras manos para salvar a Miguel Ángel Blanco. Hasta el sábado por la tarde movilizamos todas nuestras fuerzas en el País Vasco, en el resto de España y fuera de nuestro país para conseguir cualquier dato, cualquier indicio, cualquier información que nos pudiera llevar a Miguel Ángel. Hubo mucha gente que no durmió en aquellas cuarenta y ocho horas. Se hizo todo lo humanamente posible por rescatarlo. En segundo lugar, teníamos que dejar bien claro que en ningún caso cederíamos ante los terroristas.

Desde el primer instante tuve la convicción de que Miguel Ángel sería asesinado. El motivo de esta convicción era de orden práctico. Cuando se producían operaciones de esa índole, los comandos terroristas encargados de llevarlas a cabo recibían una orden cerrada e interrumpían cualquier comunicación con el exterior. Una vez recibida la orden de secuestro y asesinato de Miguel Ángel Blanco, lo previsible es que no hubiera marcha atrás. Por eso yo pensé siempre que Miguel Ángel sería asesinado. Incluso aunque cediéramos al chantaje de los terroristas, matarían a Miguel Ángel. Cometeríamos el peor de los errores posibles si amagábamos cualquier movimiento que diera la impresión de que cedíamos a los etarras, para que luego apareciera Miguel Ángel Blanco igualmente asesinado. Sobre el chantaje, la infamia y el dolor, la burla. No comuniqué a nadie la convicción personal de que la suerte de Miguel Ángel estaba echada, aunque estaba seguro de que muchos la compartían. Es una de las responsabilidades de la Presidencia del Gobierno. La decisión de no ceder al chantaje me correspondía a mí, tenía que tomarla yo, así lo hice y no tenía por qué comentar nada con nadie.

La sociedad española se levantó unánimemente y de forma espontánea contra aquella ignominia. Fueron unos días extraordinarios. Todos nuestros compatriotas, heridos en su conciencia de seres humanos y de españoles, supieron decir explícitamente «No» al terrorismo. Impulsados por el dolor y por la indignación, trazaron esa raya que hay que marcar siempre que se trata de terrorismo, para dejar bien claro que no se van a aceptar ni los actos, ni los gestos ni los supuestos motivos de quienes quieren sembrar el terror. La movilización fue unánime, sin fisuras. Nadie miró hacia otro lado, como había ocurrido en muchas otras ocasiones. El Partido Popular se puso en acción de arriba abajo desde la misma noche del jueves, y en líneas generales lo mismo ocurrió con todas las fuerzas políticas. Ya aquella noche —lo recordamos todos— hubo vigilias en muy diversos lugares de España, y el viernes continuaron en las plazas, en las iglesias y en otros muchos lugares.

El viernes recibí la llamada de José Antonio Ardanza, que entonces presidía el Gobierno vasco, pidiéndome que encabezara la manifestación que se iba a celebrar en Bilbao el mismo sábado. Yo no tenía ningún inconveniente en ponerme a la cabeza de aquella manifestación, como no he tenido nunca ningún problema a la hora de manifestarme en contra del terrorismo, si bien deseaba que se me dieran garantías de que la manifestación iba a ir en el buen sentido. Ardanza todavía creía que algunas manifestaciones contundentes podrían inducir a aquellos criminales a rectificar. Yo no pude por menos de manifestarle mi escepticismo, un escepticismo muy amargo en aquel caso.

Salí para Bilbao al día siguiente, sábado. Llegué allí desde el aeropuerto y bajé andando por la Gran Vía hasta el punto donde habíamos convenido que arrancase la cabecera. Iba por el centro de la avenida, la gente se apartaba a nuestro paso y rompía a aplaudir. La Gran Vía estaba completamente llena y se advertía que la gente había salido a la calle con rabia y con indignación, determinada a manifestar su voluntad de acabar con las atrocidades que se venían sucediendo. Allí no había ni indiferencia ni odio como los hubo en la manifestación que sucedió al entierro de Gregorio Ordóñez.

Empecé a darme cuenta de que las cosas no iban bien del todo cuando llegué al punto de la cabecera de la manifestación y vi que todavía no había llegado nadie del Partido Nacionalista Vasco. Al cabo de un rato llegó una persona con el recado de que el lehendakari me estaba esperando unos trescientos metros más adelante. Yo le contesté que el Presidente del Gobierno estaba esperando al lehendakari en el lugar que habíamos convenido. Seguí esperando un buen rato, pero no respetó su compromiso y la manifestación se desarrolló con dos cabeceras: una la que había pactado el PNV con las demás fuerzas políticas y otra la que estableció el PNV en aquel mismo momento. Francisco Álvarez Cascos se acercó a la cabecera de los nacionalistas para no dejarlos solos. A la nuestra se incorporaron también algunas personas, como Ramón Jáuregui. Le dije que tenían que ser fuertes, que no se arrugaran porque los momentos que se avecinaban iban a ser decisivos.

En cualquier caso, y a pesar de las dos cabeceras, la manifestación fue impresionante. Toda la ciudad y una parte del País Vasco, todas las personas honradas vibraron aquella mañana de compasión, de indignación y de repulsa. Cuando llegamos al Ayuntamiento, allí estaban, en las escalinatas, Javier Arzalluz, José Antonio Ardanza y la plana mayor del Partido Nacionalista Vasco. Me miraron con un gesto infantil, como si hubieran hecho una travesura, una chiquillada y me estuvieran diciendo que eran ellos quienes mandaban allí. El gesto era efectivamente el de unos irresponsables, pero el fondo era considerablemente peor. Fue el comienzo de algo terrible. Yo me coloqué en el

En las Azores se plasmó un objetivo que ha sido el rumbo de toda mi carrera política: España está por fin donde tiene que estar, con las dos democracias más importantes, y se reconcilia con su naturaleza atlántica. España asume sus responsabilidades, defiende la libertad, la democracia y el respeto a la ley, y está entre los grandes países del mundo. La participación de los iraquíes en las elecciones del 30 de enero de 2004 demuestra que ningún pueblo es indiferente a la llamada de la libertad. Sin la decisión adoptada en las islas Azores por Estados Unidos, Gran Bretaña y España, esas elecciones no habrían tenido lugar nunca.

Tony Blair es un hombre abierto, cordial y muy simpático. Nacimos en el mismo año, 1953, teníamos una trayectoria política paralela y compartíamos una característica: cada uno en nuestro ámbito, éramos los jóvenes, los renovadores europeos.

Una de las razones por las que Bush es tan sensible a las cosas de España y a los asuntos iberoamericanos es su identificación con Texas, un Estado de hondas raíces hispanas. Entiende el español y se esfuerza por hablarlo. Sabe que los dos países que tienen influencia en América son Estados Unidos y España. Lo mejor que podemos hacer es trabajar conjuntamente.

Llevábamos recorridos unos cuantos metros de la calle José Silva cuando de pronto vimos un fogonazo y escuchamos una detonación brutal, como si el mundo hubiera reventado. La explosión me envió al suelo de la parte izquierda del coche. Había una gran humareda y varios focos de fuego, porque los coches de alrededor, todos los que no estaban carbonizados, estaban ardiendo. Traté de abrir la puerta y no lo conseguí, aunque seguí intentándolo porque se me había metido en la cabeza que no me iban a obligar a salir de mi coche por otro sitio que no fuera mi puerta.

A Gregorio Ordóñez lo asesinaron porque fue quien reconstruyó el Partido Popular en el País Vasco y no podían soportar que hablara a la gente en su lenguaje, que fuera bien acogido allí donde llegara, que tuviera siempre una palabra de amabilidad para todo el mundo, incluso para quien no pensaba como él.

El día que asesinaron a Miguel Ángel Blanco iba a tocar con su grupo de música en un barrio de Ermua. En septiembre se iba a casar con su novia Mari Mar. Miguel Ángel era un muchacho normal, de una familia de gente recta y honrada, que quiere hacer su vida normalmente y vivir en un país decente.

José Luis Rodríguez Zapatero me dijo que la reacción debía ser la misma si se trataba de ETA o de una organización islámica, en particular Al Qaeda. También me informó de que le era indiferente que «sea ETA o Al Qaeda».

Yo tenía mucho interés en que en Moncloa hubiera una escultura de Chillida, y efectivamente conseguimos una pieza muy hermosa titulada *Berkasada*, que significa *Abrazo* en vascuence.

Alfredo Di Stefano es uno de mis ídolos de niñez y juventud. Cuando yo era niño y me preguntaban lo que yo quería ser, no decía una profesión o un oficio. Yo quería ser Di Stefano.

Plácido Domingo tiene tal simpatía, un carácter tan desprendido, tan arrollador, que siempre se está seguro de que allí donde está Plácido ocurrirán cosas extraordinarias.

Entre mis deseos más profundos está que nuestro país cuente con más personas como Julio Iglesias, que han llegado a los primeros puestos y al reconocimiento internacional gracias a su propio esfuerzo.

Bajo su apariencia un poco adusta y distante, detrás de las manías que cultivaba como quien cultiva una obra de arte, Cela era un hombre cordial y afectuoso. Sabía escuchar como poca gente lo hace.

Un día, almorzando en La Moncloa con Mario Vargas Llosa, le dije: «Quiero que sepas la diferencia que existe entre tú y algún otro escritor. En esta casa se lee a mucha gente. A ti, Mario, se te lee y se te quiere, las dos cosas.»

otro lado de las escalinatas y escuchamos el mensaje emocionado de María del Mar Blanco, que por un momento unió a la inmensa multitud que había llenado hasta el último rincón de Bilbao. Entonces decidí que lo mejor que podía hacer era irme. Fueron a decirme que habíamos acordado en pasar al Ayuntamiento y yo contesté que lo que habíamos acordado era reunirnos en un punto para encabezar juntos la manifestación, y que quien tenía que haber comparecido no lo había hecho. Si querían entrar en el Ayuntamiento tendrían que hacerlo solos. Cogí el coche y volví al aeropuerto.

Fue el comienzo de la voladura de lo que luego se llamó el espíritu de Ermua. El Partido Nacionalista Vasco comprendió inmediatamente que allí estaba fraguando una actitud nueva, inédita hasta entonces y que para el Partido Nacionalista Vasco podía ser extraordinariamente peligrosa porque permitía la articulación política de una posición moral compartida por la inmensa mayoría de la sociedad. Era demasiado arriesgado para dejar que siguiera desarrollándose y el PNV decidió dinamitarlo el mismo día de la manifestación, con Miguel Ángel Blanco todavía vivo.

Esa misma tarde, poco después de volver a Madrid, se descubrió el cuerpo todavía con vida de Miguel Ángel Blanco, al que habían abandonado, después de torturarlo durante dos días, en la cuneta de una carretera. Al día siguiente se celebró el funeral en la parroquia de Ermua. Lo presidió el Príncipe de Asturias, que también acompañó a la familia hasta el pequeño cementerio donde enterramos a Miguel Ángel. Siempre admiraré la entereza, la serenidad y la valentía del padre, Miguel Ángel, de la madre, Chelo, y de la hermana, María del Mar, una familia que la barbarie unió más que nunca y a los que he seguido viendo con regularidad. Tampoco aquí hubo manifestaciones de odio. El lehendakari Ardanza asistió a la ceremonia, aunque en un momento del cortejo, entre la parroquia y el cementerio, se apartó de la comitiva.

El espíritu de Ermua consiste en la disposición de la sociedad española, y en particular de la opinión pública vasca, a no tolerar más la presencia del terror. En aquellos momentos, y durante algún tiempo, la gente se enfrentó a los radicales, rodeaba las sedes de Batasuna, había perdido el miedo a expresar su indignación y sus ganas de ser libre. Se tomaron iniciativas muy importantes que condujeron a la creación de grupos y plataformas de acción ciudadana como Basta Ya o el propio Foro de Ermua. Han sido un ejemplo para todos, porque han demostrado que si no se tiene miedo se puede combatir el terrorismo y no hay ninguna razón por la que tengamos que considerar al terrorismo un hecho irremediable al que nos tengamos que resignar.

Pero el espíritu de Ermua requería una expresión política que fuera capaz de articular en la realidad social la dimensión moral que le era inherente. La articulación política sólo podía ser la elaboración de una alternativa de Gobierno al nacionalismo en el País Vasco, y eso requería un pacto entre por lo menos los dos grandes partidos nacionales, el Partido Popular y el PSOE. El Partido Nacionalista Vasco lo comprendió muy bien y su posición logró prevalecer sobre la posible alternativa.

El espíritu de Ermua fue muy importante en su momento, y lo sigue siendo ahora, años después, porque demuestra que el terrorismo no es invencible, pero no cuajó como hubiera sido de desear. Quienes manifestaron su voluntad de destruirlo actuaron con eficacia, en otros faltó convicción y en una parte de la sociedad española volvieron a manifestarse, al cabo del tiempo, las mismas dudas que antes y la misma disposición a aceptar la necesidad de recomponer lo que se sigue llamando el diálogo con quienes no quieren ni han querido nunca dialogar. Por eso se puede decir que el secuestro, la tortura y el asesinato de Miguel Ángel Blanco marcan un antes y un después en la historia del movimiento popular contra el terrorismo, aunque hay que añadir que se trata de una historia inacabada.

Más tarde tuve ocasión de hablar alguna vez con el lehendakari Ibarretxe de lo que significaba el espíritu de Ermua. Me dijo, literalmente: «Antes muertos que volver al espíritu de Ermua. Si no nos queda más remedio atravesaremos otra vez ese desierto, pero volveremos a hacer lo que estamos haciendo.» No había pasado ni un año tras el asesinato de Miguel Ángel Blanco y ya los nacionalistas vascos estaban pactando con los terroristas de ETA. Fue una traición completa y una deslealtad total. Se comprenderá que en algunas ocasiones me haya permitido hacer públicas mi desazón y mi perplejidad al ver que una parte importante de la sociedad española, relevante y con influencia, haya sido incapaz de darse cuenta de lo que allí se estaba jugando.

# 11 de marzo de 2004

El jueves 11 de marzo, a las 7.45, me llamó el ministro del Interior para informarme de que se habían producido varias explosiones en tres estaciones de ferrocarril de Madrid. Supimos de inmediato que era un atentado muy grave. Hasta más tarde no conocimos su auténtica envergadura.

Bajé al despacho tan rápido como pude. Me senté a la mesa y traté de empezar a ordenar mis pensamientos. Como suelo hacer, fui anotando en un bloc las ideas que me venían a la cabeza. Me concentré en las que debían ser nuestras cinco prioridades para los próximos tres días.

La primera era garantizar la normalidad de la vida ciudadana; la segunda, movilizar todos los medios para asegurar la atención a las víctimas y a sus familiares; la tercera, impulsar la investigación por parte de las Fuerzas y Cuerpos de Seguridad del Estado; la cuarta, mantener informada a la opinión pública con la máxima transparencia y la máxima celeridad; la quinta, asegurar las condiciones necesarias para que el domingo 14 se celebraran con normalidad las elecciones generales.

Los cinco objetivos se cumplieron. Fue determinante la acción de las instituciones —centrales, autonómicas y locales—, la responsabilidad de todas las personas que asumieron alguna tarea en aquellos días y la serenidad, la solidaridad y la generosidad de los ciudadanos de toda España, en particular de Madrid. Los españoles dimos un ejemplo al mundo. La amargura que suscita el recuerdo de aquellos hechos no debe empañar lo que es un motivo de orgullo. Los españoles estuvimos a la altura de las tremendas circunstancias que nos tocó vivir.

Las acciones que emprendí inmediatamente después de conocer los hechos fue pedir que se me mantuviera informado constantemente de lo que estaba sucediendo; hablar con el Rey para informarle de lo ocurrido, según las noticias que yo tenía entonces, y convocar a los colaboradores más necesarios. No convoqué la Comisión Delegada del Gobierno para Situaciones de Crisis porque es un órgano que requiere la presencia física de ministros y altos cargos —entre ellos el ministro del Interior y el de Defensa— que cumplirían mejor con su deber dirigiendo la actuación desde sus propios departamentos. La Comisión Delegada tiene un objetivo: garantizar la acción del Gobierno cuando la continuidad o la seguridad de esta acción están comprometidas. Sabía la gravedad de la situación, pero no era ésa la circunstancia a la que nos enfrentábamos. Eso sí, mantuve constantemente el contacto telefónico y personal con los ministros y los altos cargos correspondientes.

Tampoco convoqué el Pacto por las Libertades y contra el Terrorismo. El Pacto por las Libertades y contra el Terrorismo es un acuerdo de Estado que compromete a los dos partidos nacionales en la política antiterrorista. Contiene las claves de la política antiterrorista desarrollada por el Gobierno desde 1996, ha sido el marco de acuerdo para las iniciativas posteriores en la lucha contra la banda terrorista ETA y sus organizaciones y obliga a no hacer del terrorismo campo de batalla partidista. Como tal, nunca se ha reunido después de un atentado, ni su objetivo es responder a una acción terrorista. La respuesta debía proceder del conjunto de las fuerzas políticas, y José Luis Rodríguez Zapatero, entonces candidato del Partido Socialista a la Presidencia del Gobierno, no pidió nunca, en las dos conversaciones que mantuvimos el mismo día 11, la convocatoria del Pacto.

Empezamos a proporcionar información a la opinión pública en cuanto tuvimos los mínimos elementos de conocimiento acerca de lo que acababa de ocurrir. El ministro del Interior celebró una conferencia de prensa a las 13.30 de la tarde del día 11. El ministro, en nombre del Gobierno, atribuyó la autoría del atentado a la banda terrorista ETA. Cuatro horas y media antes, a las 8.50 de la mañana, Rodríguez Zapatero, el Secretario General del Partido Socialista, declaró sin posibilidad de equívoco que ETA había intentado intervenir en la campaña electoral. A las 9.35, el Presidente del Gobierno vasco, sin comunicación previa ni con el Ministerio del Interior ni con la Presidencia del Gobierno, realizó una declaración institucional responsabilizando de los atentados a la banda terrorista ETA con términos contundentes. Según sus palabras, estaba «claro que ETA ha pretendido dinamitar la democracia» y recurrió al término de «alimañas» para referirse a los terroristas etarras. Además de los ya citados, lo mismo hicieron el Parlamento vasco, a las 10.50; Josep Lluís Carod-Rovira, a las 11.45; Gaspar Llamazares, a las 11.48, y una edición especial del diario *El País* fechada a las 13.00 horas, todos antes de la rueda de prensa del ministro del Interior.

Lo mismo indicaban las informaciones suministradas por el servicio de inteligencia, incluidas aquellas que constataban una agitación extrema entre los miembros del llamado brazo político de la banda terrorista ETA, que se temía que hubiese sido la banda la autora de los atentados. Otro tanto se deducía de las informaciones procedentes de los servicios de inteligencia extranjeros que fueron consultados y puestos en alerta inmediatamente: ninguno de ellos —ni el de Estados Unidos, Gran Bretaña, Francia, Alemania, Israel, Egipto, Marruecos, Sudáfrica— suministró una información alternativa a la autoría de la banda terrorista ETA entre los días 11 y 14. Ni un solo rastro apuntaba a ninguna otra organización. Les pedimos que revisaran la información disponible hasta las últimas cuarenta y ocho horas, luego durante la última semana, las tres, cuatro últimas semanas, hasta un mes. Nada, ni un solo rastro apareció. Ningún jefe de Estado o de Gobierno con los que hablé en esos días me proporcionó ninguna información que apuntara en alguna dirección distinta a ETA.

Los precedentes apuntaban todos a la banda ETA, incluso descartado el hecho de que los españoles llevan treinta años golpeados por el terrorismo etarra. En la Navidad de 2003 se había producido un intento de hacer volar trenes en la estación de Chamartín, en Madrid, por el mismo procedimiento de mochilas bomba utilizado el 11 de marzo. También en Navidad, la banda terrorista ETA tenía intención de sembrar de mochilas bomba la estación invernal de Baqueira Beret. El 1 de marzo de 2003 las Fuerzas de Seguridad interceptaron un comando terrorista con una furgoneta que transportaba 536 kilos de explosivos, y se le había incautado un mapa de la zona este de Madrid, coincidente con la zona donde se produjeron los atentados del 11 de marzo. En las Navidades de 2002, la detención de un comando en Villalba, a 40 kilómetros de Madrid, evitó que la banda terrorista ETA sembrara de mochilas bomba varios centros comerciales de la ciudad. En 2000 fue interceptada en Zaragoza la llamada «caravana de la muerte», con más de mil kilos de explosivos.

Todo eso intenté resumirlo en mi comparecencia informativa del mismo jueves 11 de marzo, cuando atribuí los atentados, cuya crueldad ya conocíamos para entonces, a «los terroristas de siempre». No hacía falta decir más para que todos los españoles me comprendiesen, como así sucedió.

A las 16.45 del mismo jueves 11 el ministro del Interior me comunicó que se había encontrado en Alcalá de Henares una furgoneta abandonada con una cinta comercial en la que aparecían caracteres árabes. A las 19.30 el contenido de la casete estaba traducido, y fue entonces —no antes— cuando supimos que contenía unos versículos del Corán. Entonces decidí que se abriera una nueva línea de investigación. De acuerdo con el ministro del Interior, di instrucciones de que se informara de la apertura de esa nueva línea de investigación, como así hizo el propio ministro en una comparecencia pública a las 20.20, en la cual comunicó la aparición de la furgoneta, la aparición de la cinta en su interior, conteniendo versículos del Corán en árabe, así como de la aparición de unos detonadores en la misma furgoneta. Veinte minutos antes, a las 20.00, la Cadena Ser había declarado tener en su mano «las fotografías de los nueve presuntos miembros de ETA que han podido intervenir en este macabro atentado». Simultáneamente, y con la misma finalidad de explicar los nuevos datos de la investigación, volví a hablar con varios directores de periódicos y con José Luis Rodríguez Zapatero. El entonces Secretario General del PSOE me dijo que la reacción debía ser la misma si se trataba de ETA o de una organización islámica, en particular Al Qaeda. También me informó de que le era indiferente que «sea ETA o Al Qaeda». Ya sabemos que no iba a ser así.

A las 2.40 de la madrugada del día 12 se encontró una mochila bomba sin activar en los restos del ferrocarril de la estación del Pozo. La desactivación y el análisis del contenido de la bolsa de deportes aportaron nuevos datos relevantes para la investigación. De todo ello informó el ministro del Interior en rueda de prensa celebrada a las 18.00, una hora antes de que empezaran las manifestaciones convocadas en todo el país. El Consejo de Ministros del día 12 aprobó la ampliación del fondo de indemnización a las víctimas del terrorismo y adoptó el acuerdo de ofrecer a los extranjeros víctimas del atentado o familiares de víctimas un procedimiento extraordinario de regularización o nacionalización.

Aquella mañana acudí al hospital Clínico de Madrid a visitar a algunas de las víctimas heridas en los atentados. Sé que hay gente —amigos míos, incluso— que creen que fue un error por mi parte no acudir el mismo día 11 por la mañana al escenario de los atentados. Creo que se equivocan, y voy a explicar por qué. Si llego a ir allí, la acusación —rotundamente falsa— de que se intentó aprovechar de manera partidaria los atentados hubiera sido mayor aún de lo que fue. No tengo ninguna duda de que se habría dicho que Aznar fue allí a sacarse la foto. Así lo veo yo ahora. En aquel momento lo veía sólo ligeramente distinto. Realmente, si no fui a ninguno de los escenarios de los ataques fue para no dificultar los trabajos de rescate y para evitar que las víctimas pudieran sentirse luego utilizadas para algún interés político. Me alegro de haber intentado mantener ajenos a la sórdida batalla política que se preparaba a los que sufrían y a los que se esforzaban por salvar vidas y aliviar el dolor de los demás.

Me resulta difícil expresar lo que sentí en esos momentos. Aquellos días fueron, como ya he dicho una vez, los momentos más duros de mi vida. Ni siquiera cuando yo mismo fui víctima de un intento de asesinato me he sentido tan profundamente herido, tan desasosegado como en aquellos días. A medida que se fue precisando el alcance del crimen y fuimos poniendo nombre y rostro a la tragedia, la pesadumbre fue creciendo hasta un punto que el momento anterior hubiera considerado insoportable. Tanto sufrimiento, ¿para qué?, ¿para hacernos pagar una posible victoria en las elecciones?

He acompañado en numerosas ocasiones a las víctimas del terrorismo. He acudido a todos los funerales de personas asesinadas a los que me ha sido dado asistir. Sé lo que es un dolor como ése y por desgracia conozco bien su expresión. No sé si logré aportar algún consuelo, en nombre del Gobierno español y en el mío propio, a los heridos y a las familias de las víctimas. Los recordaré siempre y les agradezco personalmente su sinceridad y su entereza. Ellos me ayudaron a sobrellevar un momento de una angustia tan intensa que de él ha quedado un rastro seco, imborrable. Es la marca de unas emociones tan avasalladoras que no puedo ni siquiera intentar reponerme de ellas. Lo mismo les ocurrirá, sin duda, a casi todos mis compatriotas.

A las 19.00 horas empezó la manifestación de Madrid, que reunió a 2,3 millones de personas y que encabezamos representantes de la Casa Real, del Gobierno, de todos los partidos políticos y de la Iglesia católica, así como el Presidente de la Comisión Europea Romano Prodi, el Primer Ministro italiano Silvio Berlusconi, el Primer Ministro portugués José Manuel Durão Barroso, el Primer Ministro francés Jean-Pierre Raffarin y los ministros de Exteriores alemán, sueco y marroquí. La manifestación de Madrid, como las de toda España, fue un gesto de rechazo sin ambigüedad a la violencia terrorista. Su significado no debería verse enturbiado por los acontecimientos posteriores.

Había hablado con José Luis Rodríguez Zapatero de la convocatoria del acto, que debía correr a cargo de los delegados del Gobierno en cada Comunidad Autónoma, además de la declaración institucional del Congreso de los Diputados. Yo quería evitar a toda costa que las elecciones se vieran salpicadas por discrepancias entre los partidos. En mi opinión, el lema de la manifestación permitía a todo el mundo sentirse convocado: «Con las víctimas» (no hace falta decir nada más), «con la Constitución» (que es la expresión de nuestras libertades atacadas), «por la derrota del terrorismo». Terrorismo sin más, toda clase de terrorismo. La inmensa mayoría de las personas que acudieron a las manifestaciones en toda España expresaron su repudio a la violencia terrorista y su solidaridad con las víctimas. Pero ya por entonces habían empezado a escucharse algunas voces que empezaron a apuntar a una nueva interpretación de los hechos y a proyectar la duda sobre la actuación del Gobierno.

Rodrigo Rato, vicepresidente del Gobierno, y Josep Piqué, líder del Partido Popular en Cataluña, fueron increpados y tuvieron que abandonar la manifestación de Barcelona. En Madrid, las insinuaciones fueron más sutiles. Algunos grupos de personas estaban bien repartidos en el trecho que cubrió la cabecera de la manifestación, y cuando avanzaba ésta, y muy en particular cuando pasaban con nosotros los medios de comunicación, esas personas gritaban: «¿Quién ha sido?» Otros manifestantes, creyendo que coreaban un grito de protesta, respondían: «¡Ha sido ETA!» Sé que éstos fueron incidentes aislados, en una inmensa manifestación de dolor y de solidaridad que desbordó el centro de Madrid, como llenó y desbordó el de todas las ciudades españolas.

Sin embargo, estaban encuadradas en una estrategia que se había puesto en marcha el mismo día 11. A las 21.30 horas del jueves 11, José Luis Rodríguez Zapatero había llamado al director de *El Mundo* y le dijo que tenían información de que entre los muertos habían aparecido dos suicidas, una hipótesis acerca de la cual no me comunicó ni me pidió información en todo el día siguiente. Media hora después, la Cadena SER indicó que, según sus fuentes, en el primer tren que se hizo estallar en Atocha iba un terrorista suicida. A las 22.15, la misma cadena de radio empezó a vincular el atentado con la intervención española en Irak. Habiéndose finalizado a la 1.30 de la madrugada del día 12 las 192 autopsias de las primeras víctimas por el Instituto Anatómico Forense, el mismo instituto confirmó que no se había encontrado ningún dato que permitiera suponer la existencia de un suicida entre las víctimas. Pues bien, a las 6.15 del día 12, la Cadena Ser informó de que se había confirmado que «una de las víctimas llevaba tres capas de ropa interior y estaba muy afeitada, una práctica muy habitual entre los comandos suicidas islámicos antes de inmolarse».

La difusión de una información falsa indica que de sembrar la duda el día 11 se pasó, el día 12 de marzo, a extender la sospecha. A las 9.00 del viernes 12, José Luis Rodríguez Zapatero, contradiciendo lo que me había dicho personalmente la tarde anterior, declaró en una entrevista radiofónica que la valoración política no sería la misma de ser la banda terrorista ETA o Al Qaeda la autora del atentado.

El sábado 13 de marzo algunos medios de comunicación,

dando un paso más allá de la sospecha, empezaron a insinuar una acusación contra el Gobierno. Según dijo un periodista en una cadena radiofónica, a las 9.30, «vamos a unas elecciones absolutamente falsificadas». La campaña de la sospecha, por su parte, iba subiendo de tono, con intervenciones de Pérez Rubalcaba, por el Partido Socialista, y una acusación explícita contra el Gobierno por parte de Gaspar Llamazares, de Izquierda Unida.

Por la tarde, a las 14.40, el ministro del Interior informó en rueda de prensa de los avances realizados en la investigación y no descartó la colaboración entre bandas terroristas. A las 15.05, una cadena radiofónica dijo que fuentes del Centro Nacional de Inteligencia estaban trabajando «al 90 % de posibilidades de que nos encontramos ante un atentado de corte radical islamista», lo que fue desmentido por el propio director del CNI, que precisó que no se había abandonado la investigación sobre la autoría de la banda terrorista ETA.

El sábado 13 de marzo a las 19.40 fue encontrado un vídeo relacionado con los atentados. A las 23.45, con la extraordinaria profesionalidad y la capacidad de trabajo propias de las Fuerzas de Seguridad, el vídeo estaba transcrito, traducido y analizado. Era la reivindicación del atentado por parte de un hombre que se decía portavoz de la red Al Qaeda. El ministro del Interior fue a verme con la transcripción. Le pedí que hiciera algo que nos repugnaba a los dos, como era repartir a los medios de comunicación, para que las conociera la opinión pública, las palabras de un terrorista que reivindica el asesinato de 192 personas. El propio ministro del Interior compareció en la madrugada del sábado en televisión para dar cuenta del hallazgo.

Según la policía, el vídeo fue grabado a las 17.00 horas del mismo sábado y colocado en el lugar donde fue hallado en virtud de una llamada realizada a Telemadrid. Pues bien, un medio de comunicación y una cadena de radio anunciaron esa noche que conocían este mismo vídeo desde el sábado por la mañana, pero que lo habían callado por responsabilidad. No sé si en algún otro mundo ese ejercicio tiene un nombre distinto. Yo lo llamo mentir.

La campaña no paró ahí. Al Gobierno se le acusó de conocer y ocultar desde la mañana del día 11 el contenido de la furgoneta aparecida en Alcalá. Se propagó la especie de una dimisión masiva de los responsables policiales en protesta contra el Gobierno, una especie particularmente peligrosa, que podía desestabilizar la lucha antiterrorista en momentos tan graves. Se fabricó la historia de una supuesta audiencia con el Rey del ministro del Interior en la que éste habría sometido a la firma del Rey un decreto de suspensión de las elecciones. Se llegó a decir que la Casa Blanca iba a hacer pública la autoría de Al Qaeda. A día de hoy empieza a parecer difícil que alguien pudiera llegar a prestar crédito a afirmaciones como ésas. Entonces fueron difundidas no como rumores, que es lo que eran en el mejor de los casos, sino como datos contrastados. Fueron difundidos, además, desde instancias que tenían acceso a toda la información disponible.

No voy a discutir un hecho normal en una sociedad libre, como es el que se difundan toda clase de rumores e incluso de especulaciones, sobre todo si afectan a unos acontecimientos que han golpeado tan duramente al conjunto de la opinión pública. Ahora bien, quiero dejar bien claros dos puntos. El primero es que me hubiera gustado que determinadas empresas de comunicación, sometidas a un código ético profesional, no hubieran faltado a la verdad ni dado a conocer como informaciones contrastadas lo que no eran en esos momentos más que especulaciones. El segundo es que un Gobierno no puede informar a la opinión pública de hechos que no hayan sido previamente contrastados. Trabajamos sobre hipótesis. La autoría de la banda terrorista ETA era, por las razones que ya he explicado más arriba, la más verosímil. En cuanto tuvimos nuevos datos abrimos una línea de investigación distinta y fuimos informando de los nuevos datos a la opinión pública en cuanto empezaron a aparecer. Como ha quedado demostrado, ni un solo hecho contrastado dejó de ser puesto en conocimiento del público. No podíamos —ni debíamos— descartar la hipótesis de la autoría de la banda ETA, como tampoco descartamos, en cuanto tuvimos elementos que la justificaran, una autoría distinta. Así se lo hicimos saber a la opinión pública española.

Retrospectivamente, la historia es relativamente sencilla de reconstruir. No lo es en el momento en que se van conociendo elementos sueltos de una realidad aún sin desvelar. Construir un argumento explicativo a partir de esos datos parciales es tarea arriesgada. Para un Gobierno democrático es una tarea imposible. Informamos de los hechos tal y como los íbamos conociendo. Otros construyeron una historia, una pura especulación de efectos políticos muy concretos.

Esa misma tarde del 13 de marzo, jornada dedicada a la reflexión antes de las elecciones y por ley exenta de cualquier manifestación partidista, empezaron a congregarse en torno a las sedes del Partido Popular manifestantes supuestamente espontáneos. Fueron manifestaciones de orden político, que atacaron a un partido político, vulneraron la ley e interrumpieron el curso normal de un período electoral que sin eso, y teniendo en cuenta todo lo ocurrido desde la mañana del día 11, hubiera sido modélico. No creo en la espontaneidad de aquellas manifestaciones. Fueron la continuación lógica de la campaña iniciada el día 12 y de un movimiento de radicalización que se había empezado a fraguar mucho antes, desde el hundimiento del *Prestige*, y que continuó luego con la intervención en Irak.

Tal vez entre los manifestantes hubiera personas de buena fe. En ese caso, resultó un ejercicio bien preparado de manipulación de los buenos sentimientos. No sé si llegarían a darse cuenta de que con su presencia estaban siguiendo el guión deseado por los terroristas y contribuyendo a que éstos alcanzaran su objetivo: volcar los resultados electorales e intervenir mediante la violencia en unas elecciones democráticas. A partir del 14 de marzo, ninguna democracia en el mundo se siente a salvo de la acción del terrorismo.

Aquella noche yo estaba en la Presidencia del Gobierno, con mi familia —que me acompañó en todo momento— y mis colaboradores más cercanos. Por televisión, asistí al espectáculo de la vulneración de la ley y las acusaciones infundadas que se hacían contra el Gobierno. Supe que Pérez Rubalcaba, luego portavoz del Grupo Parlamentario Socialista en el Congreso, nos acusó de mentir. Hasta ahí los responsables políticos del Partido Socialista habían contribuido a alimentar las dudas y las sospechas. Ahora, como el responsable de Izquierda Unida, acusaban al Gobierno de algo que sabían que no era verdad.

Fue el punto culminante de una escalada que encabezó José Luis Rodríguez Zapatero, al decir lo contrario de lo que me había dicho antes acerca de las consecuencias políticas de la autoría del atentado, junto con otros dirigentes socialistas, que acusaron al Gobierno de actuaciones poco transparentes, afirmaron que los atentados eran consecuencia de la guerra de Irak, y llegaron a hablar de la mayor operación de manipulación política de la Europa democrática contemporánea.

Mientras, aquella noche se seguían mandando mensajes para que tuvieran lugar las manifestaciones supuestamente espontáneas ante las sedes del Partido Popular. Ana, mi mujer, observó que una persona que había hecho de la lucha antiterrorista uno de los ejes prioritarios de toda su acción política iba a abandonar la vida política activa con el mayor atentado de la historia de España. Creo que el fatalismo de la constatación intentaba paliar la abrumadora tristeza que sentía desde el día 11. Nos consoló en parte comprobar la impecable actuación de los militantes, los simpatizantes y los dirigentes de nuestro partido. Su lealtad y su firmeza democrática constituyeron en esos momentos el mejor de los apoyos.

Al día siguiente fuimos a votar a nuestro colegio electoral, el colegio del Buen Consejo. Cuando llegamos, las personas allí reunidas nos acogieron con aplausos que continuaron mientras preparábamos las papeletas electorales, que no habíamos traído de casa, y luego mientras recorríamos el largo pasillo hasta nuestra mesa. Ante esa demostración de solidaridad, Ana empezó a llorar. A la salida ya se habían apostado unas cuantas personas con una pancarta en contra del Gobierno. Fue un día de votación con las emociones a flor de piel, pero las elecciones se celebraron limpiamente y sin incidentes, otro de los objetivos que nos propusimos desde el primer momento.

Por la tarde fui siguiendo la jornada por la televisión. No discutí entonces ni he discutido después los resultados electorales. Nunca he puesto en duda la legitimidad de la victoria electoral del Partido Socialista. La democracia es un régimen en el que gobierna la mayoría, y por tanto la opinión pública. Los resultados no se prestaban a dudas y así lo aceptamos. Sin embargo, no creo que se borre pronto del recuerdo la forma en que el Partido Socialista ganó aquellas elecciones. Más aún, estuve convencido desde aquella misma tarde de que haber llegado al poder de ese modo no dejaría de tener consecuencias sobre la propia acción del Gobierno, y también sobre la opinión pública, sometida a partir de ahí a una tensión creciente, fruto de aquella a la que se le sometió entre el 11 y el 14 de marzo.

Cuando se dieron a conocer los resultados decidí acudir a la sede del Partido Popular. No tenía intención de hacerlo, como no lo hice cuando mi partido ganó las elecciones autonómicas en Madrid. Me consideraba a un paso de salir de la política activa y quería que todo el protagonismo le correspondiera a Mariano Rajoy, nuestro candidato. En vista de las circunstancias, pensé que en ese momento debía estar a su lado para respaldarle, ayudarle en todo lo que estuviera en mi mano y ponerme a su disposición. Pocas veces un candidato se habrá enfrentado a circunstancias tan excepcionales y difíciles como Mariano Rajoy.

Volví a ver a José Luis Rodríguez Zapatero después de las elecciones para tratar el traspaso de poderes y algunos temas europeos. Repasamos los asuntos pendientes y en un momento determinado hizo una larga reflexión, un poco enigmática, acerca de la situación de los antiguos presidentes de Gobierno en la vida pública. Creí entender que me estaba recomendando que me mantuviera al margen de lo que se iba a decir acerca de lo ocurrido esos días, y en particular de la actitud del Partido Socialista. En pocas palabras, si seguía la recomendación me dejarían tranquilo. No respondí, y comprendí que no me había equivocado en mi interpretación cuando el Partido Socialista volvió a la campaña de insultos y calumnias.

Mi partido solicitó la puesta en marcha de una Comisión de Investigación parlamentaria sobre lo ocurrido entre el 11 y el 14 de marzo. Pidió que se investigara a fondo todo lo sucedido entre esos días y antes, en la preparación de los atentados. Yo mismo me puse a disposición de Mariano Rajoy, de palabra y por escrito, para que mi partido tuviera las manos completamente libres a la hora de solicitar mi comparecencia. Desde que conocí la puesta en marcha de la Comisión, pensé que mi presencia era positiva para el Partido Popular. Ahora bien, personalmente no sentía ningún deseo de intervenir.

Desde aquellos días terribles hasta primeros de octubre intenté no hablar, ni leer, ni escuchar nada acerca de lo ocurrido en esas fechas. En cambio, no he dejado de recordar a las víctimas de los ataques y de pensar en lo terrible que resulta que para desalojar al Partido Popular del poder los terroristas hubieran causado tanto sufrimiento. Yo ya estaba prácticamente fuera de la actividad política. Ni siquiera me presentaba a aquellas elecciones. Si además de variar su resultado, los terroristas querían destruirme a mí, no habría sido necesaria aquella crueldad sobre gente completamente ajena a las responsabilidades del Gobierno, personas que se dirigían a su trabajo y a sus estudios temprano en la mañana del 11 de marzo.

Empecé a preparar la comparecencia con algunas semanas de antelación y ordenando, como suelo hacer, los argumentos y los hechos en fichas. Leí todas las informaciones que habían ido sacando a la luz algunos medios de comunicación, en particular *El Mundo*. Me ayudaron mis colaboradores en La Moncloa, algunos de los miembros de mi Gobierno, así como varias personas que en aquellos días ocupaban cargos de responsabilidad. No interrumpí mis tareas, los trabajos en la Fundación FAES, los actos y las conferencias que algunas instituciones han tenido la amabilidad de invitarme a dar, ni los cursos que imparto en la Universidad de Georgetown, en la ciudad de Washington.

A medida que fui conociendo toda la información disponible, cada vez me apareció más clara la intencionalidad de los atentados. Como dije luego ante los comisionados, ya sabemos que los atentados se empezaron a preparar mucho antes de la guerra de Irak. Está descartada, por tanto, cualquier relación de causa entre nuestro apoyo a la intervención en Irak y los atentados. Los ataques del 11 de marzo se inscriben en una estrategia del terror que ha golpeado a Estados Unidos, Turquía, Israel, Filipinas, Tailandia e Indonesia, entre otros muchos países.

He podido corroborar además la convicción que tuve entonces de que estaban dirigidos a variar los resultados de las elecciones. Si las elecciones se hubiesen convocado el 7 de marzo, los atentados se habrían producido el día 4. Todo, como indican el momento de la reivindicación y, en particular, la llamada informando del vídeo en la tarde del sábado 13, responde a una estrategia para cambiar el rumbo político de España.

Preparé la intervención con minuciosidad porque para entonces me había dado cuenta de que entre los objetivos de algunos de los comisionados estaba encontrar la prueba, «la pistola humeante», dije entonces, de que mi Gobierno había ocultado información o había mentido entre el 11 y el 14 de marzo.

Después de muchos meses de investigación, dicha prueba

no había aparecido. A día de hoy sigue sin aparecer. No existe, porque por parte del Gobierno no hubo ni ocultación ni mentira. Dijimos lo que íbamos sabiendo y lo dijimos en cuanto lo supimos. Los españoles tuvieron toda —insisto, toda— la información que llegó al conocimiento del Gobierno y en el mismo momento en que estuvo contrastada. Evidentemente, como Gobierno responsable de la normalidad de la vida ciudadana, no podíamos contribuir a difundir rumores. Nos atuvimos a los datos que íbamos conociendo.

Ése fue el primer objetivo de mi comparecencia: demostrar que el Gobierno había dicho todo lo que sabía. La segunda era dejar claro que en mi opinión, y mientras el Gobierno se atenía a los hechos que iba conociendo, se había puesto en marcha un frente mediático y político que no dudaba en transgredir todas las barreras morales y legales con tal de conseguir el desalojo del Partido Popular del poder.

Por último, quise dejar bien patente que mi deseo, como el del Partido Popular, ha sido que continuaran los trabajos de investigación el tiempo que fuera necesario para que se esclareciera la totalidad de los hechos que condujeron a los atentados del 11 de marzo, así como todo lo ocurrido entre los ataques y el final del proceso electoral. Digo bien todo, sin excluir las calumnias ni la forma en que se difundió la convocatoria de las manifestaciones llamadas espontáneas en la tarde noche del 13 al 14 de marzo.

A las seis o siete horas de comparecencia, que duró once horas durante las cuales apenas me permití leer algunos breves textos para precisar datos imprescindibles, comprendí por la expresión de cansancio y desaliento de algunos comisionados que no habían conseguido el objetivo que se habían propuesto. Seguía sin haber ninguna «pistola humeante». No existe.

Durante la comparecencia me llamó poderosamente la atención un comentario del portavoz del Grupo Parlamentario Vasco, Emilio Olabarría, según el cual su grupo no me había considerado nunca una persona idónea para afrontar la lucha contra el terrorismo por haber sido yo mismo una víctima del terror. Intentar aclarar la afirmación nos habría llevado a intentar aclarar lo que entiende el grupo de Emilio Olabarría por víctimas del terrorismo y lucha contra el terrorismo. Me limité a pedir que aquella afirmación escandalosa constara en el *Diario de Sesiones*.

A lo largo de la comparecencia fui comprendiendo que a falta de pruebas, ya no se acusaba a mi Gobierno, como en la noche del 13 de marzo, de haber mentido. Ahora se nos estaba acusando de algo distinto: no haber informado bastante, haber dado un sesgo especial a la información, incluso no haber previsto un atentado como el del 11 de marzo. Esta última acusación me pareció particularmente injusta, viniendo sobre todo de las filas socialistas y comunistas, que se habían burlado en el mismo Congreso de la detención de un comando de terroristas islamistas en posesión de materiales explosivos. Entonces no quisieron dar crédito a una amenaza de estas características, y para burlarse de la actuación del Gobierno y del ministro del Interior desacreditaron el esfuerzo antiterrorista y trivializaron la amenaza islamista. Llegaron a hablar del «Comando Dixan», como si las sustancias encontradas en posesión de esos terroristas fueran inocuas.

En los últimos tres años de mi segundo mandato realicé más de treinta intervenciones parlamentarias advirtiendo de los riesgos del terrorismo islamista. Repetí sin descanso que el mundo del terrorismo radical islámico había declarado la guerra al mundo occidental, que España formaba parte de Occidente y que se equivocaban quienes decían que los atentados del 11 de septiembre en Estados Unidos se produjeron a causa de la política norteamericana y no afectaban al resto de los países libres.

Durante mi último mandato en la Presidencia del Gobierno fueron detenidos más de 120 terroristas islámicos. El Gobierno socialista ha detenido después a más terroristas islámicos, en particular una célula que pretendía volar la Audiencia Nacional y el Tribunal Supremo. Ha quedado demostrado que la amenaza era previa a nuestro apoyo a la intervención en Irak y ha seguido existiendo después de la retirada de las tropas españolas de territorio iraquí. En cuanto a mí, puedo repetir lo que ya escribí otra vez: nunca he querido inducir a nadie, y menos aún a un compatriota, a desmovilizarse ante la amenaza fundamentalista. Al contrario, hice todo lo que estuvo en mi mano para que los españoles tuvieran en cuenta la realidad del terrorismo islámico. Espero que el actual Gobierno, y los siguientes, mantengan la misma actitud.

Cuando terminó la comparecencia me fui a casa y a la mañana siguiente me levanté a las seis de la mañana para tomar el avión y viajar a la República Checa, donde debía dar una conferencia. Comparecer ante el Parlamento siempre es un honor, y hacerlo durante tantas horas no es tan cansado, ni le debe impedir a nadie cumplir con sus responsabilidades. Volví así a la normalidad de lo que ha sido mi vida cotidiana desde que dejé el Gobierno.

Agradezco desde aquí las numerosas muestras de apoyo que recibí entonces y que he seguido recibiendo después. No agradezco menos todas las que recibieron y han seguido recibiendo luego, cualquiera que fuera la opinión de quien las expresara, las víctimas de los atentados del 11 de marzo. Hay que tener siempre en cuenta que las víctimas del terror son el centro mismo de la lucha antiterrorista, es decir, de nuestra libertad. En cuanto miremos para otro lado o caigamos en la tentación de olvidarnos de su dolor, habremos perdido la batalla. No seremos libres hasta que todas las víctimas del terror se sientan respaldadas por los españoles con la gratitud y el afecto que se merecen.

Al lado del sufrimiento y la dignidad de las víctimas del terrorismo, los aspectos políticos del 11 de marzo pierden importancia. Aun así, no puedo por menos de expresar mi inquietud por algo a lo que antes he hecho alusión: la seguridad que ahora tienen los terroristas de que pueden intervenir en un proceso electoral, aquí en España, en Europa y en cualquier parte del mundo. Hemos sido objeto de un experimento atroz, cuyos resultados coincidieron con los deseos de los terroristas. En cuanto al partido que ganó las elecciones, no le resto, como también he dicho, la menor legitimidad a su victoria. Constato igualmente que un partido que ganó las elecciones radicalizando su actitud como lo hizo el Partido Socialista tiene grandes incentivos para continuar como Gobierno en la misma línea de acción radical. Sabemos por experiencia que la radicalización nunca ha dado buenos frutos en nuestro país. Siempre que la izquierda se ha radicalizado, la mayoría de los españoles han pagado su actitud con exclusiones, atraso y empobrecimiento en todos los órdenes de la vida. Esta vez no será distinto.

# Eduardo Chillida

Redacto estas páginas en la sala de reuniones de la Fundación FAES, teniendo a mi espalda una pared cubierta con una serie de dieciocho grabados de Eduardo Chillida. Hay otros dos igualmente maravillosos en el despacho de mi casa, donde me acompañan a todas horas. Es una demostración de mi admiración por Chillida, de mi interés por su obra, y también —debo decirlo— de mi buena fortuna por poseer estas piezas tan hermosas.

Conocí a Eduardo Chillida en La Moncloa, en una de las primeras reuniones que organizamos cuando llegué a la Presidencia del Gobierno. Todos los viernes, especialmente durante la primera legislatura, organizamos reuniones con personas relevantes del mundo cultural. Por allí desfilaron figuras muy variadas de la vida cultural española en todos sus ámbitos, pintores, escultores, músicos, escritores, historiadores, cineastas, productores, galeristas de arte... No seleccionábamos a los invitados por afinidad ni por ideología, y cada cual expresaba sus opiniones con total libertad. De aquellas reuniones estaba completamente ausente el sectarismo que en demasiadas ocasiones impregna la vida cultural española. Algunos viernes, al mediodía o por la tarde, celebrábamos tertulias donde se recitaba poesía. Una persona elegía algunos poemas que le gustaban especialmente y los leía durante treinta o cuarenta minutos.

Eduardo Chillida y su mujer Pilar Belzunce acudieron a La Moncloa en uno de los primeros almuerzos que celebramos

Ana y yo. Era la primavera de 1996 y comimos fuera, en el jardín, con Antonio López, Julio López y José Antonio Fernández Ordóñez. Chillida era un hombre retraído, poco hablador. Escuchó las diversas opiniones que allí se manifestaron, hizo algún comentario breve y a la salida del comedor me cogió del brazo para hablarme a solas un rato. Así, en un aparte que todos respetaron, me explicó sin levantar la voz, pero con claridad, sus opiniones y sus impresiones políticas sobre la situación en el País Vasco. Lo volvió a hacer aún con más expresividad en otra visita a La Moncloa.

Eduardo Chillida inició una carrera prometedora como futbolista, de portero titular de la Real Sociedad. Llegó a ser, como es bien sabido, uno de los artistas españoles más conocidos, más respetados y más queridos internacionalmente. Era, evidentemente, uno de esos españoles que mi Gobierno se había propuesto homenajear por sus méritos y como ejemplo para todos nosotros. Como ya he dicho, soy partidario de homenajear a los españoles que destacan y estoy convencido de que la excelencia, cuando se alcanza, debe ser reconocida. Eduardo Chillida destacó como pocos en su momento. Con esa intención invité a toda la familia Chillida a ir a La Moncloa. Fue un momento espléndido, porque la familia de Chillida, tan amplia, es de una simpatía contagiosa.

Yo tenía mucho interés en que en Moncloa hubiera una escultura de Chillida, y efectivamente conseguimos una pieza muy hermosa titulada *Berkasada*, que significa *Abrazo* en vascuence. El mismo Chillida había elegido la escultura y quiso elegir el sitio donde iban a colocarla, así que un día estuvo paseando con su mujer por los jardines. Cuando me comentaron el lugar que había escogido, pensé que me habían dado mal la información, porque el sitio adecuado para la escultura no era ése, sino otro que yo estaba seguro de que a Chillida le iba a gustar. Chillida, que como buen artista es extremadamente minucioso para estas cosas, tenía mucha curiosidad por saber si el sitio que había escogido él iba ser respetado. Pero cuando vio aquel en el que yo había pensado, estuvo de acuerdo en que era el lugar apropiado para colocar su obra. Es una zona ajardinada con una fuente, donde se celebran las paradas oficiales en las que forman las tropas. Todos los que salen de La Moncloa tienen que pasar por allí. Dado el nombre y el significado de la obra, yo tenía un particular interés en que fuera colocada allí. Después nos dimos un largo paseo por los jardines durante el cual Chillida, con gran sinceridad, me expuso su comprensión hacia la política que estábamos realizando en el País Vasco. Me lo estaba diciendo un vasco, un español y un personaje de dimensión universal.

En 1998 tuve el honor de inaugurar con él una exposición antológica de su obra en el Museo Nacional Reina Sofía. Dos años después, el 16 de septiembre de 2000, inauguramos en Hernani el Chillida Leku o Espacio Chillida. Chillida había recibido el encargo de crear una escultura que iba a ser colocada en la nueva Cancillería federal en Berlín. Con ese motivo, el matrimonio Chillida visitó Berlín y había invitado al canciller Gerhardt Schröder a la inauguración del museo. Schröder, que es un gran admirador de la obra de Chillida y un gran aficionado al arte moderno, aceptó la invitación con mucho gusto pero sin saber dónde estaba el Chillida Leku.

Justamente un día antes celebramos una cumbre bilateral hispano germana en el Palacio de La Granja. Durante la reunión me di cuenta de que algunos miembros de la delegación alemana habían empezado a hacer preguntas sobre el viaje del día siguiente, tal vez intentando esquivar el compromiso sin tener que negarse abiertamente a cumplirlo. Esa misma tarde, nada más empezar la cumbre, se produjo un avance importante en la lucha antiterrorista, como fue la detención en Francia del jefe del aparato militar de ETA, Iñaki de Rentería. Con esa detención se dio un golpe muy serio a la organización, que quedó descabezada. Jaime Mayor Oreja me informó del asunto y yo mismo se lo comenté a los alemanes, que nos felicitaron y se apresuraron a sugerir que, en vista de la noticia, al día siguiente ya no teníamos que viajar al País Vasco. Les contesté que era al revés, que era entonces cuando teníamos que ir al País Vasco y que además estaba seguro de que lo que íbamos a ver les iba a interesar. Algún miembro de la delegación llegó a preguntar dónde estaban los chalecos antibalas, que nadie ha utilizado nunca en ninguna visita oficial.

Al otro día cogimos los helicópteros que nos trasladaron desde Segovia hasta Hernani. Hizo un día espléndido y pude ir explicándole a Schröder las zonas de España que íbamos sobrevolando. Aterrizamos en unos terrenos de la yeguada militar que todavía conserva el Ejército de Tierra en Lasarte y nos trasladamos a la Casa Museo. A la entrada de la finca estaba la escultura *Berlín*, que luego fue llevada hasta la capital alemana e instalada delante de la Cancillería. Hubo que cambiarla de lugar por deseo expreso de Schröder, porque aunque la escultura es de gran tamaño, las dimensiones de la Cancillería son tan gigantescas que incluso una escultura tan monumental como *Berlín* quedaba un poco perdida. Ahora está instalada en un lugar estratégico, y todos los que entran en la Cancillería pasan por delante de la magnífica obra de Chillida, que ofrece desde los pisos altos del edificio una perspectiva muy especial.

Visitamos el museo, un antiguo caserío restaurado con una infinita sabiduría y situado en un paisaje igualmente hermoso. Chillida, animado por su familia, había logrado organizar un espacio donde reunir algunas de sus obras más importantes y que estaría dedicado, como toda la vida del propio artista, a celebrar la dignidad y el misterio de la creación.

Celebramos un almuerzo con los Reyes, el lehendakari Ibarretxe, algunos miembros del Gobierno y de las instituciones guipuzcoanas y una nutrida representación de la sociedad vasca. Algunas personas de adscripción nacionalista evitaban acercarse a nosotros e incluso saludarnos. Ya por entonces Chillida, que padecía la enfermedad de Alzheimer, se encontraba mal y se retiró pronto. Durante la conversación dije, bromeando, que poco a poco casi todo el mundo se iba convenciendo de las bondades de mi política, y dirigiéndome a Ibarretxe le sugerí que ya casi el único que me faltaba era él. Ibarretxe me contestó con el mismo tono que con él lo iba a tener bastante más difícil. En ese momento intervino la mujer del lehendakari: «Más difícil no, imposible, porque si algún día le dieses la razón yo me separaría de ti.» Me parece que todo el mundo entendió que aquello era algo más que una broma.

Antes de despedirnos, le dije a Gerhardt Schröder lo mucho que le agradecía que hubiera visitado España y el País Vasco, con los Reyes, en unas circunstancias tan especiales y para rendir homenaje a uno de los grandes artistas españoles. Tuvimos la suerte de que hacía un día excepcionalmente claro y volamos en helicóptero, bordeando la costa, hasta el aeropuerto de Fuenterrabía, donde le esperaba su avión. Llegar a San Sebastián desde el mar es una experiencia única. El cielo de un azul resplandeciente, el mar tranquilo, la bahía, la playa de la Concha, los cubos del Kursaal... todo contribuyó a que el viaje resultara inolvidable.

La inauguración del Museo Chillida fue un gran éxito por mucho que se descubrieron, en un sitio desde el que no podían causar ningún daño, algunos lanzagranadas puestos allí por los mismos de siempre, que esta vez habían intentado perturbar una jornada dedicada a homenajear a uno de los más grandes artistas vascos. Chillida falleció dos años después, el 19 de agosto de 2002. Fue un hombre trabajador, siempre concentrado en su obra, con un genio creador extraordinario. Tuvo la suerte de tener una mujer y una familia que le apoyaron siempre. Su legado de equilibrio y serenidad constituye una inspiración para los artistas y los españoles de las generaciones venideras.

# Alfredo Di Stefano

Alfredo Di Stefano es uno de mis ídolos de niñez y juventud. Cuando yo era niño y me preguntaban lo que yo quería ser, no decía una profesión o un oficio. Yo quería ser Di Stefano.

Por aquel entonces yo ya era aficionado al deporte y muy amante del fútbol, como lo he seguido siendo después. Aquellos años de mi infancia, a finales de los años cincuenta y principios de los sesenta, coincidieron con uno de los períodos de mayor brillantez deportiva del Real Madrid.

Tuve la suerte de conocer a Di Stefano en 1960, cuando yo tenía siete años. A diferencia de lo que ocurre ahora, antes de jugar en el Estadio Bernabéu el equipo del Real Madrid se concentraba los viernes y permanecía concentrado hasta pocas horas antes del partido. Lo hacía en el hotel Arcipreste de Hita, en la Sierra de Madrid, cerca del lugar donde mi familia solía veranear. Un día fuimos toda la familia a comer al hotel Arcipreste de Hita y resultó que todo el equipo se encontraba allí también. Una vez que terminamos de comer, cogí una hoja de papel y me presenté en la sala donde estaba el equipo con la intención de pedir un autógrafo a todos los jugadores del Real Madrid. Se encontraban descansando en un salón grande, jugando a las cartas, hablando y viendo la televisión. Fui uno por uno y todos tuvieron la amabilidad de firmarme mi papel. Faltaba, eso sí... Di Stefano.

Di Stefano no había bajado todavía de dormir la siesta en su habitación, por lo que me tuve que marchar un poco acongojado, pero determinado a volver. Así lo hice y un rato después, cuando entré de nuevo en el salón donde estaban reunidos, vi a Di Stefano de pie en medio de la habitación, dando voces a alguien. Sin apenas mirarme, como es natural siendo yo, como era, un niño de siete años, estampó su firma al lado de sus compañeros, y escribió «Stefano», no «Di Stefano». Aquello me trajo algunos problemas. En las fotografías oficiales que se publicaban de la plantilla del Real Madrid, con la copia de la firma, siempre aparecía el apellido con la partícula «Di». Mis compañeros del colegio me decían siempre que aquél era el nombre auténtico. Yo sostenía que no, que la firma auténtica era sin «Di», como el propio Di Stefano me la había firmado a mí. Claro que eso me obligaba a andar siempre con mi papel de un lado para otro.

En el colegio del Pilar, en Madrid, donde yo estudié, no había campo de fútbol. Enfrente del colegio, en la calle Castelló, estaba lo que llamábamos «el solar», que era un terreno con un fuerte desnivel, como la propia calle. Cuando nos tocaba la parte más baja, no sólo había que correr, también había que trepar la cuesta para llegar hasta la portería contraria. Algunas veces nos llevaban a las instalaciones de La Chopera, en El Retiro, o a Rosales, al solar del antiguo cuartel de la Montaña donde hoy se levanta el Templo de Debod. Eran recintos pequeños y cuando íbamos a jugar a un campo de verdad, con el equipo de algún otro colegio, nos perdíamos. Creo haber tenido condiciones para el fútbol, jugaba con las dos piernas e intentaba hacerlo de delantero, aunque lo que de verdad me gustaba era jugar de Di Stefano. Me pasé al balonmano porque en los patios del colegio instalaron unas canchas y resultaba más sencillo que jugar al fútbol. Al final de los torneos, solían acudir a repartirnos las copas y los banderines algunos jugadores del Real Madrid. Una vez nos los repartió Gento, ni más ni menos. Por entonces hacíamos gimnasia vestidos y al aire libre. Muy al final, se instaló un gimnasio en un edificio nuevo del colegio y pudimos cambiarnos de ropa en un vestuario, pero lo que solíamos hacer era cambiarnos en clase y así mismo, tal como salíamos de la hora de gimnasia, volvíamos a casa.

Siempre fui un madridista acérrimo. Uno de mis primeros recuerdos es justamente un partido de fútbol, probablemente de 1958 o 1959, cuando el Real Madrid jugó una final de la entonces llamada Copa del Generalísimo con el Atlético de Bilbao en el Estadio Santiago Bernabéu y ganó el Atlético por dos a cero. Mi familia era mayoritariamente atlética y prepararon unas pancartas animando al Atlético de Bilbao. Yo tuve que prepararme la mía del Real Madrid con la ayuda de mi madre, que siempre me echaba una mano para demostrarme que no estaba solo. Mi padre era y ejercía de bilbaíno. Mi hermano mayor era ya por entonces del Atlético de Madrid, del que hoy es uno de los socios más veteranos. A mis hermanas nunca les ha apasionado el fútbol tanto como a nosotros, y mi madre, a pesar de que siempre se esforzaba en apoyarme, es asturiana y seguidora del Oviedo. Solía recordar que antes de la guerra había visto jugar a leyendas como Lángara. En cualquier caso, yo era el único madridista.

Los primeros partidos que recuerdo son la quinta Copa de Europa entre el Real Madrid y el Eintracht de Frankfurt, que ganamos por siete a tres, y la Copa Intercontinental que ganó el Real Madrid al Peñarol, en el Santiago Bernabéu, por cinco a uno. Fue la culminación de las famosas cinco Copas de Europa conseguidas por el Real Madrid, que entonces era un equipo deslumbrante con Herrera, Del Sol, Di Stefano, Puskas y Gento en la delantera. Iba con frecuencia al Santiago Bernabéu, soñaba con los partidos; de hecho ir a ver jugar al Real Madrid era para mí ir a ver a Di Stefano. Como solemos decir los madridistas, en aquel momento, a principios de los años sesenta, alguien decidió que el Real Madrid no podía seguir ganando más copas y en los años 1961, 1962 y 1963 se jugaron algunos partidos memorables en los que los madridistas sufrimos considerablemente, y más que nadie sufrimos los niños, que nos tomábamos nuestro equipo completamente en serio. Hubo una eliminatoria particularmente emocionante, una semifinal de la Copa de Europa en la que el Real Madrid ganó al Milan, que fue uno de los partidos más extraordinarios que Di Stefano ha jugado nunca. Por entonces un Benfica fuera de serie se alzó hasta los primeros puestos, con jugadores como Eusebio, Coluna, Simões y Costa Pereira; el Barcelona tenía ya un equipo extraordinario; el Milan era de los grandes equipos del mundo, y el Real Madrid tenía que enfrentarse a un puñado de rivales muy serios, como ocurrió en la semifinal en el Nou Camp en la que se le anularon tres goles al Real Madrid, en un partido contra el Barça.

Fueron años memorables para el fútbol, aunque así se llegó al año triste de 1964, cuando el Inter de Milán, con Mazzola y Luis Suárez —probablemente el mejor jugador de los nacidos en España, con Amancio—, ganó al Real Madrid por tres a uno y obligó a una renovación a fondo del equipo. Para mí, aquello supuso un auténtico trauma. Alfredo Di Stefano, el ídolo de toda mi —cortísima— vida, se marchaba del Real Madrid. Yo no lograba entender cómo el Real Madrid podría sobrevivir sin Di Stefano. Me parecía una tragedia de proporciones mundiales, cósmicas.

Una vez que se fue del Real Madrid, seguí la carrera de Di Stefano con el mismo apasionamiento con que la había seguido aquí, primero cuando jugó en el Español, luego entrenó al Valencia, cuando volvió a Argentina a entrenar a otros equipos y cuando, inevitablemente, volvió al Real Madrid. Aunque consiguió excelentes resultados como entrenador, no creo que llegara nunca a alcanzar el mismo nivel que demostró como jugador. Teniendo en cuenta que Di Stefano es uno de los grandes futbolistas de la historia, mejorar sus propios éxitos resultaba muy difícil.

Recuerdo muy bien los partidos del Mundial celebrado en

Chile en 1962, transmitidos por radio porque la señal de televisión no llegaba desde allí. Di Stefano no participó porque estaba lesionado. Es una característica muy particular de su carrera. Probablemente se trata del único caso de un jugador de su categoría que no haya triunfado con su selección nacional —ya fuera España o Argentina— en un Campeonato Mundial de Fútbol.

Entonces iba al fútbol con un buen amigo de mi padre, muy madridista, Guillermo Sautier Casaseca, el célebre autor de seriales radiofónicos. Lo llamaba el tío Guillermo y con él iba al Bernabéu los domingos. En vista de mi afición, mis padres me hicieron socio del Real Madrid en 1960, cuando tenía ocho años. Fui a recoger el carné al Frontón Jai Alai, detrás del edificio de Correos, donde alcanzó sus primeros éxitos el equipo de baloncesto del Real Madrid, como suelen recordar muy bien mis amigos Emiliano y Sainz. Era una auténtica cancha de frontón, y los jugadores tenían que tener en cuenta el muro para no lesionarse durante los partidos. Llegué a tener el número 16.000 de socio del Real Madrid, y lo mantuve hasta que una de las renovaciones coincidió con un viaje al extranjero y no la pude llevar a cabo. No por eso padecieron mi fe ni mi entusiasmo madridistas.

A lo largo de mi vida he tenido ocasión de ver las distintas transformaciones del Real Madrid. Me inicié en el Real Madrid de Di Stefano y Puskas, pero luego pude disfrutar con el de Velázquez, Pirri y Amancio, que me demostraron que el Real Madrid era capaz de salir adelante después de una crisis como la que padeció a principios de los años sesenta. Luego conocí el Real Madrid de Santillana y de Juanito, más tarde el de la «Quinta del Buitre» hasta el Real Madrid de hoy, del que me siento orgulloso. Mis padres me hicieron socio del Club de Tenis del Real Madrid, y allí iba a bañarme a la piscina y a jugar al tenis, aunque por desgracia no podía ver a los jugadores, a los que no les estaba permitido entrar en la zona deportiva. En cambio, veía entrenarse a Manolo Santana, gran persona y gran amigo, con el que no he competido en una cancha de tenis, pero sí en otros deportes como el paddle o el golf.

Asistí a la inauguración del pabellón de la Ciudad Deportiva del Real Madrid, donde habían instalado una pista de madera que entonces, en los años sesenta, fue una auténtica sensación, y he sido testigo directo de la ampliación y la modernización de las instalaciones del club, en particular del Estadio Santiago Bernabéu. Simbólicamente, y tal vez algo más que simbólicamente, acompaña y resume la modernización y el progreso de España en estos años. Entonces era uno de los grandes equipos del mundo, con el que millones de personas se sentían identificadas y del que los madridistas, y en general los españoles, podían sentirse orgullosos. Sin la figura de Di Stefano y la de Santiago Bernabéu, es imposible entender esos años del Real Madrid y aquello en lo que se ha convertido.

Antes de entrar en política y gracias a un amigo común tuve ocasión de conocer a Di Stefano e incluso de ver algún partido con él. A partir de 1996, empecé a tratarlo más asiduamente.

Alfredo Di Stefano es, en primer lugar, un ganador. Le resulta inconcebible cualquier posibilidad que no sea salir a ganar. Se preparaba para ganar, y cuando ganaba, estaba preparado para la victoria. Sobre eso, Di Stefano es un líder. Di Stefano dirigía, decidía lo que había o no había que hacer, tenía capacidad de mando, le gustaba ejercerla y tenía un carácter fuerte. Es un hombre de trato cordial y agradable, pero también es capaz de prontos nacidos de un genio muy vivo y enérgico. Le gusta citar los versos de *Martín Fierro*: «Yo soy toro en mi rodeo, / y torazo en rodeo ajeno. / Siempre me tuve por bueno, / mas si me quieren probar, / salgan otros a cantar / y veremos quién es menos.»

Di Stefano lleva el orgullo en la sangre, y tal vez sea ese orgullo el que le infunde su seriedad, su sentido de la responsabilidad y su permanente compromiso con los demás. Di Stefano era el líder, y eso no quería decir que él gozara de privilegios que los demás no tenían. Se quedaba entrenando cuando los demás se marchaban a casa, corría más, se esforzaba más y probablemente era él quien más se sacrificaba por el resto del equipo. Gracias a ese esfuerzo y a su talento, que sin el trabajo sirve de bien poco, se ganaba el reconocimiento de sus compañeros. Di Stefano no era el líder por ser el más popular y el más simpático; lo era porque era el mejor, y para ser el mejor hace falta una disciplina de hierro, una profesionalidad absoluta y muchas horas de trabajo.

Así es como Di Stefano se convirtió en un ejemplo y en un maestro de futbolistas y deportistas. Toda la impronta de orgullo, de seriedad y de responsabilidad que luego se le ha atribuido al Real Madrid tiene mucho que ver con la actitud personal de Di Stefano. También está relacionada con la personalidad de Santiago Bernabéu. Ha pasado a formar parte de la naturaleza misma del club. Mis amigos del Real Madrid no se cansan de repetir que vestir la camiseta del Real Madrid no es una cosa cualquiera. Cuando uno se pone la camiseta del Real Madrid, está haciendo suyo un legado de responsabilidad, de tenacidad y de coraje. El día en que esa conciencia se pierda, habrá desaparecido el Real Madrid. Espero que eso no ocurra nunca, y no ocurrirá porque personas como Di Stefano supieron transmitir al equipo, al club y a la afición el orgullo, la responsabilidad y la seriedad que lo caracterizan.

Del mismo modo que la primera reunión cultural que celebré en La Moncloa tuvo por invitados a dos grandes veteranos de la cultura española, como Julián Marías y Pedro Laín Entralgo, aproveché la primera ocasión que se me presentó para invitar a dos grandes deportistas, llenos de sabiduría y experiencia, como son Alfredo Di Stefano y Ladislao Kubala. Lo organizó José María García, y resultó un almuerzo extraordinario. Di Stefano y Kubala eran amigos desde hacía mucho tiempo.

La amistad empezó cuando Di Stefano vino a España y se desató la polémica acerca de si jugaba en el Real Madrid o en el Barcelona. Durante algunas semanas estuvo hospedado en casa de Kubala y así se inició la amistad entre los dos. Cuando tuve el honor de recibirlos en La Moncloa, Kubala era presidente de los Veteranos del Barcelona y Di Stefano ocupaba el mismo puesto en el Real Madrid. Desgraciadamente, luego Kubala enfermó y falleció. Fue un gran futbolista y un hombre bueno, de una generosidad extraordinaria. Daba sin pedir nada a cambio, estaba dispuesto a desprenderse de cualquier cosa que algún amigo pudiera necesitar. Era una persona capaz de comprender el sufrimiento del prójimo, profundamente compasivo, liberal y desprendido.

Luego organicé reuniones cuando había un partido de fútbol importante, ya fuera de la Selección Española o del Real Madrid, y aprovechaba aquellas ocasiones para invitar a algunos veteranos que eran mis amigos. Más de una vez también me invitaron ellos a mí, y sabedores como eran de mis pasiones futbolísticas, me concedieron la insignia de oro y brillantes de los Veteranos del Real Madrid durante una comida a la que no quisimos dar publicidad, aunque asistieron a ella muchos de los amigos que yo había conocido en el Real Madrid. Es la única insignia que me he puesto nunca, y como no tengo costumbre, la tengo guardada en un sitio especial para que no se me olvide.

Por La Moncloa pasaron también muchos jugadores del Real Madrid de muy diversas generaciones, desde Raúl, que es un gran profesional y también con madera y vocación de líder, hasta Butragueño, Michel, Martín Vázquez y Manolo Sanchís. Vinieron también Carlos Santillana y Manolo Velázquez, que fue uno de mis jugadores favoritos, Isidoro San José, Ricardo Gallego, Benito y Amancio, un amigo entrañable. Allí seguimos muchos partidos del Real Madrid y de la Selección Española, y hemos seguido haciéndolo luego de vez en cuando. Tuve la ocasión de conocer a Puskas. Una noche estuvieron en

La Moncloa cenando Puskas, Zarra y Di Stefano. Resultó memorable.

Di Stefano acudía asiduamente a La Moncloa a ver los partidos de fútbol. Es fascinante escuchar a Di Stefano contar lo mucho que tiene que decir de su vida futbolística: cuando empezó a jugar en el River Plate y luego en el Millonarios de Colombia; su llegada al viejo Real Madrid, las anécdotas de don Santiago Bernabéu, que por lo visto presumía de hablar francés y al que Di Stefano imita muy bien cuando se ponía a practicar la lengua de nuestros vecinos del Norte; las diferencias de cómo se jugaba entonces a cómo se juega ahora; las concentraciones y los viajes... Di Stefano tiene un talento especial para contar anécdotas y siempre resulta apasionante escucharle cuando analiza el juego de un partido.

Durante algunos años dejé de ir al Estadio Santiago Bernabéu porque no quería causar ningún problema al equipo, aunque era bien sabido que yo siempre he sido seguidor del Real Madrid y, desde que presidí el Gobierno de la Junta de Castilla y León, he seguido con atención y cariño al Valladolid. En los últimos meses en La Moncloa, cuando ya estaba meridianamente claro que no iba a volver a presentarme a las elecciones, volví a acudir al estadio. Siempre llamé por teléfono a los seleccionadores antes de los partidos de la Selección Nacional, tanto durante la época de Clemente como en la de Camacho y la de Iñaki Sáez. Era un deber y una satisfacción animar a nuestro equipo. Además, hablar con José Antonio Camacho es un placer porque es una gran persona.

Uno de los jugadores que venía a nuestras reuniones deportivas era Zoco, excelente jugador, navarro, casado con la cantante María Ostiz. En una ocasión me contó que recién llegado al Real Madrid se sentó a comer a la mesa donde ya estaban colocados los demás jugadores, entre ellos Di Stefano, Puskas y Gento. En el centro de la mesa había una fuente con ensalada y Zoco, sin pensárselo dos veces, con la inocencia propia de un muchacho, se dispuso a servirse. Di Stefano le interrumpió y le dijo: «¿Adónde vas, chaval? La ensalada no se toca hasta que yo lo diga.» Así que se fueron sirviendo todos hasta que dejaron la fuente prácticamente vacía, y por si acaso no había quedado claro el significado del gesto, le advirtieron que aquello debía servirle para que entendiera que antes de hacer algo por su cuenta debía esperar a saber lo que hacían los mayores, los que tenían más experiencia que él.

Di Stefano es un gran jugador, un líder nato y una persona extremadamente observadora, con una gran capacidad de análisis, capaz de llegar directamente al núcleo de los problemas, sin perder el tiempo ni extraviarse en lo accesorio. Como ha viajado mucho y también ha vivido mucho, esa experiencia, añadida a su capacidad de observación, le ha dotado de una capacidad de análisis extremadamente fina. No sólo hemos hablado de fútbol. Di Stefano habla con sutileza e inteligencia de Argentina, de América y de las cosas de España. Siempre se aprende algo de él. Escuchar a Di Stefano relatar los desplazamientos del equipo en los años cincuenta y sesenta y ver cómo él mismo los compara con lo que son ahora es comprobar cómo, en el curso de una generación, España ha entrado en un mundo nuevo, casi en un universo nuevo.

Alfredo Di Stefano ya ha hecho historia en el Real Madrid y ocupa un lugar de privilegio en la historia del fútbol. No se puede entender el Real Madrid, ni el fútbol europeo y mundial, ni tampoco la evolución del propio juego del fútbol, si no se tiene en cuenta a Di Stefano. Si de niño era para mí un ídolo, ahora es un gran amigo al que he aprendido a admirar cada día más. Es una gran satisfacción y un privilegio por el que le estaré siempre agradecido.

# Plácido Domingo

Plácido Domingo nació en la calle Ibiza, en Madrid, en 1941, y vivió allí hasta los ocho años. En esa misma calle, en el número 33, viví yo con mi familia durante otros dieciocho. La calle Ibiza nace en una de las puertas del Parque del Retiro, en la calle de Menéndez Pelayo, y termina en la avenida del Doctor Esquerdo, a la altura del hospital Gregorio Marañón. Posee un privilegio raro: es una calle con un ancho bulevar en el centro, en parte empedrado y en parte ajardinado. Le dan sombra unas grandes acacias bajo las que se asientan las terrazas de los cafés y restaurantes que se abren a la calle. Yo nunca tuve especial simpatía por las acacias, ni por las de las de la calle Ibiza ni por las de cualquier otro sitio, porque siendo alérgico al polen como lo soy resultan un enemigo natural aunque —lo reconozco— involuntario. En cambio, sí le tengo mucho cariño a la calle Ibiza y a su bulevar.

En mi calle todavía conocí las farolas de gas y de niño podía ver, desde las ventanas de mi casa, cómo un señor que entonces me llamaba mucho la atención, el sereno, encendía las farolas. Por la mañana volvía a hacer su ronda para apagarlas. Iba una por una, abría la pequeña puerta de cristal e iba apagando cada una haciendo uso de una larga vara con un capuchón en la punta. El sereno guardaba luego sus útiles de trabajo en una gran caja grande que permanecía el día entero en el bulevar, cerrada con un candado. Entonces nunca asistí a aquella operación, así que la caja del bulevar me traía un poco intrigado. Cuando pregunté para qué servía, me dijeron que allí era donde dormía el sereno, y durante mucho tiempo estuve convencido de que aquella caja grande era efectivamente la casa donde el sereno, un hombre noctámbulo y poco amante de la luz del sol, descansaba todo el día para salir cada noche a encender las farolas. También recuerdo, como muchos españoles de mi edad, las palmadas que daban los mayores llamando al sereno en la calle vacía, y su llegada, con el ruido del manojo de llaves que solían llevar.

Siendo yo muy niño, cuando llegaba el verano se instalaban en algunas zonas del bulevar de la calle Ibiza grandes puestos cubiertos de toldos donde se exponían para su venta melones y sandías, apilados unos encima de otros, muy bien ordenados y que eran como una promesa refrescante en el Madrid abrasador del mes de julio. Cuando iba al colegio, subía la calle Ibiza, desde la esquina con Fernán González hasta la calle Castelló, que estaba a veinte minutos andando. También podía coger un autobús, el 26, o el tranvía, el famoso 61, que iba desde Narváez, al lado de nuestra casa, hasta Moncloa, y me dejaban en la calle Conde de Peñalver —antes Torrijos— esquina a Ayala. El tranvía tenía su conductor y junto a la puerta de atrás, por donde se subía, estaba el cobrador sentado en un asiento y encerrado en una suerte de garita. Por una peseta daba unos billetes de papel muy fino, de colores. Luego el viaje subió a una peseta con cincuenta céntimos, a dos e incluso a dos cincuenta, porque entonces también subían los precios de las cosas. También había autobuses de dos pisos y a mí, como a todos los niños, me divertía subir por la escalera tan estrecha y contemplar la calle desde lo alto. Más tarde empezó a llegar la técnica. Le pusieron una máquina al cobrador, y al final desapareció el cobrador y se instalaron unas máquinas de las que se arrancaba directamente el billete. Eso sí, todavía no existían los bonos, ni los billetes combinados para el autobús y el metro.

En el colegio teníamos libres los jueves por la tarde y los domingos. Asistíamos a clase el viernes y el sábado. Con el paso del tiempo nos dejaron libres los sábados, aunque yo me lo pasaba bien en el colegio, sobre todo con el deporte. Los días de fiesta nos llevaban al Retiro, que estaba justo al lado de casa, y cuando fuimos un poco mayores íbamos solos a montar en bicicleta y a jugar. Los domingos, las familias iban paseando a la iglesia de los Padres Sacramentinos, en la calle Sainz de Baranda esquina a Menéndez Pelayo. En los años setenta esta iglesia se ganó fama de ser una de las más conflictivas de Madrid, por ser el escenario de numerosos encierros y actos de protesta. Resultó que algunos padres sacramentinos hacían gala de opiniones políticas bastante heterodoxas, en cualquier caso poco acordes con el nombre de la orden religiosa a la que pertenecían. Pero todo eso llegó más tarde.

La calle Ibiza acogió a algunos personajes relevantes y atractivos de la vida pública española. Allí vivió hasta 1959 Agustín de Foxá, en la primera casa de la calle, enfrente del Retiro. La placa que recuerda los muchos años que vivió y escribió allí todavía adorna la fachada. También vivió allí, enfrente de mi casa, en la acera de los números pares, el poeta Leopoldo Panero con su familia, casi toda tocada por el demonio de la poesía. En mi misma casa, en el piso tercero, vivía Dionisio Ridruejo, amigo de mi padre desde antes de la guerra, un hombre valiente, también poeta y traductor al castellano de Josep Pla. Cuando mi padre dejó la radio estuvo trabajando durante algún tiempo de director gerente de la empresa Gallina Blanca en Madrid, y dio la casualidad de que las oficinas estaban en nuestra misma casa. En cualquier caso, no había grandes problemas de tráfico ni de transporte. Mi padre, que tenía un coche, solía llevarlo a un garaje que estaba a dos manzanas de nuestra casa.

Y en esta misma calle, en la calle Ibiza, vivió otro gran personaje, madrileño, Plácido Domingo. Yo conocí a Plácido Domingo antes de llegar al Gobierno, gracias a unos amigos comunes que tuvieron la amabilidad de presentarnos. Me llamaba mucho la atención que Plácido Domingo, siendo como era una persona de tanta relevancia pública, hubiera manifestado su respaldo al Partido Popular, antes a Alianza Popular, así como a Manuel Fraga. Incluso pensó —y así lo dijo— en presentarse para alcalde de Madrid, lo cual hubiera resultado provechoso para todos, sobre todo para los madrileños que hubieran visto la energía de Madrid multiplicada por la vitalidad y la generosidad de Plácido. Ni que decir tiene que los intereses políticos y sociales de Plácido Domingo son mucho más amplios que los simplemente partidistas y siempre está volcado, como a él le gusta decir, en múltiples causas solidarias.

Plácido Domingo, como es de sobra sabido, ha tenido una carrera asombrosa, y la sigue teniendo, casi cuarenta años después de haberla empezado en 1966, lo cual resulta todavía más extraordinario, porque nunca ha escatimado su presencia ni su voz, y sigue cantando con la misma entrega con la que cantaba cuando era más joven. También él decidió irse a América para consolidar su carrera, aunque ya había conocido la experiencia de América porque su familia —sus padres fueron dos grandes cantantes de zarzuela— se fue a vivir a México cuando él tenía ocho años. Luego volvió a vivir a España y cuando su actividad empezó a tener una proyección mundial, decidió volver a vivir fuera, porque una ambición como la de Plácido Domingo requiere un horizonte global. En Estados Unidos, donde se instaló, Plácido ha podido dar rienda suelta a todas sus aspiraciones y cumplirlas, y ahora, además del reconocimiento como uno de los grandes cantantes de nuestro tiempo, es director de la Ópera Nacional de Washington y de la Ópera de Los Ángeles. Se ocupa de acercar la gran música a un público amplio y siempre ha intentado abrir el camino a jóvenes talentos, en particular españoles. Probablemente, y por desgracia, en su país Plácido Domingo hubiera visto su carrera limitada por algunas mezquindades propias, a lo que se ve, del carácter nacional. Eso sí, desde hace mucho tiempo nadie pone en duda el talento de Plácido Domingo, aunque tal vez más de uno se refrena por temor. Plácido Domingo ignora estas pequeñeces y siempre ha sostenido que lo que él quiere, lo verdaderamente importante, es la satisfacción del público. Y cuando un artista se entrega como Plácido Domingo lo hace, el público siempre responde.

Para llegar a la cumbre en la que Plácido Domingo parece instalado naturalmente, hace falta haber trabajado mucho. Toda su vida ha estado centrada, incansablemente, en el trabajo. Plácido Domingo tiene un don, que es su talento escénico, su carisma y esa voz prodigiosa capaz de descubrir un mundo lleno de belleza y transmitir las emociones más intensas. Pero sin el trabajo constante y sin la ambición que sostiene ese esfuerzo a lo largo de tantos años, Plácido Domingo no habría llegado a donde ha llegado ni se hubiera mantenido en la cima como lo ha hecho. Además, Plácido Domingo pone en todo lo que hace la misma intensidad que cuando canta ópera. Es un ganador por naturaleza, y está dispuesto a asumir responsabilidades y a poner de su parte lo que hace falta para ser un líder. Es un hombre con un coraje extraordinario.

Dio la casualidad, sumamente afortunada, de que dos días después de mi incorporación al despacho de La Moncloa, el 6 de mayo de 1996, asistí a un concierto de Plácido Domingo en el Auditorio Nacional en Madrid. Pude hablar largamente con él al día siguiente, y mientras estuve en La Moncloa, le invité en numerosas ocasiones porque consideraba que era necesario honrar como se debe a uno de los grandes españoles con los que tenemos la fortuna de contar. Además, siempre es un privilegio pasar un rato con Plácido Domingo. Tiene tal simpatía, un carácter tan desprendido, tan arrollador, que siempre se está seguro de que allí donde está Plácido ocurrirán cosas extraordinarias. Conozco a muy pocas personas con un tal sentido escénico, con un magnetismo tan intenso y al mismo tiempo capaz de tanta naturalidad. En eso Plácido Domingo es único, como he tenido ocasión de comprobar, además, siempre que lo he visto cantar en el Teatro de la Zarzuela o en el Teatro Real. También es verdad que es una característica especial de una gran generación de cantantes españoles de ópera, de Victoria de los Ángeles a Alfredo Kraus, una gran y buena persona, Pilar Lorengar, José Carreras, Teresa Berganza y esa gran dama del canto que es Montserrat Caballé, otra española extraordinaria, volcada en su carrera y capaz de superar obstáculos ante los que cualquier otro se hubiera rendido. Tenemos la fortuna de que la tradición se ha perpetuado y hoy en día hay grandes cantantes españoles que han logrado abrirse camino hasta la primera fila en un mundo tan difícil, tan sacrificado y tan competitivo como es el de la ópera.

Plácido Domingo es también un gran aficionado al fútbol y un seguidor apasionado del Real Madrid, lo que nos ha unido y nos ha dado ocasión de celebrar juntos algunos triunfos de nuestro equipo. Plácido me regaló, para mi sorpresa, la pista de paddle que instalé en La Moncloa y en la que tantas veces he podido practicar un deporte que me gusta mucho, como a él.

Tuve el honor de compartir con él el Premio de la Academy of Achievements, que nos otorgaron a los dos en Washington, en mayo de 2003. En septiembre de 2002 le impuse la Gran Cruz de la Orden del Mérito Civil, que también tuve el placer de imponer a otro gran músico español, el pianista Joaquín Achúcarro. Más tarde le condecoré con la Orden de Isabel la Católica también en Washington, en Blair House, que es la residencia oficial de los políticos relevantes en la capital de Estados Unidos.

Plácido Domingo sigue con gran atención las cosas de España. Tiene una visión clara de lo que es y lo que debería ser su país, y en esa visión el atlantismo tiene un papel vital. Plácido Domingo es uno de los muchos españoles atlánticos, un español que no concibe su país ni su propia vida sin la dimensión americana, y que está íntimamente convencido de la importancia de la relación entre España y América y entre España y Estados Unidos. Plácido Domingo también representa y expresa muy bien la cultura en español, una cultura que gracias a su tradición, a su carácter y a su raíz de siglos ha logrado traspasar fronteras y barreras que parecían impenetrables. Son muchos los músicos, los cantantes, los artistas plásticos que han conseguido situar la cultura en español y la cultura española en una posición de proyección universal. No por eso dejan de ser españoles. Plácido Domingo es un español de una pieza. Suele decir que como vivió en México desde los ocho años, se adapta sin notarlo al acento del español de cada país. También es verdad que tiene un repertorio muy amplio, desde la zarzuela a las grandes óperas de todas las tradiciones. Ahora bien, estoy convencido de que Plácido siempre canta en español, aunque lo haga en italiano, en francés, en alemán o en ruso. Plácido Domingo se siente español hasta la médula y eso se nota cuando canta y cuando encarna en escena a un personaje. La personalidad, la teatralidad y la musicalidad de Plácido Domingo son inconcebibles sin tener en cuenta su dimensión española.

En 1996 me llamó para expresarme su alegría por la victoria electoral del Partido Popular. Cuando nos entregaron a los dos aquel premio en Washington en mayo de 2003, estábamos en los momentos previos al anuncio del nombre de quien estaría destinado a encabezar el Partido Popular en las elecciones legislativas del año 2004. Como es natural, Plácido Domingo tenía curiosidad por saber lo que iba a ocurrir, y la conversación transcurrió como suele ocurrir en estos casos, como un pequeño ejercicio de esgrima dialéctica en el que se pregunta sin preguntar o, mejor dicho, fingiendo que no se quiere preguntar nada. Yo le seguí el juego hasta que al final Plácido Domingo se decidió y me dijo con toda franqueza que su candidato era Mariano Rajoy. Es de las muy escasas personas que me expresó su preferencia en los meses anteriores a septiembre de 2003.

# Julio Iglesias

Julio Iglesias se marchó de España en 1977. Muy poco tiempo después, al final de los años setenta y al principio de los ochenta, consiguió la fama que había ido a buscar a Estados Unidos. En España todavía suscitaba un reconocimiento casi unánime, con muy escasas voces críticas. Entonces hizo su primera gira como gran artista internacional español y otra por España. Llenó el Estadio Santiago Bernabéu en Madrid, el Nou Camp en Barcelona y una noche se presentó ante el público malagueño, en el Estadio de la Rosaleda. Nosotros estábamos veraneando en Málaga y acudimos a escucharlo. El estadio estaba lleno hasta la bandera y —lo sé por experiencia— no es fácil llenar un estadio de fútbol. Me impresionó el carácter, la profesionalidad y la capacidad técnica que demostró sobre el escenario. Estábamos en la grada, asombrados ante aquel despliegue de talento, de musicalidad y de carácter. Julio Iglesias y su música llenaron aquella noche de verano malagueña. Todo le sonreía, era un auténtico triunfador.

Me gustan los triunfadores. Admiro su esfuerzo, su tenacidad, su capacidad de sacrificio, su voluntad de marcarse unos objetivos y cumplirlos. Me gustaría que España fuera un país de triunfadores, y no porque no haya muchas personas capaces de triunfar, y que de he hecho han triunfado, sino porque con frecuencia los españoles no reconocemos el mérito que le corresponde a la gente que tiene éxito y que ha sido capaz de alcanzar la excelencia por su talento y por su trabajo. Entre mis deseos más profundos está que nuestro país contara con más personas como Julio Iglesias, que han llegado a los primeros puestos y al reconocimiento internacional gracias a su propio esfuerzo, y que los tuviésemos en cualquier campo, en la música, en la literatura, en el deporte, en la ciencia, en los negocios o en el ámbito financiero. Yo, por mi parte, siempre he procurado ser un ganador. Nunca he aceptado un planteamiento que no estuviera basado en el triunfo. Por eso, también, entiendo y admiro a los triunfadores.

Julio Iglesias es uno de esos españoles a los que se puede aplicar sin caer en la exageración, ni en la alabanza gratuita, esa expresión en apariencia tan manida de «español universal». Son pocos los españoles que han alcanzado el éxito profesional que Julio Iglesias ha conseguido en el mundo. En su campo, nunca un cantante español había llegado a un público tan amplio ni sus canciones habían sido escuchadas por tanta gente en cualquier país y en cualquier continente. Nunca lo habían escuchado personas de generaciones y edades tan diversas y nunca nadie había vendido tantos discos como ha vendido Julio Iglesias, ni había cantado en español en todo el mundo.

Una de los rasgos que siempre me han llamado la atención de Julio Iglesias es su carácter español. Habiendo salido tan joven de España, y habiendo hecho realidad ese sueño que le llevó a asomarse y luego conquistar un horizonte tan amplio, habría sido comprensible que Julio Iglesias hubiera dejado atrás a su país y hubiera ido asimilando las características del país en el que vive. No ha sido así. Julio Iglesias ha llegado donde está manteniendo intactos todos y cada uno de los rasgos que lo identifican como un español cabal.

Después de veintiocho años de trotamundos, como él mismo dice, de estar siempre de un lado para otro y residir en Estados Unidos, no sólo mantiene su carácter de español. También sigue hablando de su país con respeto y con orgullo. Siempre ha procurado mantener el buen nombre de España allí donde ha ido y ha trabajado. Tampoco esto lo han borrado ni el paso de los años ni la distancia; al contrario, ese interés se ha ido haciendo cada vez más profundo y más arraigado. Julio Iglesias se sigue preocupando por España, se mantiene informado, vive a su modo todo lo que ocurre en nuestro país y lo hace con una intensidad muy española. Nada de lo que aquí ocurre le resulta indiferente. Más aún, le sigue emocionando, le sigue indignando, le influye personalmente y repercute en su trabajo y en su trayectoria profesional.

En contra de lo que tal vez mucha gente piense, Julio Iglesias tiene una idea muy clara de lo que le gustaría que fuese su país y esa idea no se basa en un capricho o en una ocurrencia. Julio Iglesias, que no es intelectual ni un académico, tiene sin embargo una capacidad de observación muy aguda. Posee una capacidad de análisis muy certera y es un hombre naturalmente despierto. No le gusta perder el tiempo. Siempre aborda directamente el núcleo de los problemas, con una intuición admirable. Tiene sus preferencias y sus aficiones, como es natural, pero la capacidad de observación, el privilegio de haber conocido tanta gente y vivido circunstancias tan variadas han hecho de él un hombre experimentado, al que siempre resulta interesante escuchar.

Julio Iglesias es un hombre valiente. Podía haberse dado por satisfecho con un éxito local, el éxito propio de un cantante que triunfa en su país. También podía haberse dado por contento con un éxito relativamente limitado, como es el de un cantante que logra ser conocido en el ámbito cultural del idioma que habla y en el que canta. No es pequeña cosa, pero Julio Iglesias quería algo más, y para eso tenía que salir de España, como hubiera tenido que salir de cualquier otro país, y lanzarse a la aventura en Estados Unidos porque ningún cantante puede triunfar en todo el mundo si antes no ha triunfado allí. No era una decisión fácil de tomar, pero es la que Julio Iglesias tomó en 1977.

Además de un hombre de gran talento y gran ambición, Julio Iglesias es un gran profesional. Es un perfeccionista, exigente con los demás y sobre todo consigo mismo, y tiene un sentido muy profundo de la disciplina. Nunca da las cosas por sabidas y sigue teniendo el deseo de aprender cosas nuevas todos los días, porque sabe que no se consigue nada sin esfuerzo. Nunca ha bajado la guardia. Cuando salió de España hace veintiocho años había sufrido un terrible accidente de tráfico y fue precisamente a resultas de este accidente como decidió seguir lo que él sabía que era su auténtica vocación, la de cantante.

Así triunfó en todo el mundo a finales de los setenta y principios de los ochenta, y desde entonces ha conseguido mantener un altísimo nivel de reconocimiento. Sólo es posible conseguir esa presencia de años con algunos de los rasgos de carácter a los que ya he aludido, y además con un trabajo sin tregua. Puede que Julio Iglesias ya no sea el artista arrollador de hace veinticinco años, aquel Julio Iglesias que llenó durante años estadios enteros de fútbol. Pero también es cierto que ahora mismo estará sonando una canción de Julio Iglesias, en la voz del propio Julio Iglesias, en cualquier lugar del mundo. Sigue cantando porque es su trabajo, porque se lo pide la sangre, porque sin eso no podría vivir como él quiere vivir.

Seguí su carrera casi desde el principio. Siempre me resultó atractiva su música, y aunque escucho más música clásica que actual, prefiero la música melódica. A la música le pido que no sea agresiva, que no sea estridente ni ruidosa. No me gusta que me torturen con música chirriante, ni que me sometan a la tortura de tener que entender unos sonidos inexplicables colocados de forma gratuita en el marco de un conjunto inconsistente. Lo fundamental de la música para mí es la armonía. Y eso es justamente lo que me gusta de las canciones de Julio Iglesias: me transmiten una sensación de armonía y de tranquilidad. También transmiten emociones y sentimientos.

Julio Iglesias apareció pronto en mi carrera política. A los actos importantes del Partido Popular solía acudir algún miembro de su familia, como ocurrió durante la campaña de 1993, mientras el propio Julio Iglesias hacía llegar al partido mensajes de simpatía y de apoyo. Nos conocimos en 1993, con ocasión de una visita que hice a Florida. Julio Iglesias nos invitó a cenar a Ana y a mí y nos recibió con su esposa Miranda en su casa de Indian Creek, donde ya no vive pero que sigue manteniendo. La casa era famosa, aunque Julio Iglesias no es un hombre que se exhiba fácilmente. Lleva catorce años casado con Miranda, la mujer de su vida, y dedica mucha atención a sus hijos. Como le gustaría tenerlos siempre cerca, a veces lleva a su familia entera de gira, como una tribu embarcada en un viaje de meses. Resulta evidente que Julio Iglesias tiene una vida personal intensa y satisfactoria. Aquella noche hablamos mucho del futuro del país. Julio Iglesias estaba convencido de que yo iba a ser Presidente del Gobierno y le interesaba escuchar mis opiniones, cuáles eran mis ideas y mis proyectos, qué era lo que yo pensaba hacer una vez llegado al poder. Así empezó una relación que cada día ha sido más grata.

En julio de 1995 me llamó y me dijo que quería verme. Acabábamos de mudarnos a La Moraleja, en las afueras de Madrid, después del atentado que yo había sufrido el 19 de abril. Así que le invitamos y vino a casa acompañado de Luis María Anson. Almorzamos, estuvimos hablando y al cabo de un rato me dijo que después del tiempo que llevábamos tratándonos, después de haber hablado tantas veces del progreso de España, estaba convencido de que lo que estábamos haciendo en el Partido Popular merecía la pena. Del mismo modo que en Estados Unidos hay artistas que manifiestan públicamente y con normalidad sus preferencias políticas, él quería hacer lo mismo en su país, en España. Si yo pensaba que en una campaña electoral era conveniente que él manifestara públicamente una posición política, no tenía más que indicárselo. «Y con mucho gusto lo hago», concluyó.

Julio Iglesias, a mediados de los años noventa, no necesitaba nada. Había conseguido todos los reconocimientos y todos los éxitos. Me impresionó su generosidad, su voluntad de compromiso y la capacidad de asumir riesgos que aquella propuesta comportaba. La idea, como es natural, me gustó y se la agradecí como es debido. Cuando llegó la campaña electoral de 1996 me puse en contacto con él y le dije que había llegado el momento de cumplir su deseo. Y así fue, de esta forma tan sencilla y tan natural, como, ante el estupor de muchos y el asombro de casi todos, Julio Iglesias apareció conmigo en una campaña electoral.

Apareció por sorpresa, sin anuncios de ninguna clase, en un mitin en la Plaza de Toros de Zaragoza. La plaza estaba a rebosar, como si estuviera preparada para un concierto de los que tantas veces ha dado Julio, y cuando salimos nos hicieron un recibimiento extraordinario. A la gente que se había reunido allí le gustaba la presencia de Julio Iglesias y le agradecía el gesto.

Como ocurre en los mítines durante las campañas electorales, yo debía intervenir en directo en los telediarios de varias cadenas de televisión que conectan con los actos electorales para informar de ellos durante las noticias. Había que medir bien las intervenciones de todos los que me precedían para que tuviera tiempo no sólo de entrar en directo, cuando las cadenas conectaban, sino también de articular un discurso que permitiera transmitir un mensaje determinado, el que queríamos que se viera y se escuchara por televisión. Al principio me costó un poco de trabajo adaptarme a aquellas interrupciones bruscas, para las que había preparado un sistema de luces que a veces resultaba algo desconcertante. Luego me acostumbré a dar los mítines con cuatro o cinco pantallas de televisión debajo del podio desde donde estaba hablando. En aquel mitin de Zaragoza intervinieron varios compañeros del Partido Popular, tras lo cual salió a saludar Julio Iglesias. Fue en ese preciso momento cuando las cadenas de televisión conectaron con nuestro acto. Así que la intervención en directo de aquel día no la protagonicé yo. La protagonizó Julio Iglesias. A mí me pareció una coincidencia estupenda y estaba, además de agradecido, satisfecho, porque su presencia y sus palabras aportaban algo muy valioso a nuestra campaña. En general, también estaba contenta la gente del partido, que comprendía el valor que aquello tenía.

No conseguimos la unanimidad. La opinión progresista entró en uno de esos trances de hipocresía rencorosa que padece periódicamente e intentó ponernos en ridículo. Hubo otro sector, el de lo políticamente correcto, que se quedó asombrado porque no se había tenido en cuenta su opinión e irritado porque no se había escogido a uno de los cantantes que le suele gustar, de esos a los que no conocen ni siquiera en su barrio. Julio Iglesias no concedió la menor importancia a estas reticencias, aunque le indujeron a reflexionar acerca de si su presencia no nos resultaría, a mí y a mi partido, más perjudicial que beneficiosa. En cuanto a mí, en un primer momento las reacciones contrarias me hicieron gracia, porque me gusta provocar un poco en este terreno, pero cuando Julio Iglesias me comunicó lo que había estado pensando, me irritaron profundamente. Aceptar aquello era aceptar una anormalidad política en España. Equivalía a negar el derecho a manifestar sus opiniones políticas a la gente, o, lo que es incluso peor, aceptar sólo aquellas con las que se está de acuerdo, aunque la discrepancia proceda de uno de los artistas españoles de mayor reconocimiento internacional.

A los pocos días viajábamos a Valencia, donde teníamos previsto un gran mitin en el Estadio de Mestalla. Julio Iglesias insistió en que después de las reacciones que había suscitado su presencia en Zaragoza, seguramente era más conveniente que no volviera a salir. Yo le contesté que precisamente por lo que había ocurrido después del mitin de Zaragoza no admitiría que se ausentara del mitin de Mestalla. Ahora me tocaba a mí pedirle que viniera conmigo. No hacía falta que subiera al escenario ni adoptara ningún compromiso más. Julio Iglesias, acostumbrado como está a estos trances, insistió en su posición y yo me ratifiqué en la mía porque lo que estaba ocurriendo me parecía particularmente injusto. Al final acabamos apareciendo los dos en Mestalla el 29 de febrero de 1996. Es el acto político más importante, más multitudinario que se ha realizado en la España democrática. Los dos disfrutamos de aquel entusiasmo, de aquella esperanza y de ese cariño especial con el que siempre me han recibido los valencianos. Julio Iglesias se lo merecía como nadie. Además de generoso, había dado muestras de una sensibilidad y una elegancia dignas de los grandes.

Luego hemos seguido hablando incansablemente de nuestro país. Julio Iglesias me hablaba de España, de cómo le gustaría que España se modernizase y de la proyección internacional de España. Tiene ideas precisas acerca de asuntos sumamente específicos, como el Plan Hidrológico Nacional. Julio Iglesias no sólo se preocupa de la vida pública española. También está convencido de que España tiene un gran camino por delante, oportunidades y horizontes que explorar. Siempre se pregunta por qué España no actúa como lo hacen otros países, con ambición, con ganas de prestigio, con voluntad de ampliar su influencia. Reconoce el progreso del país, pero siempre aspira a más. Julio Iglesias, que tiene la ambición de un triunfador, la tiene también para España.

Pasamos juntos la jornada de reflexión de las elecciones de 1996, con Jaime Mayor Oreja, Mariano Rajoy, Rodrigo Rato y Francisco Álvarez Cascos. Al día siguiente tuvimos la oportunidad de comentar que en cualquier caso yo podía decir que había cumplido con la misión. En las campañas posteriores me repetía que tenía miedo de que su presencia me pudiera perjudicar, a lo cual yo le respondía, como era verdad, que estaba a su disposición, y si él deseaba hacer campaña conmigo, siempre sería bienvenido. Prefirió quedarse en segundo plano, aunque fue de los primeros que llamó en 2000. También fue de los primeros en llamar en 2004, tanto después del 11 de marzo como después del día 14. Algunos días después del 14, me dijo: «Presidente, ¿te das cuenta de que cada día que pasa tendrás más razón y que el tiempo te la acabará dando por entero? Por tanto, si me aceptas un consejo, tómate las cosas con calma.»

Hablamos con frecuencia, aunque sea desde lugares muy distantes, y nos hemos visto en más de una ocasión, como en agosto de 2004. Cuando ha venido a cantar a Madrid he acudido a verle. En todos los conciertos me buscaba con la mirada, me saludaba con la mano y me dedicaba una canción que se titula *Vuela alto*. Julio Iglesias suele decir que mucha gente tira a matar a los que vuelan. Si se quiere volar hay que volar muy alto para esquivar los disparos, porque cuando se vuela bajo, los que se han quedado en tierra aciertan más fácilmente. Siempre, incluso con independencia de mis propios gustos, ha tenido un empeño particular en dedicarme esta canción. Y yo siempre se lo agradezco.

# Camilo José Cela

Como todos los españoles, yo había estudiado las obras de Cela en el bachillerato. Había leído *La colmena* y *La familia de Pascual Duarte*, y seguía con entretenimiento, cuando era joven, las andanzas de aquel personaje un poco extravagante que aparecía en los programas de televisión, después de haber aparecido en los de radio, el Cela del segundo viaje a la Alcarria, creado por él mismo como uno de sus personajes. Más tarde disfruté con algunas de las obras más complejas que escribió en esos años, como *San Camilo, 36*, que data de 1969, y *Oficio de tinieblas 5*, de 1973, pero no tuve ocasión de conocer a Cela hasta principios de los años noventa.

Antes de 1993 pude tratarlo varias veces, sobre todo en su casa de Guadalajara, donde nos invitó a cenar con frecuencia. Cela siempre me había manifestado una viva simpatía personal y política. En 1993, tomando como pretexto la campaña electoral, me dedicó un retrato en el que se limitaba —por así decirlo— a enumerar los rasgos de un buen Presidente del Gobierno. Me lo envió manuscrito, algo por lo que yo siempre le estaré agradecido, y lo copio aquí, para que los lectores juzguen si Cela acertó en su caracterización.

## A BOTE PRONTO – RETRATO ROBOT

Debe ser joven pero no bisoño, la juventud es una fuerza que se precisa para la política pero la bisoñería es algo que debe haberse dejado ya a la espalda. Debe tener cierta buena presencia pero no necesita ser ni parecer un maniquí ni un banderillero. Debe tener facilidad de palabra pero no dejarse arrastrar por ella ni menos aún usarla para disfrazar el pensamiento ni dejar las preguntas sin respuesta. Debe hablar el español sin acento alguno y el francés y el inglés con un ligero y patriótico mal acento. Debe no haber cortado amarras ni con la vida ni con la calle. Debe no presentarse jamás caracterizado de nada. Debe ser honrado a carta cabal y no ir jamás detrás del dinero; los grandes políticos que en el mundo han sido, no robaron porque supieron siempre que era el dinero el que iba tras el poder y no al contrario. Hace unos años hubiera dicho que debería haber comido con cubiertos de plata desde pequeñito; ahora ya no es preciso porque hay cuberterías de acero inoxidable muy originales y elegantes. También debe ganar las elecciones, claro es, pero sin olvidar que las urnas dan el poder, sí, esa noción que tiene un límite en el tiempo y en la intención, pero no obligadamente aportan la sabiduría o la prudencia. Se necesita un Presidente del Gobierno y se busca un hombre que se parezca, siquiera por aproximación, a este retrato. (Camilo José Cela, 16 de abril de 1993.)

Visitarlo en su casa de Guadalajara no era precisamente fácil, porque estaba en medio del campo, completamente aislada y muy alejada de cualquier núcleo urbano. Para llegar hasta allí había que ejercer un poco de trotamundos, como el Cela del *Viaje a la Alcarria*, siempre con la mochila a la espalda y siempre impulsado por el deseo de descubrir un matiz nuevo en la realidad de su país. Era una casa grande, espléndida, en medio de ese paisaje áspero, sufrido y un poco patético que el propio Cela había inmortalizado en su *Viaje*. Ya por entonces estaba casado con Marina Castaño. El orden que reinaba en la casa era asombroso. Todo estaba clasificado y colocado en un lugar preciso. Cela y su mujer sabían dónde estaba el menor objeto, e incluso habían acondicionado una gran habitación destinada exclusivamente a conservar cualquier homenaje, premio o distinción recibidos. Cada uno estaba catalogado en su estantería. La casa entera, por otra parte, era una gran biblioteca, y Cela conocía con precisión cada volumen y el sitio preciso en el que se encontraba. Tenía ediciones de cada una de sus obras y cuando le llegaba noticia de alguna que no le hubieran remitido, siempre solicitaba que se la mandasen. Era extraordinariamente minucioso y de una curiosidad insaciable. En una ocasión en que se enteró de que la Junta de Castilla y León había editado una serie de libros sobre castillos señoriales, me pidió que realizara una gestión personal para que le hicieran llegar los volúmenes que, por lo visto, no le habían despachado. Cela era un auténtico detallista, incluso hasta la prolijidad.

Cuando nos reuníamos en su casa de Guadalajara, solíamos bajar a la bodega, y en torno a algunos vasos de vino, tomábamos un aperitivo y arrancaba la reunión. Allí coincidimos en más de una ocasión con el arquitecto Miquel Oriol y su esposa Inés, con el abogado Jorge Trías y Begoña Zunzunegui, su mujer, y otras muchas personas. En mayo de 1996, una de las primeras cosas que hice como Presidente del Gobierno fue acudir a su casa con ocasión de su ochenta cumpleaños, el 11 de ese mismo mes. Como es natural, Cela quería celebrar esa ocasión y había insistido en que yo me acercara para la ocasión. Fue un privilegio asistir a aquella reunión, en la que un Cela rejuvenecido hizo gala de su humor al mismo tiempo exquisito y socarrón. Cela combinaba de una forma de la que yo nunca he vuelto a ser testigo la capacidad para la sensibilidad más refinada y la expresividad más clara, de la más honda raíz popular. Oyéndole hablar, se escuchaba el castellano más puro que yo haya oído nunca, y también uno de los más complejos. Tenía el don de la palabra en un grado que sólo los muy grandes escritores poseen, y además con esa combinación tan propiamente española, tan castiza, de descaro y pulcritud. Escucharle era una delicia, como lo es leer muchas de sus páginas.

Luego el matrimonio se trasladó a Madrid, a una casa en Puerta de Hierro, y allí continuamos nuestra relación. Algunas veces nosotros nos acercábamos a su casa y otras Cela acudía a La Moncloa, para algún almuerzo o una celebración más oficial. Ahora bien, Cela disfrutaba muy especialmente organizando aquellas veladas en su casa, recibiendo a sus amigos y manteniendo unas conversaciones que invitaban a la discusión y a la argumentación, a veces viva y contrastada. Allí se hablaba de todo, de política, de literatura y también de la vida tan fecunda y de los proyectos del anfitrión. Bajo esa apariencia un poco adusta y distante, detrás de las manías que cultivaba como quien cultiva una obra de arte, Cela era un hombre cordial y afectuoso. Sabía escuchar como poca gente lo hace. Siempre llevaba una libreta y a veces, cuando algo le interesaba en una conversación, la sacaba, apuntaba unas palabras, y no era raro que luego esa idea reapareciera en alguno de sus artículos. También era capaz de expresar claramente su compromiso con algunos principios.

Tenía un concepto preciso de cuál debía ser la evolución social y política de su país. Nunca lo disimuló, y en algunas circunstancias difíciles hizo gala de una terquedad casi temeraria en el ejercicio de lo que consideraba su libertad. También fue un hombre generoso en sus compromisos intelectuales, como lo demuestra la nómina de colaboradores en esa extraordinaria revista que fue *Papeles de Son Armadans*, un trabajo con el que Cela se empeñó en demostrar la vitalidad y la continuidad de la cultura española en tiempos complicados. Por otra parte, no dejaba nunca nada al azar, y sabía cómo hacer agradable la estancia en su casa y cómo celebrar la amistad. En casa conservamos como un tesoro dos regalos espléndidos, sus dos libros *La sima de las penúltimas inocencias*, ilustrado por Josep Maria Subirachs, y *Gavilla de fábulas sin amor*, con dibujos de Picasso.

Como es natural, y siendo consciente Cela de su talento, también era un hombre deseoso del reconocimiento público. Aunque él mismo dijo que su oficio era escribir, no «recibir premios», estaba dolido por el trato que a veces se le dispensó. Nunca olvidó dos desaires particularmente hirientes. El primero consistió en que no se le concediera el Premio Cervantes hasta 1995, lo cual a mí también me resultaba asombroso, a menos que se atribuyera la tardanza a una intención evidente de molestar y, en la medida de lo posible, fastidiar. Por fin, y con gran satisfacción por mi parte, se lo fueron a dar el mismo año en que el Partido Popular llegó al poder. Yo no era todavía Presidente del Gobierno, pero asistí a la ceremonia de entrega con alegría, y sabiendo que si no se lo hubieran concedido entonces, aquel mismo año Cela habría recibido un premio que evidentemente se merecía. Cela también tuvo que sufrir un trato inadmisible por parte del Gobierno socialista cuando recibió el Premio Nobel. Para empezar, no hubo presencia oficial ni representante directo del Gobierno en la ceremonia, algo que debería haber sido una obligación, además de un honor, para cualquier español que se preciara. Después sufrió varios desaires que alcanzaron la categoría de humillación por parte de quienes representaban a todos los españoles. Cela siempre se consideró injustamente tratado, y no le faltaba razón.

Evidentemente, la personalidad de Cela, tan fuerte, de rasgos vivos, con opiniones claras y en muchas ocasiones expresadas en un castellano particularmente tajante, ajeno a cualquier deseo de amortiguar su capacidad expresiva, resultaba muy controvertida. El terreno en el que se movía, el mundo cultural, es además particularmente delicado. Ahí se admiten malamente las disidencias y las actitudes independientes, y Cela siempre dejó clara una voluntad inquebrantable de ser lo que él quería ser, tanto en unas circunstancias políticas como en otras. También en este punto se manifiesta algo muy característico de la élite intelectual española, su negativa a desprenderse de prejuicios periclitados. Entonces se le reprocharon algunas actuaciones de los años treinta, siendo así que Cela sufrió luego la censura en sus propias obras, y con aquel detalle se quiso desprestigiar la obra de uno de los grandes escritores españoles, una de las figuras más relevantes de nuestra cultura, que además había conseguido un más que merecido reconocimiento internacional con el Premio Nobel. Yo no creo que los españoles estuviéramos entonces demasiado sobrados de premios Nobel, ni lo estamos ahora tampoco, como para permitirnos el lujo de hacer desaires oficiales a quien lo acaba de recibir. Pero así fue.

Cela tenía un lema, bien conocido, que campa en el blasón del Marquesado de Iria Flavia: «El que resiste gana.» Me parece un compendio de su vida y de su obra. Es indiscutible que Cela lo aplicó a su propia conducta y que le sirvió para mantener el rumbo a lo largo de muchos años. A mí también me lo aconsejó, aunque tampoco hacía mucha falta que me lo recomendara porque para entonces yo ya había aprendido a tenerlo en cuenta. Eran nuestros años de oposición, cuando hicieron contra nosotros campañas de acoso tan brutales como las que vinieron luego, si no más, una vez estuvimos en el Gobierno, y ante las cuales teníamos muchos menos elementos de defensa de los que tuvimos después. «El que resiste gana» no es una fórmula meramente defensiva. La resistencia no consiste solamente en aguantar los ataques. También es una forma de incitar a la acción y no perder nunca de vista el objetivo que uno se ha propuesto. Para eso también hay que estar dispuesto a no ceder ante determinados ataques, tan sectarios como destructivos. Esa voluntad de no reconocer el mérito de una persona, esa peculiar excitación ante la posibilidad de destruir a alguien que ha alcanzado un puesto prominente gracias a su trabajo y su esfuerzo, son algunas constantes de la vida de nuestro país que siempre me han producido una especial tristeza.

Yo nunca tuve ninguna dificultad en mantener una buena relación con Cela, y además de eso, aproveché todas las tribunas públicas que tenía a mi disposición para honrar su persona y su trabajo. Así es como en julio de 1996 le concedimos la Medalla de Oro al Mérito en el Trabajo, una forma de decir que los miembros del Gobierno nos sentíamos orgullosos de tener como compatriota a un hombre que había contribuido tan decisivamente a rejuvenecer nuestra lengua y la había dado a conocer en todo el mundo. Luego, en 2001, me invitó a inaugurar la Fundación Iria Flavia, de la que me había hablado en numerosas ocasiones y para la cual incluso me había pedido ayuda, porque se trataba de un proyecto extraordinariamente ambicioso que también contó con el apoyo de la Xunta de Galicia. Cuando me enseñó la Fundación tuve ocasión de comprobar que buena parte de aquello que habíamos visto minuciosamente catalogado y conservado en la casa de Guadalajara se encontraba ahora allí.

En el discurso que pronuncié subrayé que es tarea imprescindible de los gobernantes homenajear a los mejores hombres de nuestra nación, a los ejemplos vivos de lo que los españoles somos capaces de hacer. Y Cela, evidentemente, era de lo mejor que teníamos en España. Cela se emocionó y me lo agradeció con efusividad. Entonces todavía estaba bien de salud, aunque se le notaba el paso de los años. Luego disfruté con Cela y con Fraga de una conversación muy animada durante el aperitivo. No era cualquier cosa estar con aquellos dos hombres tan cargados de experiencia y de conocimientos. Hoy sigo siendo un lector de Cela, sigo descubriendo nuevos artículos, nuevos escritos que no conocía, y no veo ninguna razón por la cual no debamos seguir honrando su memoria como se merece.

# Mario Vargas Llosa

Mario Vargas Llosa acudió una vez a La Moncloa acompañado de Guillermo Cabrera Infante. Me parece que es la única ocasión en que he visto a Mario Vargas Llosa sin su esposa Patricia. Un día, almorzando en La Moncloa con los dos, con Patricia y con Mario, le dije: «Quiero que sepas la diferencia que existe entre tú y algún otro escritor. En esta casa se lee a mucha gente. A ti, Mario, se te lee y se te quiere, las dos cosas.» Y así es: a Mario Vargas Llosa le leo, le admiro y le quiero.

He leído mucho a Vargas Llosa, he seguido toda su carrera y nunca he dejado de disfrutar con sus libros. Me gustan sus novelas, ese mundo imaginario que recrea como pocos, con una inventiva inagotable. Me gusta su manera de narrar, su claridad, su precisión, su pulcritud y su elegancia. Me fascinó ver cómo describía, en la reciente introducción a sus *Obras*, la forma en que los hombres empezaron a contar historias. La capacidad de inventar es la mejor prueba de que el hombre nunca llegará a conocer sus propios límites. Pero decir esto no debe ser interpretado como un gesto de soberbia. Al contrario, es una invitación a la humildad. En esa incapacidad está la raíz de la libertad del ser humano y el fondo de su extraordinaria capacidad de creación.

La capacidad de fabulación de Vargas Llosa está vinculada a un estilo que no es sólo una forma de escribir, sino también una forma de relacionarse con los demás en la que priman valores que comparto plenamente, como son la cortesía, el respeto y la tolerancia. El novelista Mario Vargas Llosa goza de un privilegio reservado a la divinidad: crear un mundo a su capricho. Ahora bien, Mario no es un hombre arrogante. Su mundo narrativo está hecho a la medida de la libertad de sus personajes. Sabe que eso les dará la dimensión humana que los hará creíbles y próximos al lector. Por eso, creo yo, se llama a sí mismo *escribidor*. Admiro ese gesto de modestia por parte de quien tiene, en su rango, una capacidad de libertad total y en vez de utilizarla para inventar un mundo arbitrario, sólo sujeto a su capricho, deja en libertad a las criaturas de su imaginación. En más de un sentido, Mario Vargas Llosa es un *escribidor* cervantino. Por otra parte, Mario Vargas Llosa tiene una particular capacidad para recrear una circunstancia histórica determinada. Así lo demuestra esa novela extraordinaria que es *La fiesta del chivo*, o su espléndido libro de memorias, *El pez en el agua*, que es, para mí, de lo mejor que ha escrito nunca.

El mundo literario no se suele caracterizar por su generosidad y su consideración, pero es una injusticia demasiado flagrante que Mario Vargas Llosa no haya recibido todavía el Premio Nobel de Literatura. Espero verla reparada pronto y felicitarle y celebrarlo con él. Con su larga carrera literaria, Mario Vargas Llosa ha hecho méritos más que sobrados para conseguirlo.

Fue la primera persona, después de Manuel Fraga, a la que recibí en La Moncloa al llegar a la Presidencia del Gobierno. Me habría gustado que se pusiera al frente del Instituto Cervantes. Estoy convencido de que habría hecho un gran trabajo, aportando a la difusión de la cultura en español todo su saber, su imaginación y su capacidad de trabajo.

Mario Vargas Llosa ha tenido muchas veces la amabilidad de intentar que me evadiera un poco de la actividad política. En 1996, el día previo a las elecciones de marzo, insistió en que fuéramos al Teatro Español —un teatro público, del Ayuntamiento de Madrid— a ver *La gata sobre el tejado de zinc*, la obra de Tennessee Williams. Al bajar yo del coche, la gente se arremolinó a la puerta del teatro y me recibió con una notable diversidad de opiniones, de lo que deduje que al día siguiente se produciría la misma circunstancia, como así ocurrió. No pude evitar pensarlo varias veces durante la representación. Recuerdo que estaba protagonizada por Aitana Sánchez Gijón, que más tarde fue presidenta de la Academia de Cine, una institución a la que nosotros ayudamos considerablemente, y yo con particular empeño. Además de concederle numerosas ayudas y exenciones fiscales destinadas a promover la cinematografía española, me ocupé incluso de que se les buscara una magnífica sede en un palacete en la calle Zurbano de Madrid. La Junta Directiva acudió a La Moncloa en más de una ocasión. La misma Aitana Sánchez Gijón, acompañada de otros fervorosos defensores de la libertad de expresión, interrumpió luego desde la tribuna, a gritos, un debate del Congreso sobre la crisis de Irak. Fue todo un ejercicio democrático.

A pesar de vivir en Europa, Mario siempre había seguido con una intensidad apasionada la situación y las vicisitudes de Perú, su país natal. Llegó el momento en que consideró necesario participar directamente en la vida política. Dio el paso en 1987, cuando se perfiló como líder político del Movimiento Libertad, y con más decisión todavía en 1990, cuando se presentó como candidato a la Presidencia de la República por el Frente Democrático-FREDEMO, unas elecciones en las que tuvo que pelear en las dos vueltas. Era un paso muy difícil. Mario Vargas Llosa era ya por entonces un escritor lo bastante consagrado como para complicarse la vida con aquella aventura. Y no se trataba de un compromiso puramente intelectual y moral, que ya hubiera sido arriesgado y difícil de por sí. Mario quiso asumir la responsabilidad que le corresponde al político, con todas las servidumbres que el oficio conlleva. Lo hizo por patriotismo y porque Mario Vargas Llosa es un liberal de verdad, es decir, un hombre generoso y amante de la libertad. Ser liberal viniendo de Iberoamérica no es pequeño mérito, aunque lo sea igualmente siendo español. La especie no abunda en ninguna de las dos riberas del océano. Siempre se ha enfrentado a una supervivencia difícil y a una vida peligrosa.

Aun así, con adalides como Mario Vargas Llosa se puede estar seguro de que sobrevivirá. Mario ha llegado a ser una referencia no sólo para su propio país natal y para España, sino también para toda América. Hay mucha gente a la que la sinceridad de Mario no le gusta, pero hay que admirar en él su valentía, y que nunca haya tenido reparo en expresar con claridad sus principios y sus opiniones. No ha dudado en arriesgar su nombre, su prestigio y su tiempo en defender ideas que, cuando se han puesto en práctica, han hecho más por la libertad y la prosperidad de las personas que muchos años de políticas intervencionistas y supuestamente bien intencionadas. Es una persona esencial en una América tentada otra vez, desde hace ya varios años, por movimientos populistas y demagógicos fomentados por procesos de reforma incompletos y poco transparentes. Como muy bien sabe Mario Vargas Llosa, el camino no es volver otra vez al neopopulismo, sino apoyar el Estado de derecho y las instituciones que aseguren el imperio de la ley y el ejercicio de la libertad. No hay otra vía que no sea la de la democracia y la estabilidad institucional si se quiere la libertad y la prosperidad. Iberoamérica siempre ha corrido el peligro de ser entendida como una curiosidad antropológica, algo excéntrico, diferente al mundo libre y desarrollado. Los españoles también sufrimos este espejismo, muchas veces interesado. Ya lo hemos empezado a superar y los países iberoamericanos habrán de dejarlo atrás definitivamente. El compromiso de personas como Mario Vargas Llosa habrá sido muy importante en este aspecto.

En febrero de 2004 realicé mi último viaje como Presidente del Gobierno a Iberoamérica. Quise visitar Cartagena de Indias para inaugurar el convento de San Francisco, recién restaurado gracias a un trabajo meticuloso y exhaustivo de recuperación. Ahora se ha convertido en uno de los centros más importantes de enseñanza del español en Iberoamérica, junto a los de Santa Cruz de la Sierra (Bolivia) y La Antigua (Guatemala). Fuimos con uno de los artistas españoles jóvenes más importantes de la actualidad, el escultor Javier Mascaró, y allí celebramos una reunión de la Fundación Internacional para la Libertad que preside Mario Vargas Llosa. Acudieron, entre otros, Álvaro Uribe, Presidente de Colombia, por el cual siento un profundo aprecio; Belisario Betancur; Jorge Quiroga y Julio María Sanguinetti; Enrique Krauze, amigo mío y de Mario Vargas Llosa, y Carlos Alberto Montaner, entre otros.

A todos ellos, como a Mario Vargas Llosa y a mí, les preocupa la consolidación institucional en Iberoamérica, la implantación de la economía de mercado con el establecimiento de procesos de liberalización y de apertura comercial y también la expresión del compromiso de Iberoamérica con el mundo atlántico y occidental, que es exactamente lo contrario de la retórica populista, la disfuncionalidad institucional y la corrupción, que son los males que aquejan a muchos de los países iberoamericanos. Mario Vargas Llosa viene expresando este compromiso con la libertad desde hace muchos años. Ahí está el famoso artículo sobre el Partido Revolucionario Institucional (PRI), en el que decía que el Gobierno de este partido había convertido a México en una «dictadura perfecta», un texto que fue contestado por Octavio Paz en otro ensayo bien conocido.

Gracias a esta actitud, Mario Vargas Llosa se fue convirtiendo en un interlocutor a la vez muy próximo y muy fluido en multitud de ocasiones. Cuando su país entró en una deriva peligrosa bajo la presidencia de Alberto Fujimori, Mario Vargas Llosa apoyó el proyecto encabezado por Alejandro Toledo y me pidió en varias ocasiones que me reuniese con él, como así lo hice. Desde el Gobierno promocionamos algunos importantes programas de ayuda a Perú que yo seguí personalmente con mucha atención. Alguna que otra vez hemos discrepado, como cuando no vio con claridad el motivo por el cual Estados Unidos intervino en Irak para derrocar a Sadam Husein y nosotros apoyamos la intervención. Era una posición que yo siempre respeté. Mario Vargas Llosa, con el aplomo y la dignidad que le caracterizan, dio una lección de cómo se puede discrepar de una decisión sin romper los puentes del diálogo y sabiendo la legitimidad que respalda la acción de un Gobierno democrático.

Pasadas las elecciones, el 30 de junio de 2004, hablé en otro acto de la Fundación Internacional para la Libertad, esta vez celebrado en Madrid, en la Casa de América. Intervine, tal como dije allí, expresamente porque Mario Vargas Llosa me lo había pedido. Las palabras de Mario Vargas Llosa fueron muy expresivas.

«De José María Aznar —dijo— se pueden decir muchas cosas, pero quizá la más importante, y la que finalmente quedará en los libros de historia, es lo mejor que se puede decir de un gobernante, y es que dejó su país mucho mejor de como lo encontró. Vale la pena recordarlo en estos tiempos, después de unas semanas en las que con esa característica ingratitud que acompaña siempre a la vida política, José María Aznar ha sido víctima de una feroz campaña de invectivas, de diatribas y acusaciones, muchas de ellas incalificables. [...] Creo que hay razones más que suficientes para decir que José María Aznar es uno de los mejores gobernantes que ha tenido España.»

Ese mismo verano lo invité a un acto del campus de verano de FAES al que Mario Vargas Llosa acudió desde Londres. Habló de la excepción cultural, algo que yo siempre he considerado una pésima idea. Mario Vargas Llosa no siempre la tuvo en tan mal concepto como yo, aunque ahora ya no le cabe la menor duda de lo nociva que resulta. De hecho, para Mario Vargas Llosa el éxito mundial que consiguió la cultura iberoamericana en la segunda mitad del siglo XX tiene una causa específica. Y es que no sólo no estuvo alentada por los gobiernos iberoamericanos, sino que los gobiernos iberoamericanos, aunque hubieran querido intervenir, no lo habrían podido hacer, porque carecían de medios suficientes para hacerlo. En ese no intervencionismo a la fuerza está, según Mario Vargas Llosa, la raíz del éxito cultural iberoamericano en ámbitos como la literatura, la escultura o la música, a diferencia de lo ocurrido en la economía, donde los gobiernos no supieron resistir la tentación de intervenir, con resultados que todavía padece la población americana.

Además, Mario Vargas siente una profunda desconfianza ante el nacionalismo. Ve en el nacionalismo uno de los grandes enemigos de la libertad y uno de los principales problemas a los que se enfrenta el mundo moderno. De hecho, la segunda razón a la que atribuye el éxito cultural iberoamericano es precisamente su capacidad para traspasar las fronteras nacionales, de tal manera que el movimiento afectó a todo el continente, a toda la cultura en español o en portugués, y no limitó su ambición al ámbito local de cada país. En este sentido, el nacionalismo es una losa que hay que superar. Además, siempre me he sentido representado por la posición de Mario Vargas Llosa en contra del terrorismo, una condena en la que jamás ha cabido la menor ambigüedad ni la mínima concesión a la justificación del terror.

Es un privilegio contar con Mario Vargas Llosa entre mis amigos. También es un gran conversador, con una gran simpatía y tan seductor que sería peligroso si no fuera porque sus ideas suelen ser las correctas. Muchas veces he insistido para que se venga a vivir a Madrid y de hecho ya tiene casa aquí y muchos amigos cerca, como Plinio Apuleyo Mendoza, un gran colombiano y un gran periodista. Pero Mario, que finge dejarse convencer, siempre acaba diciendo que no podrá nunca venir a vivir a Madrid porque en Madrid no podría trabajar. La vida en Madrid es una tentación permanente y no se puede vivir con una tentación permanente porque al final, dice Mario Vargas

Llosa, se acaba cayendo permanentemente en la tentación. En cualquier caso, es importante que tenga casa en Madrid, como lo es que posea la nacionalidad española desde 1993, por lo que me puedo sentir orgulloso de ser su compatriota. Sé que para él significa un compromiso y he tenido ocasión de comprobarlo en estos últimos meses, cuando me ha manifestado un dolor muy español ante la evolución de su segunda patria.

# Índice onomástico

*(Las cifras en negrita remiten al capítulo dedicado al personaje)*

Abascal, Santi: 316.
Acebes Paniagua, Ángel Jesús: 42, 325, 327, 328, 329, 333, 334, 341.
Acedo, Txomin: 15.
Achúcarro, Joaquín: 366.
Adenauer, Konrad: 170.
Agacinsky, Sylviane: 187.
Agero, Amalia: 12.
Alba, Fernando Álvarez de Toledo, duque de: 141.
Albright, Madeleine: 144, 145.
Alfonso XIII, Rey de España: 14, 15.
Álvarez-Cascos Fernández, Francisco: 42, 297, 301, 320, 376.
Álvarez de Eulate, José María: 48, 302.
Amador Millán, María Ángeles: 302.
*Amancio*, Amancio Amaro Varela, *llamado*: 354, 355, 358.
Ana Cristina: 301.
Anson Oliart, Luis María: 373.
Antall, József: 119.
Apuleyo Mendoza, Plinio: 393.
Arafat, Suha (esposa): 208.
Arafat, Yasir: 146, 147, 148, 206, 208, 296.
Araquistain, Luis: 16.
Ardanza Garro, José Antonio: 298, 319, 320, 321.
Areilza Martínez de Rodas, José María de: 59.
Arenas Bocanegra, Javier: 42, 44, 65.
Arias Navarro, Carlos: 53, 54.
Aron, Raymond: 170.

Arregi, Begoña (esposa del lehendakari Ibarretxe): 349.
Arzalluz Antia, Xabier: 320.
Azaña Díaz, Manuel: 15, 132, 133.
Azcárraga, Emilio: 254.
Aznar Acedo, Manuel: 7, 10, 13, 15, **21-27**, 49, 59, 255, 353, 355, 363.
Aznar Botella, Alonso: 12, 34, 130, 142, 143, 191, 192, 302.
Aznar Botella, Ana: 34, 130, 301, 302.
Aznar Botella, José María: 32, 130, 261, 283, 301, 302.
Aznar López, Elvira: 7, 23, 353.
Aznar López, Manuel: 7, 23, 353.
Aznar López, Pity: 7, 23, 353.
Aznar Zubigaray, Manuel: 10, **13-20**, 30, 49, 214, 261.
Azpiroz, Elena: 307.
Azpiroz, José Eugenio: 308.

Bajammal, Abdel Kader: 218.
Balaguer, Joaquín: 18.
Balladur, Édouard: 162.
Barak, Ehud: 146, 205, 207.
Barea, Salvador: 39.
Baroja, los: 14.
Baroja Nessi, Ricardo: 13.
Barreda, Leopoldo: 316.
Barrio, Carmelo: 316.
Basri, Driss: 214.
Bayeu Subías, Francisco: 128.
Beckham, David: 296.
Begin, Menahem: 205.
Beiro, Francisco: 16.

Belloch Julbe, Juan Alberto: 298, 302.
Belzunce, Pilar: 345, 346, 347, 349.
Benito, Gregorio: 358.
Bergamín, José: 21.
Berganza, Teresa: 366.
Bernabéu Yeste, Santiago: 356, 357, 359.
Berger, Sandy: 144.
Berlusconi, Silvio: **149-158**, 331.
Betancur Cuartas, Belisario: 243, 391.
Bildt, Carl: 99.
Blair, Cherie Booth: 294, 295, 296.
Blair, Leo: 295.
Blair, Tony: 103, 104, 112, 114, 124, 145, 156, 186, 193, 200, 208, 224, 265, 268, 280, **285-296**.
Blanco, Miguel (padre de la víctima de ETA): 321.
Blanco Garrido, María del Mar: 321.
Blanco Garrido, Miguel Ángel: 312, **315-323**.
Bolarque, marqués de: 13.
Bonner, Elena: 79.
Bossi, Umberto: 150.
Botella Serrano, Ana: 10, **29-37**, 44, 64, 88, 128, 130, 131, 191, 203, 283, 297, 300, 301, 302, 303, 311, 336, 337, 346, 373.
Buteflika, Abdelaziz: 18, 19, 218.
Bush, George H. W.: 110, 139, 275.
Bush, George W.: 124, 143, 179, 180, 200, 223, 247, 265, 266, 268, 271, **275-284**, 294, 296.
Bush, Jeb: 275.
Bush, Laura Welch: 124, 276.
Butragueño Santos, Emilio: 358.

Caballé, Montserrat: 366.
Cabrera Infante, Guillermo: 258, 387.
Camacho Alfaro, José Antonio: 359.
Cambó Batlle, Francesc: 18, 76, 77.
Cards, Andrew: 279.
Carlomagno, emperador: 95.
Carlos I de España y V de Alemania, emperador: 96, 116.
Carod-Rovira, Josep Lluís: 327.
Carreras, José: 366.

Carter, Jimmy: 228.
Castaño, Marina: 380, 381.
Castro, Fidel: 193, 252, **255-264**, 272.
Cavaco Silva, Anibal: 197.
Cavallo, Domingo: 239.
Cela Trulock, Camilo: 25, **379-385**.
Chaban-Delmas, Jacques: 162.
Cheney, Dick: 279.
Chávez Frías, Hugo Rafael: 272, 281.
Chevènement, Jean-Pierre: 186.
Chillida Juantegui, Eduardo: **345-349**.
Chirac, Bernadette Chodron de Courcel, Bernadette: 165.
Chirac, Claude: 165.
Chirac, Jacques: 99, 112, 124, 125, 144, 145, **159-173**, 183, 282, 287.
Churchill, Winston S.: 102, 289, 290.
Clemenceau, Georges: 15.
Clemente Lázaro, Javier: 359.
Clinton, Bill: 111, **139-148**, 218, 233, 261, 283, 287, 294.
Clinton, Chelsea: 141.
Clinton, Hillary Rodham: 140, 141, 146.
Colosio Murrieta, Luis Donaldo: 249.
Coluna, Mário: 354.
Companys Jover, Lluís: 76.
Costa Pereira: 354.
Couve de Murville, Maurice: 162.
Cromwell, Oliver: 290.
Cruz, Marina de la: 12.
Cumplido de la Cruz, Estanislao (*Estanis*): 299, 300.

D'Alema, Massimo: 150.
Damboriena, Eugenio: 307.
Deglané, Bobby: 24.
Dezcallar de Mazarredo, Jorge: 217.
Díaz, Domitila (esposa de Ortega Lara): 317.
Díaz, Lorenzo: 26.
Díaz, Mari Mar (novia de Miguel Ángel Blanco): 316.
Di Stefano, Alfredo: **351-360**.
Domingo, Plácido: **361-367**.
Duhalde, Eduardo: 237.
Duisenberg, Wim: 112, 289.

Durão Barroso, José Manuel: 152, **197-201**, 266, 331.
Durão-Barroso, María José de: 199.

Eisenhower, Dwight D.: 275.
Elorriaga Fernández, Gabriel: 49.
*Eusebio*, Eusebio Ferreira Da Silva, *llamado*: 354.

Felipe II, Rey de España: 116.
Fenollar, Consuelo: 314.
Fernández, Antonio: 254.
Fernández Bargues, Ignacio: 12.
Fernández Ordóñez, José Antonio: 346.
Fernández-Lasquetty, Javier: 12.
Filali, Abdellatif: 212, 213.
Fox Quesada, Vicente: 251, 253.
Foxá, Agustín de: 363.
Fraga Iribarne, Manuel: 25, 26, 33, 39, 40, 41, **47-58**, 59, 62, 107, 364, 385, 388.
Franco Bahamonde, Francisco: 14, 15, 20, 53.
Franks, Tommy: 282.
Fujimori, Alberto: 391.

Gadafi, Muammar Al-: **219-226**.
Galinsoga, Luis de: 14.
Gallego, Ricardo: 358.
Gama, Jaime: 200.
García, José María: 357.
García Lorca, Federico: 22.
García Lorca, Isabel: 22, 23.
García-Lorca, Laura: 22.
García Viejo, Roberto: 303.
Garrido, Consuelo (Chelo): 321.
Garzón Real, Baltasar: 259, 317.
Gaulle, Charles de: 170.
Gaviria Trujillo, César Augusto: 243.
Gento López, Francisco: 352, 353, 359.
George, David Lloyd: 290.
Gil-Robles Quiñones, José María: 107, 115.
Giner de los Ríos, Francisco: 21, 22.
Giuliani, Rudolph: 279.
Godó Muntañola, Javier de: 14.
Godó Valls, Carlos de: 14.

González Calderón, Antonio: 25.
González Ferrari, Javier: 25.
González Mansilla, Margarita: 303, 305.
González Márquez, Felipe: 63, 107, 108, 129, 302.
Goya Lucientes, Francisco: 128.
Granja, Marisa: 39.
Guevara, Ernesto *Che*: 255, 259.
Guimón, Julen: 307.
Guterres, António Manuel de Oliveira: **189-195**, 197, 199, 200, 292-293.
Guterres, Catarina de: 199.
Guterres, Luisa Melo: 189, 190, 292, 293.
Guterres, Mariana: 191.
Guterres, Teresa: 191.

Habibi, Hassan: 230.
Hassan II de Marruecos: 18, 19, **211-218**.
Havel, Václav: 79, **119-125**.
Hayek, Friedrich von: 84.
Hernández Mancha, Antonio: 52.
Hernando, Rufino: 41.
Herrera, *Chus*: 353.
Herrero Tejedor, Fernando: 59.
Herrero-Tejedor Algar, Luis Francisco: 59.
Hoyos, Juan Ramón de: 303.
Husein, Sadam: 87, 94, 99, 139, 143, 222, 223, 265, 268, 271, 273, 392.

Ibarretxe Markuartu, Juan José: 323, 327, 348, 349.
Idriss, Rey de Libia: 219.
Iglesias, Julio: **369-377**.
Illana Elórtegi, Amparo: 64.
Iríbar, Ana: 310, 314.
Isabel II, Reina de España: 128.
Ivanov, Ígor: 176.

Jamenei, Alí: 228, 231.
Jatamí, Mohammad: **227-236**.
Jáuregui Atondo, Ramón: 320.
Johnson, Lyndon B.: 275.

Jomeini, Rujollah: 99, 227, 228.
Jospin, Lionel: **183-187**.
Juan Carlos I, Rey de España: 18, 54, 59, 60, 88, 123, 141, 218, 258, 262, 281, 303, 326, 334, 348, 349.
Juan Pablo II, Papa: 79, **87-97**, 258, 259, 264.
*Juanito*, Juan Gómez, *llamado*: 355.
Juppé, Alain: 161, 162, 183.

Kennedy, John F.: 140.
Kieve, Robert: 24.
Kissinger, Henry: 123, 277.
Klaus, Václav: 121, 122.
Kohl, Helmut: 100, 105, 106, **107-117**, 139, 140, 287.
Kok, Wim: 113, 114.
Kraus, Alfredo: 366.
Krauze, Enrique: 254, 391.
Kubala, Ladislao (Laszlo): 357, 358.

Laín Entralgo, Pedro: 357.
Lángara Galarraga, Isidro: 353.
Lapuerta Quintero, Álvaro de: 49.
Lara Bosch, José Manuel: 19.
Lara Hernández, José Manuel: 19.
Le Pen, Jean Marie: 187.
Lequerica Erquiza, José Félix de: 17.
Lladó, Juan: 13.
Llamazares Trigo, Gaspar: 327, 333, 336.
López, Antonio: 346.
López, Julio: 346.
López Collado, Carlos: 41.
López-Valdivieso, Elvira: 23, 24, 353.
Lorca, los: 22.
Lorengar, Pilar: 366.
Lozoya Legorreta, Jorge Alberto: 251.
Lubbers, Ruud: 110.
Luca de Tena, Cayetano: 26.
Lula da Silva, Luiz Inácio: 280, 281.

Macià Llussà, Francesc: 76.
Macmillan, Harold: 101.
Mansilla López, Agustín: 303.
Marco, José María: 11, 12.
Marco, Vicente: 24.

Marías, Julián: 357.
Mariñas, Enrique: 25.
Martens, Wilfred: 111.
Martín Vázquez, Rafael: 358.
Marx, Karl: 83, 84.
Mascaró, Xavier: 391.
Matas, Raúl: 25.
Mato Androver, Ana: 41.
Matutes Juan, Abel: 191.
Maura Montaner, Antonio: 132.
Major, John: 103, 285, 286.
Mayor Oreja, Jaime: 44, 298, 307, 308, 309, 311, 313, 316, 317, 318, 347, 376.
Mazowiecki, Tadeusz: 79.
Mazzola, Sandro: 359.
Menem, Carlos Saúl: **237-241**.
Menem, Carlos Saúl (Jr.): 239.
*Michel*, José Miguel González Martín del Campo, *llamado*: 358.
Michnik, Adam: 79.
Milosevic, Slobodan: 144.
Mir Miravet, Joaquim: 129.
Mitterrand, François: 109, 110, 162.
Mock, Alois: 99.
Mohamed V de Marruecos: 218.
Mohamed VI de Marruecos: 212, 213, 218.
Mola Vidal, Emilio: 20.
Montaner, Carlos Alberto: 263, 391.
Moraga, Álvaro: 307.
Múgica Herzog, Enrique: 142, 310.

Narváez, Ramón María: 128.
Navon, Yitzhak: 207.
Nazarbayev, Nursultan: 122.
Negrín López, Juan: 16.
Netanyahu, Benjamín: 147, 205, 207, 208.
Netanyahu, Benzion: 207.
Netanyahu, Sara: 208.
Nieto Antúnez, Pedro: 53.
Nixon, Richard: 129.
Noir, Michel: 160, 162.

Olavaria Muñoz, Emilio: 341.
Oliveras, Alberto: 24.

Ordóñez Fenollar, Consuelo: 314.
Ordóñez Fenollar, Gregorio: 297, 298, 304, **307-314**, 315, 316, 320.
Ordóñez Iríbar, Javi: 310, 314.
Oriol e Ibarra, Miguel de: 381.
Ortega Lara, José: 316, 317.
Ortega y Gasset, José: 15.
Ostiz, María: 359.

Pagazaurtundua, Maite: 314.
Pahlevi, Reza (emperador de Irán): 227, 228.
Palacio Vallelersundi, Ana: 117.
Palomo, Graciano: 238.
Panero, Leopoldo: 363.
Pasqua, Charles: 167.
Pastor Ridruejo, Félix: 49.
Pastrana, Nora Puyana de: 244, 245, 253.
Pastrana Arango, Andrés: 243, 244.
Patocka, Jan: 123.
Payá, Oswaldo: 264.
Paz, Octavio: 253, 254, 391.
Pedro Poveda, San: 94.
Peres, Shimon: 204, 206, 207.
Pérez Rubalcaba, Alfredo: 333, 336.
Perón, Juan Domingo: 18.
Picasso, Pablo R.: 382.
Pinochet Ugarte, Augusto: 193, 259.
Piqué Camps, Josep: 331.
*Pirri*, José Martínez, *llamado*: 355.
Pla, Josep: 16, 137, 363.
Popper, Karl: 85.
Powell, Colin: 277.
Prats Cañete, Matías: 25.
Primo de Rivera Orbaneja, Miguel: 14.
Primo de Rivera Sáenz de Heredia, José Antonio: 14, 16.
Prodi, Romano: 150, 221, 331.
Pujol Soley, Jordi: **68-78**.
Puskas, Ferenc: 353, 355, 359.
Putin, Vladímir: **175-182**, 278.

Quiroga, Arancha: 316.
Quiroga Fernández, Jorge F.: 391.

Rabin, Yitzhak: **203-209**.

Raffarin, Jean-Pierre: 152, 331.
Rafsanjani, Akbar Hashemi: 228.
Rajoy Brey, Mariano: 11, 44, 45, 117, 283, 337, 338, 367, 376.
Ramírez, Pedro J.: 332.
Rato Figaredo, Rodrigo: 41, 44, 57, 331, 376.
*Raúl*, Raúl González Blanco, *llamado*: 358.
Reagan, Ronald: 79, 102, 105, 110, 222, 225, 275, 276.
*Rentería*, Iñaki Gracia Arregi, *llamado Iñaki de*: 347.
Revel, Jean-François: 170.
Rice, Condoleezza: 277.
Ridruejo, Dionisio: 26, 363.
Rinjsburguer, Miranda (esposa de Julio Iglesias): 373.
Rivero, Nicolás María: 15.
Rivero, Raúl: 263.
Robles Piquer, Carlos: 49.
Roca Junyent, Miquel: 73.
Rodríguez, Emiliano: 355.
Rodríguez, Miguel Ángel: 302.
Rodríguez Ibarra, Juan Carlos: 302.
Rodríguez Zapatero, José Luis: 39, 294, 326, 327, 329, 331, 332, 336, 338.
Rojo Duque, Luis Ángel: 112.
Roosevelt, Franklin D.: 102.
Rouco Varela, Antonio María: 88.
Rúa, Fernando de la: 241.
Rühe, Volker: 116.
Ruiz de Velasco, Eduardo: 24.
Ruiz-Gallardón Jiménez, Alberto: 309.
Ruiz-Giménez Cortés, Joaquín: 107.
Ruiz-Mateos Jiménez de Tejada, José María: 159, 161, 163.
Rumsfeld, Donald H.: 282.

Sá Carneiro, Francisco de: 197.
Sáez Ruiz, Iñaki: 359.
Sainz, Lolo: 355.
Sajarov, Andréi: 79.
Salinas de Gortari, Carlos: 249.
Samper, Ernesto: 243.
San Gil, María: 310, 313, 314, 316.
San José, Isidoro: 358.

Sánchez Gijón, Aitana: 389.
*Sanchís*, Manuel Sanchís Martínez, *llamado Manolo*: 356.
Sancho, José Carlos: 303.
Sanguinetti Cairolo, Julio María: 92, 391.
*Santana*, Manuel Martínez Santana, *llamado Manolo*: 356.
*Santillana*, Carlos Alonso González, *llamado*: 355, 358.
Sarkozy, Nicolas: 168, 173.
Sarriera y Fernández de Muniaín, Inés de (esposa del arquitecto Oriol): 381.
Sautier Casaseca, Guillermo: 24, 355.
Schröder, Gerhardt: 145, 156, 169, 171, 282, 347, 348, 349.
Schluter, Poul: 100.
Schultz, George: 123.
Schmidt, Helmut: 108.
Semper, Borja: 316.
Setién, José María: 311, 312.
Shamir, Yitzhak: 205, 206.
Sharon, Ariel: 205, 207.
Shevarnadze, Edward: 122.
Silva Muñoz, Federico: 59.
Simões, António: 354.
Sodano, Angelo: 88.
Sofía de Grecia, Reina de España: 18, 88, 123, 141, 218, 258, 262, 303, 348, 349.
Sol, Luis del: 353.
Solana Madariaga, Javier: 144.
Soler Serrano, Joaquín: 25.
Solzhenitzyn, Alexander: 79.
Spínola, marqués de los Balbases, Ambrosio de: 141.
Strauss, Franz Josef: 107.
Suárez, Luis: 354.
Suárez González, Adolfo: 51, 54, 59-65, 127, 129.
Suárez Illana, Adolfo: 65.
Subirachs, Josep Maria: 382.

Talleyrand-Périgord, Charles Maurice de: 19.
Tanco, Jesús: 14.
Thatcher, Margaret: 79, **99-106**, 110, 123, 164, 285, 288, 290.
Timermans del Olmo, Alfredo: 49.
Toledo Manrique, Alejandro: 391.
Trías Sagnier, Jorge: 381.
Trichet, Jean-Claude: 112.
Trujillo Molina, Rafael Leonidas: 18.

Ulbricht, Walter: 83.
Unamuno Jugo, Miguel de: 29.
Urgoiti, Nicolás María de: 15.
Uribe Vélez, Álvaro: **243-248**, 281, 391.

Vaillant, Daniel: 186.
Vargas Llosa, Mario: 244, 254, 258, **387-394**.
Velázquez Villaverde, Manuel: 355, 358.
*Victoria de los Ángeles*, Victoria de los Ángeles López, *llamada*: 366.
Vilches, Juan: 39.

Waigel, Theo: 112.
Walesa, Lech: 79.
Weizman, Ezer: 205.
Williams, Tennessee: 389.

Yeltsin, Boris: 111, 175, 177.
Yilmaz, Mesut: 99.

Zabludowski, Jacobo: 254.
*Zarra*, Telmo Zarraonaindía, *llamado*: 359.
Zarzalejos Nieto, Javier: 88.
Zedillo Ponce de León, Ernesto: **249-254**.
Zoco, Ignacio: 359, 360.
Zuloaga Zabaleta, Ignacio: 13.
Zumalacárregui, Tomás de: 17.
Zunzunegui, Begoña: 381.